JN081911

完全カラー図解

よくわかる

臨床心理学

立命館大学教授
岩壁 茂［監修］

ナツメ社

はじめに

　人はみな、生まれながらに心理学者です。「自分にはどんな才能や能力があるんだろう」といつも自分に問いかけ、自身の心理アセスメントをしています。そして、なんでいつも同じようなタイプの人に惹かれたり、苦手に感じるのだろうかと、つねに自分の理論をつくっています。好きな人がいればその人のことを心の底まで理解したい、何よりも自分のほうをふり向いてほしい、好きになってもらいたいと、いろいろなことを試してみたりします。また、私たちは、ある意味で心理援助者でもあります。悩んでいる家族や友だちがいるとその人に手をさしのべて、思いを聴いてあげたり、アドバイスをしたりして、なんとか助けてあげようとします。ただ、専門的な知識が足りなかったり、努力がなかなか実らず、苦しい思いをすることも少なくありません。

　毎日の生活のなかで、自分自身が心の傷を負い、それを治したい、立ち直りたい、と切実な願いをもっている人も多くいるはずです。

　人が生きているかぎり、さまざまな心の傷を負うことは避けられません。いじめられたり仲間はずれにされること、受験のプレッシャー、そして試験に失敗したり志望校に入れないこと、親と性格が合わないこと、自分の容姿がどうしても好きになれないこと、努力が報われないこと、などはよく起こります。しかし、自分の知識や理解だけでは限界もあります。悩みを解決できず、それが重荷になって自信を失ったり、不全感からなかなか抜け出せないこともあります。

　そんなとき、心理学の本を手にしようと思うことも多いでしょう。

　筆者自身が心理学について関心をもち、臨床心理学について知りたいと思ったときに困ったのは、本によって見かたがバラバラで、意見やアドバイスが異なることでした。臨床心理学の全体像が見えにくく、1人の臨床家の意見なのか、より広く共

有されている考えかたなのか、その見解を支持する研究データがあるのかが、素人の自分にはなかなかつかめませんでした。

　もう一方で、アカデミックな臨床心理学を紹介した本は、専門用語が次々と出てきて、わかりたいという気持ちがありながらも、実際の理解が追いつかず、自分の体験とつなげて「腑に落ちた」というほど実感ができなかったのを覚えています。

　本書は、臨床心理学において発展してきたさまざまな理論や研究を幅広く紹介し、図表やイラストを使ってそれらをわかりやすく解説した、臨床心理学の入門書です。

　1つの見かたや考えかたに偏ることなく、臨床心理学の理論・研究・実践の幅を知ってもらえるよう心がけました。どんなカウンセリング・心理療法の方法があるのか、実際のカウンセリングがどんなふうに進むのかなど、できるだけ臨床心理学の実践の中身が見えるようにしています。臨床心理学において「エビデンス（科学的根拠）」が重視されるなかで、できるだけ最新の研究知見についても紹介しています。

　みなさんが、自分のもっている心理学理論や生きかた、感じかた、考えかたを見直して、生活がより豊かになることも、本書の目的の1つです。また本書にふれることをきっかけに、さらに心理学について深く学びたい、心理の専門家をめざしたいと思っていただければ、このうえなくうれしいことです。

　本書が、読者の皆さん1人1人のなかの心理学者と援助者を育てる一助となり、臨床心理学の世界が心のなかにも外の世界にも広がっていくことを願っています。

立命館大学 総合心理学部教授　岩壁 茂

完全カラー図解　よくわかる臨床心理学

CONTENTS

Part 1 　臨床心理学で、心のつらさを軽くする ……………… 17

Part 2 心理学的援助の基本を学ぶ

Part 3 代表的な心理療法を理解する

Part 5　臨床心理学を 社会に役立てる————201

心理職の1日を見て

8:15~8:45 カンファレンス

チームでの連携が治療の要。症例について皆で話し合う

医療機関で働くときにもっとも大切なのが、チーム医療の一員としての意識です。外来や病棟で共有しておくべきことや、1人1人の患者について話し合うのが、「カンファレンス」の場。医師、看護師、精神保健福祉士、作業療法士などの他職種と、情報、意見を交換します。

9:00~12:00 デイケア

統合失調症患者さんを中心に心理教育、作業などをおこなう

医療領域での仕事の特徴は、重い心理的障害をもつ人の支援にも多くあたること。精神科には「デイケア」という通所施設を併設していることも多く、心理教育をしたり、生活や職場復帰に必要なスキルの向上を支援します。

今日のテーマ
症状が出るときのサインに気づこう！

みよう！

臨床心理学は、心のなりたちを学ぶだけでなく、その知識をいかして人を助ける学問です。
では、臨床心理学を学んだカウンセラーが、どんなふうに活躍しているのかを見てみましょう！

13:00〜15:00　外来で心理療法

**健康保険でできる
心理療法を中心に実施**

医師からの依頼で、うつ病(→P172)などさまざまな心理的障害に対しての心理療法をおこないます。最近では、保険適用となる「認知行動療法」が多くおこなわれますが、精神力動的心理療法なども含め、その人にあった方法で介入します。

そのとき頭に浮かんだのは、どんな考えでした？

やっぱり私にはムリだ……！って思いました

15:00〜16:30　外来で心理アセスメント

心のありようと症状を心理検査などで理解していく

どのような心理的障害があるか、その強さはどのくらいかなどを、心理検査で調べます。面接でもいまのつらさや成育歴などをよく聞いて、心理検査の結果とあわせ、総合的にアセスメント(査定)することが大切です。

この図版は何に見えますか？

感じたままでいいですよ

すごく怒ってる男の人の顔、かな……

**重い心理的障害をもつ人が、
自分らしい生活を
とり戻すのを支えます！**

臨床心理士と公認心理師の資格をもち、精神科で働くAさん。
医療領域での仕事の醍醐味は？

「重い障害をもつ人も、治療を続けるうちにつらさが改善し、自分を受け入れて認める〝自己肯定感〟をもてるようになります。その人らしい笑顔を見せ、地域や職場に戻っていくようすを見るのがいちばんの喜びです」

子どもたちだけでなく、子どもを
とり巻く環境にも介入します!

教育領域で働く
Bさんの1日
《スクールカウンセラー》

臨床心理士の資格をもち、中学校のスクールカウンセラーを務めるBさん。

「いじめや不登校、教員のうつなど、心の支援が必要な問題はたくさんあります。親や教職員など全員を巻き込み、問題の構造を変えなくてはなりません。大変な仕事ですが、成長過程にある子どもたちが本来の力をとり戻し、いい表情を見せてくれるのが、いちばんうれしい瞬間です」

8:00〜8:20

職員会議&連絡事項のチェック

**会議への参加のほか、
個別の相談にのることも**

自治体からの派遣で働くケースが多く、1校につき週1回の勤務がめやす。出勤日はまず、職員室での職員会議に参加します。個別の生徒の状況について、教職員とやりとりすることもあります。

8:30〜9:20 授業の見学

**発達障害のある子など、
気になる生徒のようすをチェック**

ときには授業を見学し、発達障害がある子など、気になる生徒のようすを観察。何か困っているようなら、その子が学びやすくなる工夫を教員にアドバイスしたり、特別支援教育支援員とも話し合います。

9:30〜12:00 保護者との心理面接

**子どもの行動に悩む
保護者との予約面接をする**

保護者の相談にのるのも大切な業務。「最近、子どもが登校をしぶる」「子どもとの接しかたがわからない」など、内容はさまざまです。必要に応じて、子どもや教職員からも話を聞いたり、児童相談所や医療機関、教育委員会などとも連携して対処します。

学校でのことは
どんなふうに話して
いますか?

それが、いつも
「別に」としか
いわなくて……

12:50〜13:35　昼休み中の生徒の来談

子どもたちにとって学校内の安全基地でもある

先生、
いま
いいですか？

教員からの依頼ではなく、本人が相談室を訪ねてきて、相談にのることもあります。内容の多くは、友人関係、いじめ、家庭環境などによる心のつらさ。共感的に話を聞いて信頼関係を築いたうえで、問題をあきらかにし、介入法を考えます。

14:00〜15:00　生徒との心理面接

対人スキルを高める方法、障害に応じた学びの工夫などを扱う

学校では、1対1での継続的な心理療法は、あまりおこないません。そのかわり、対人スキルで悩む子や、障害による困りごとがある子のための、問題解決的なかかわりをおこないます。その方法を教職員や親とも共有できると理想的です。

アサーションっていうんだけど、

ちょうどいい
伝えかたが
できるといいよね

15:00〜17:00　記録＆コンサルテーション

あっ、B先生！
2組の〇〇さんの
ことなんですけど…

面接の記録や手紙作成、教員からの相談などで忙しい

面接やアセスメントの内容を記録として残します。学校に来られない子に手紙を書いたり、校内で配る「相談室だより」をつくることも。
その間に教職員から相談を受け、コンサルテーション（専門性にもとづく助言）をすることもあり、あっという間に勤務時間が終わります。

福祉領域で働く **C さんの1日**

《児童養護施設勤務》

傷ついた子どもたちが、もう一度大人を信じられるように支援します

子どもへの心理学的介入法を大学院で専門的に学び、児童養護施設で働くCさん。

「児童虐待の問題がクローズアップされるいま、多くの施設や児童相談所で、専門的な心理学的介入が求められています。虐待などの影響は深刻ですが、他者を信頼し、いっしょにいて安心できるという感覚をもてるよう、全力で支援しています」

8:15〜9:45 職員会議

生活支援員などの職員と方向性をしっかり共有

児童養護施設では、家庭生活が困難になった子どもたちが多く暮らします。日常的な生活援助にあたるのは心理職ではなく、生活支援員などの他職種。そのため会議の際には、支援の方向性などを全員で共有しておきます。

ナオトくんのその件ですが…

10:00〜12:00 児童の心理療法

生活空間と離れた面接室で心理療法をおこなう

とくに重要となるのが、傷ついた子どもとの、1対1での心理療法。生活の場ではなく、別棟にある専用の面接室などでおこないます。

プレイセラピーなどをおこなうこともあれば、日ごろの言動で気になることについて話し合い、スキルを高める支援もします。

遊びを通じての治療「プレイセラピー」をおこなうことも

ケースカンファレンス＆コンサルテーション

うーん
でもなぁ…

人とつながりたい
気持ちが出てきたのは、
いい変化ですよね

**とくに気になる子について話す。
他職種への助言も大事な役割**

問題行動が見られるときなどはとくに、特定のケースについて多職種で話す「ケースカンファレンス」をおこないます。
心理学的に見た問題の構造、介入法などをわかりやすく伝え、コンサルテーションすることも大切です。

児童相談所や学校との連絡

**親の状況や、学校での
子どものようすなどを確認**

児童相談所の担当者と連絡をとり、現在の親の状況、家庭生活に戻れる見込みなどを話し合うことも多くあります。学童期以降の子で、学校で不適応行動などが見られるときは、教員との連携も必要です。

はい、現状の
共有をさせて
いただきたいと…

児童
福祉司

通学先の
担任教員

児童への心理アセスメント

あまり
悩まずに、

あてはまると
思うものを
クリックしてね

**心理検査のほかに
行動観察をすることも多い**

入所してきて間もない子のほか、行動上の問題、発達障害の疑いがあるときなどは、心理アセスメントをします。年齢が低い子どもでは、生活場面や検査場面での行動観察が役立ちます。

いくつもの領域で
働くのも魅力的です！

そのほかの領域で 活躍する心理職

司法領域での仕事

少年鑑別所などで、 検査や心理教育を実施

少年鑑別所の法務教官や、家庭裁判所調査官として、罪を犯した少年たちにかかわる仕事。家庭環境の問題を抱えた子が多く、成育歴も含めて、包括的な心理アセスメントをおこないます。再犯予防のための心理教育も重要な仕事です。

被害者の気持ちを
理解するための
心理教育も多い

産業領域での仕事

企業か外部機関で、 産業カウンセラーとして活躍

うつ病などに苦しむ従業員のために、本人・上司との面接、人事部・総務部などとの調整をします。企業外のEAP(従業員支援プログラム)機関で働く選択肢もあります。
心理的障害の予防のため、全社的な心理教育なども依頼されます。

職場環境による
うつ病も多く
環境調整が必要

大学・研究所領域での仕事

臨床で得られた知見を、 学問的発展にいかす

大学や民間の研究所で、研究と指導にあたります。ただし研究だけではなく、臨床も兼ねることがほとんど。大学の心理相談センターや民間のカウンセリングルーム、その他医療領域などでも働き、その内容を学問的発展につなげます。

心理学的支援の
効果などを中心に
研究

開業領域での仕事

カウンセリングルームで 時間をかけてかかわる

海外ドラマや映画などで目にし、憧れる人も多いのではないでしょうか。静かな環境で1人1人とじっくり向き合い、最善と思える方法で心理療法をおこなえます。
医療機関などでの非常勤勤務とかけもちで働く人も多くいます。

環境的にも、
いちばん落ち着いて
かかわれる

Part 1

臨床心理学で、心のつらさを軽くする

人の心を理解するには、心理学的特性だけでなく、
背景にある生物学的要因、社会的要因を含めて包括的に見る必要があります。
そのうえで、心理的障害ごとに適した心理療法を選びます。
数多くの心理療法がありますが、まずは歴史的な流れから理解を進めましょう。

心理学の知見をもとに 困難を抱えた人を支援する

臨床心理学とほかの心理学との最大の違いは、「実践」の学問であること。
困難を抱えた人と面談し、深くかかわって、よりよい人生のための援助をします。

心理的障害をもつ人を助ける 「実践」の学問

ストレス社会といわれる現代において、うつ病や不安障害（不安症→P178）などの〝心の病〟は深刻な社会問題となっています。また、心の病ではなくとも、進学や就職、結婚などのライフイベントにともなう心理的困難は、誰にでも起こりうるもの。理由の見えない〝生きづらさ〟に悩む人もいます。

こうした心理的な障害や困難を抱えた人々を助けるにはどうすればいいのか――それを研究するのが「臨床心理学」です。

うつや不安の症状改善だけでなく、 人間的成長の支えにもなる

臨床心理学は心理学の1つですが、ほかの心理学と違い、〝実践する〟学問として発展したのが大きな特徴。心理的障害や困難を改善する支援以外に、その予防的支援や、人間的成長を促す支援もおこないます。

自己理解を深めたり、ネガティブな感情をうまく扱えるよう促したり、家族やパートナーとのよりよい関係づくりにも役立ちます。個人がその力を発揮し、人生の深い満足感を得られるよう手助けしていくのです。

カウンセラーとセラピスト、 どこが違うの？

〝カウンセリング〟は 成長促進、〝セラピー〟は 治療を目的とします

「カウンセリング心理学」は、健康な人の成長促進や、進路相談を中心に発展してきました。その実践にあたるのが「カウンセラー」。一方、心理的障害の治療を主とするのが「心理療法（サイコセラピー）」で、その実践者は「セラピスト」とよばれます。ただし実践では両方に携わることも多く、本書では、日本で一般的な「カウンセラー」の呼称で統一しています。

安心できる治療関係のなかで、ともに問題解決をめざす

安心できる温かい関係を基盤に、クライエントと
カウンセラーがかかわり合うことで、問題の解決をめざす。

援助のための
知見・方法

心理学的
支援の
知見とスキル

1人の
人間としての
受容と共感

感情や思考、
行動の変容の
促進

さまざまな
心理療法

心理学的
支援

主体的な
かかわり

カウンセラー

受容的、共感的なかかわりを基盤に、さまざまな心理療法を用いて、心理的障害の改善や人間的成長を促進する。

援助を
受ける目的

うつ、不安などの
心理的障害を
改善したい

傷つき、
生きづらさを
乗り越えたい

自分自身を
理解し、人間的に
成長したい

クライエント

心理学的支援を求める人のこと。問題について積極的に語り、解決していこうという、主体的なかかわりが重要。

19

「実践」「研究」の両面から、よりよい対人援助をめざす

どんな方法で心理学的支援をおこなうと、より高い効果が得られるか——。
それを研究するのも、実践と同様、臨床心理学の重要な側面です。

臨床心理学を支えてきたのは「科学者−実践家モデル」

心理学的支援では、心という目に見えないものを扱います。だからこそ、科学的理論にもとづく支援や、期待する効果が得られたかを客観的に検証する視点が大切です。

そのため臨床心理学においては、「科学者」としての研究活動と、心理療法の「実践家」としての活動の両方が重視されています。**これを「科学者−実践家モデル」といい、世界的に広く普及している姿勢です。**

豊富なエビデンスをもとに、その人にとって最善の方法で支援

支援法の選択においても、科学的視点が求められています。**心理的障害ごとに蓄積された「エビデンス（科学的根拠）」をもとに、もっとも有効な支援法を選ぶという考えかたです。**

さらに、その人のパーソナリティ（性格特性）や、社会・文化的背景なども考慮し、支援法を柔軟に選ばなくてはなりません。そのため、特定の心理療法だけにかたよらず、幅広く学ぶ姿勢が求められます。

はじめての臨床心理学
Q & A

人を助ける仕事がしたい！**実践だけじゃダメですか？**

実践の効果として、相手がどう変わったか。その「検証」も必要です

適切な支援ができたかどうかは、効果を検証しないとわかりません。実践と研究の両立は大変ですが、実践内容の検証や、よりすぐれた方法論の研究が不可欠です。

"思いやり""やさしさ"だけでは、専門的支援はできない

専門的な支援には、客観的な研究の知見と、臨床家個人に培われたArt（技・技巧）の両方が必要となる。

実践

臨床家として、「Art（技・技巧）」を追求する

クライエントの心の状態、パーソナリティ、問題のなりたちを見る「心理アセスメント」に始まり、心理療法、カウンセリングを効果的に実践していく。より効果的な実践のための"スキルの向上"とともに、最新の研究知見をいかす姿勢も求められる。

心理アセスメント

面接技法

カウンセリング

よりよい介入に役立てる

研究

「Science（科学）」として、方法論を発展させる

カウンセラーが実践した活動と、その効果を客観的・系統的に検証。よりよい方法論を発展させていく。

量的研究

多くのクライエントのデータから、エビデンスを構築

一定の条件下で収集した数値データを、統計学的に分析。治療効果や、各要因の因果関係などを調べる。

質的研究

心理療法における個人の主観的体験や、変化のプロセスに注目

心理療法の実施内容を詳細に描写・分析し、個人の主観的体験を理解する。変化のプロセスなどに注目し、その特徴をあきらかにする。

介入の効果とメカニズムを検証する

基本となるのは「心理機能論」「心理アセスメント論」「心理療法論」

臨床心理学の中心となるのが、心理療法の理論と実践、心理検査のやりかたなど。
さらに心の基本的な働き、なりたちについても知っておく必要があります。

心のなりたちを理解したうえで、アセスメントと介入をおこなう

心理機能論、心理アセスメント論、心理療法論の3つは、医学における基礎医学、検査・診断学、治療学の3つの領域とも重なっている。

I 心理機能論
（心理力動論）

心のなりたちと、精神病理について学ぶ

人の心はどういうものなのか、心理的障害はどのようにして起こるのかに注目。〝心の病〟とよばれる精神病理についても、その種類と特徴をくわしく学ぶ。
さらに近年は、ウェルビーイング（主観的幸福感）など、ポジティブな心理機能にも焦点があてられている。

 ➡P24〜、160〜

II 心理アセスメント論

クライエントのパーソナリティや問題を理解する

クライエントのパーソナリティや、クライエントが抱える問題を理解していく作業を「心理アセスメント」という。
心理検査による査定に加え、面接中の会話で得られた情報などから、問題の全体像についての仮説を立てる。このやりかたを学んでいくのが、心理アセスメント論。

 ➡P86〜

人の心では何が起きてるの？
心がつらくなるのは、なぜ？

　心理学的支援というと、すぐに具体的な技法に目が向きがちですが、「心とはどういうものか」「心のつらさはなぜ起こるのか」を知らなければ、適切な支援はできません。そこで、心のなりたちや心理的障害のメカニズムを学ぶのが「心理機能論」です。多職種と協働するうえでの共通認識としても、不可欠なものです。

医学モデルとは異なる
人間と問題の理解、介入法を学ぶ

　精神医学では、どんな病気かを診断し、それに応じた治療をおこないます。一方の臨床心理学では、クライエントを全人的に見て、支援していくのが特徴。**心理的障害だけでなく、人となりや、これまでの生い立ちなどを含めて相手を理解します。**このような理解のしかたを学ぶのが「心理アセスメント論」で、具体的な心理療法を学んでいくのが「心理療法論」です。

III 心理療法論

症状の改善、成長に役立つ 技法を身につける

まずは、クライエントとかかわるときの基本姿勢を学ぶ。そのうえで、個別の心理療法の理論、技法を身につける。
とくに重要なのが、3大アプローチとよばれる「精神力動的アプローチ」「認知行動的アプローチ」「ヒューマニスティックアプローチ」。クライエントに適した技法を柔軟に選べるよう、この3つは理解しておきたい。

心理療法は
全部で
400種以上！

でも、代表的な
アプローチは
おもに3つです

→P114〜

3大アプローチのひとつ、
認知行動療法の例

そのとき頭に浮かんだ考えはどんなものでしたか？

やっぱり私は何をやってもダメって…

23

生物-心理-社会モデルで人間を理解する

心理的障害といっても、心理だけに原因を求めることはできません。
脳神経系の問題、人が生きる社会のありようなども大きく影響しています。

心理的障害には、医学的問題、社会的文脈も関係する

広い視点で人を見て、心理的障害に影響している要因を探る。

生物-心理-社会モデル

生物学的要因、心理学的要因、社会的要因から、人間を捉える考えかたを「生物－心理－社会モデル」とよぶ。

生物学的要因

【遺伝的要因】
「家族・親族にも同様の問題があった?」

【脳神経系の機能】
「脳内の神経伝達物質の量は?」

【生理機能】
「ホルモンバランスとその変動は?」など

多くの心理的障害には遺伝的傾向が認められている。うつ病や不安障害、統合失調症（→P176）などの発症には、脳内でつくられる神経伝達物質（→P28）も関係。うつ病患者では、ストレスホルモンとよばれる「コルチゾール」の濃度が高いこともわかっている。

心理学的要因

【パーソナリティ】
「感情や思考、行動のパターンは?」

【発達過程】
「幼少期の養育者との関係は?」

【対人関係】
「親密な人間関係を築ける?」など

自己批判的・悲観的傾向などがあると抑うつに陥りやすい。また、幼少期の養育者との愛着関係が不十分だと、状況を変えるための意欲も自信ももてない「学習性無力感」に陥ることも。対人スキルや親密な他者の存在も、心理的障害の発症に影響。

社会的要因

【仕事・組織】
「職場や集団の環境、規範は?」

【文化・社会規範】
「社会的な抑圧・偏見はない?」

【経済的状況】
「貧困などで苦しんでいない?」など

家庭や学校、会社など、その人が属する集団の「こうあるべきだ」という価値規範も、心の健康に影響を及ぼす。また、性や年齢、人種、民族、宗教、政治などにかかわる偏見や抑圧を受けていないか、経済的な困難を抱えていないかも重要。

原因はひとつではない。心理的障害を包括的に見る

人の心は、人体を司る脳神経系の機能に大きく影響されています。また、すべての人は社会のなかで生を営み、さまざまな問題に直面します。

そのため心理的障害を理解するには、心理だけでなく、生物学的要因や社会的要因も含めて包括的に見る視点が欠かせません。これを「生物‐心理‐社会モデル」といいます。

医師やソーシャルワーカーなど専門家間の連携にも役立つ

生物‐心理‐社会モデルは、多職種連携にも欠かせない視点です。

たとえば生物学的要因には、医師による薬物治療が有効かもしれません。社会的要因の改善には、ソーシャルワーカーなどの福祉職のかかわりも必要。複数の専門家がたがいの専門性を尊重しながら、心理的障害を理解し、協働して支援をすることが求められます。

「生物・心理・社会モデル」で見る うつ病の例

うつ病を発症した女性の例。心理学的要因のほか、ホルモン分泌量の変化、社会規範による抑圧、ソーシャルサポートの欠如など、多くの要因が背景にある。

生物学的 要因
- 気分にかかわる神経伝達物質「セロトニン」「ドパミン」（→29）の減少
- 出産後のホルモンバランスの乱れ

社会的 要因
- 「家事・育児は女性の仕事」という価値規範のなかで育ってきた
- 職場での責任が重く、休みをとりにくい
- ソーシャルサポートがほとんどない

心理学的 要因
- 自己肯定感が低く、問題を自分のせいと捉えがち
- 「つらいから助けて」と、人の手を借りられない

うつ病を発症

持続的な気分の落ち込み
食欲がない
気力がなくなる
何も楽しめない　など

心のなりたち

生物学的要因

感情も思考も、
脳でつくられる

生物 - 心理 - 社会モデルのうち、まずは生物学的要因を見てみましょう。
脳神経系の研究が進み、心との関係も、少しずつわかってきています。

脳神経科学をもとに
心のしくみを理解する

心とは一体どんなものか――これは、古代から存在する普遍的な問いです。

現在では、感じる、考えるといった心の働きを司るのは「脳」であることがわかっています。基礎心理学で扱われる「知覚」「学習」「記憶」などの機能も、脳神経系が司っています。

ただし、脳と心の関係すべてがあきらかになっているわけではなく、現在も、脳機能イメージング＊などで脳機能の研究が進められている段階です。

感情は大脳辺縁系で、
思考は前頭葉で生じる

心理的障害の理解に、とくに重要なのが「感情（情動）」と「思考」です。

感情は、哺乳類に共通の原初的な領域である「大脳辺縁系」で生じます。内臓や筋肉をコントロールする「自律神経系」などに影響し、身を守るための身体反応を瞬時に引き起こします。

一方の思考を司るのは「前頭葉」で、人ならではの高次の情報処理を担っています。思考が感情に影響し、心理的障害をまねくこともよくあります。

神経心理学的視点から、「脳」と「心」を見る

脳神経系と感情、思考、行動の関係を知ることが、心理的障害の理解に役立つ。

思考

推論・判断・意思決定など
いくつもの高次脳機能がある

高次の脳機能で、知覚、注意、推論、意思決定などの認知的処理をさす。大脳を覆う「大脳皮質」、とくに「前頭葉」という領域が関与。

感情（情動）

怒りや悲しみなどが
行動、身体反応を引き起こす

感覚情報はいち早く大脳辺縁系に届き、「快‐不快」などを即座に評価。感情と、それにともなう身体反応が生じ、思考にも影響を及ぼす。

行動

自律神経系を含め、
脳が行動を調節している

思考からは〝意識的な行動〟が、感情からは〝身体反応としての行動〟が生じる。
身体反応には自律神経系、内分泌系などが関与。

＊脳機能イメージング…さまざまな精神活動の際に、脳のどの部位が活性化しているかを調べる画像検査。精神・神経疾患の病態
理解も重要な目的。

「大脳皮質」「大脳辺縁系」が、思考や感情に関与する

うつ病などの疾患理解のためにも、脳の基本構造と働きを理解しておきたい。

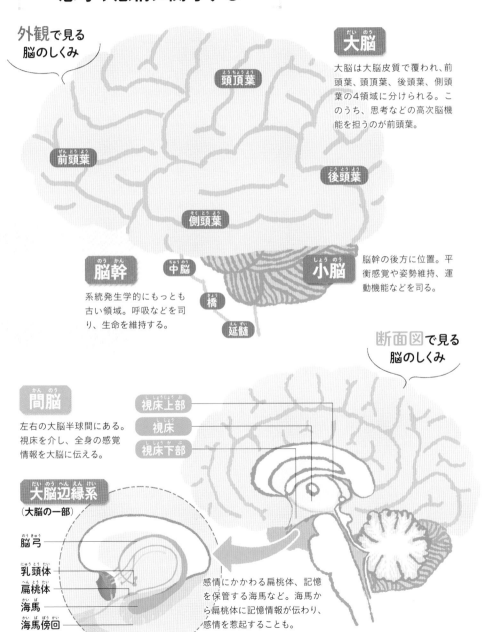

外観で見る脳のしくみ

大脳

大脳は大脳皮質で覆われ、前頭葉、頭頂葉、後頭葉、側頭葉の4領域に分けられる。このうち、思考などの高次脳機能を担うのが前頭葉。

頭頂葉

前頭葉

後頭葉

側頭葉

脳幹

系統発生学的にもっとも古い領域。呼吸などを司り、生命を維持する。

中脳

橋

延髄

小脳

脳幹の後方に位置。平衡感覚や姿勢維持、運動機能などを司る。

断面図で見る脳のしくみ

間脳

左右の大脳半球間にある。視床を介し、全身の感覚情報を大脳に伝える。

視床上部

視床

視床下部

大脳辺縁系

（大脳の一部）

脳弓

乳頭体

扁桃体

海馬

海馬傍回

感情にかかわる扁桃体、記憶を保管する海馬など。海馬から扁桃体に記憶情報が伝わり、感情を惹起することも。

心のつらさには、神経伝達物質が関与する

薬物治療が必要な心理的障害も少なくありません。適切な薬物治療に
つなげるためにも、心理的障害にかかわる脳内の物質について知っておきましょう。

心理的障害はなぜ起こる？
脳神経科学でも研究が進む

脳・神経科学では"心のつらさ"の研究も進められています。脳では「ニューロン」という神経細胞が連携し合い、緻密な情報ネットワークを形づくっています。情報は電気信号として伝わりますが、ニューロンどうしの接合部にはすき間（シナプス）があり、電気信号が伝わりません。そこで伝達の媒介となるのが「神経伝達物質」です。

この化学物質の放出量の変化が、うつ病などの心理的障害の一因と考えられています。

神経伝達物質が、脳内の情報伝達を担う

脳は、情報処理や伝達を担うニューロンと、その機能を支える3種のグリア細胞からなる。

ニューロン
（神経細胞）

シナプス前細胞

神経伝達物質

シナプス後細胞

シナプス前細胞から放出された神経伝達物質が、後細胞の受容体に結合して情報が伝わる。

ミクログリア
（小膠細胞）

アストロサイト
（星状膠細胞）

オリゴデンドロサイト
（希突起膠細胞）

セロトニンやドパミンなどが
心理的障害にかかわっている

　脳内の神経伝達物質は60種以上。**よく知られているのが、気分*の安定にかかわる「セロトニン」で、うつ病、不安障害に関与しています。**

　反対に、気分の興奮や高揚にかかわるのがドパミンです。特定の行動と快情動をセットで記憶することで、行動が強化される「報酬系」に関与し、依存症（→P190）などの要因となります。

生物学的要因は大事。
でも、人の心はそれだけじゃない

　このような脳神経科学の知見は、心理的障害の薬物治療を中心に活用されています。他職種との連携、とくに医療の場で働くときには、必ず知っておく必要があります。

　けれども、心の状態は神経伝達物質の量だけでは決まりません。より効果的な治療、再発防止のためには、心理的側面からの理解と支援も不可欠です。

神経伝達物質の影響で、感情や思考状態が変わる

気分や感情、思考にかかわる神経伝達物質には、おもに下記のものがある。

セロトニン

気分の調節に関与。
うつ病では減少傾向に

気分や感情にかかわる。うつ病で減少するほか、パニック症をはじめとする不安障害にも関与。セロトニンの濃度を調節する薬物もある。

ドパミン

うつ病のほか、
統合失調症にもかかわる

ノルアドレナリン、アドレナリンの前駆物質。うつ病や不安障害では減少傾向が、依存症、統合失調症などでは増加傾向が見られる。

ノルアドレナリン

覚醒度のほか、
パニック症などの不安障害に関連

覚醒や不安、注意、学習に関与。ノルアドレナリンを放出するニューロンの異常が、不安障害やPTSD（→P182）の一因とも指摘される。

アドレナリン

自律神経系を調節。
体を闘争モードにする

自律神経のうち、全身を闘争状態に導く「交感神経」を亢進させる。腎臓の上にある「副腎」から、ホルモンとしても分泌されている。

グルタミン酸

統合失調症の人では
増加傾向にある

記憶や学習にかかわる、興奮系の神経伝達物質。統合失調症ではグルタミン酸の濃度調節がうまくいかず、増加傾向にあるとされている。

GABA

グルタミン酸から生成され、
気分や感情に関与

アミノ酸の一種で、中枢神経系全域に広く分布する。気分、感情、睡眠－覚醒などを調節。アルコール依存症などにも関係する。

＊気分：感情（情動）が持続した状態。比較的弱い感情があいまいな状態で続くことが多く、感情（情動）に比べ、外的刺激による変動が少ない。

心のつらさを改善するには、「感情」理解が欠かせない

生物 - 心理 - 社会モデルのうち、心理学的要因について見ていきましょう。
心のつらさを改善し、心理的健康を保つには、まず「感情」の理解が不可欠です。

感情によって状況が理解でき、適切な行動をとれる

「感情」は、できごとに対して起こる心の動きで、主観的な経験をさします。

感情のもっとも本質的な役割は、心と体を守ること。"心身に影響を及ぼす重要な状況下にある"と気づかせ、危険を避けるなどの行動を引き起こします。

このほかに、感情表出を通して他者との関係を調整する「コミュニケーション効果」、自身の状況への理解・評価を促す「意味システムとしての効果」、特定の行動を増加させたり軽減させたりする「学習効果」もあります。

人間には6つの基本感情がある

感情は特定の身体反応を起こし、声や表情、行動に現れてくる。

恐怖
脅威や攻撃が刺激となって「恐怖」が生じる。逃避行動をとって、安全を確保する。

怒り
障害や侵入が刺激となって「怒り」が生じる。攻撃して相手を退け、境界を設定する。

喜び
価値ある対象の獲得から「喜び」が生じる。それをくり返すことで、自身の強みとする。

悲しみ
価値ある対象の喪失で「悲しみ」が生じる。泣くことで、他者とつながりを深める効果も。

嫌悪
不快な対象には「嫌悪」が生じ、身体的に汚染されないようはき出す、距離をとるなどする。

驚き
予想しないできごとに対して「驚き」が生じる。動きを止め、注意力を高めるのに有効。

できごと、状況への反応として、感情が生まれる

感情と思考、行動の関係性、感情の分類を理解し、心理学的支援に役立てる。

感情のしくみと働き

感情が生じることで、特定のできごとや状況に対し、適切な行動をとれる。認知の役割も大きい。

認知
刺激に対する評価。思考、推論、意思決定などを含む。

刺激（できごと、状況）
攻撃や侵入、価値ある対象の獲得や喪失、予想外のできごとなど。

感情
刺激への反応として生じる。認知に強く影響されることも。

行動
感情や認知にもとづいて行動することで、欲求と必要を満たす。

臨床に役立つ感情分類

一次適応感情
できごとや状況に対するストレートな反応
本当の自己を反映したありのままの感情。6つの基本感情のほか、愛、思いやりなどの複雑な感情体験も含む。

一次不適応感情
心をつらくする、過度の不安や恐怖など
虐待などの影響で、一次適応感情が機能不全を起こして生じる不健康な感情。過度の不安や恐怖、恥、孤独感、絶望など。

二次感情
素直な感情体験が阻害されて生じる
一次感情や思考に続いて生じ、本来の感情を隠す。恥の感情を素直に体験・表出できず、かわりに怒りを感じるなど。

道具感情
相手の心を動かすための感情行動
対人関係、対人的状況のなかで、人の気持ちを動かすためにとる感情行動。気を引くための涙、威圧的な怒りなど。

感情を抑えすぎても、表出しすぎてもつらくなる

感情を素直に体験し、表出できなくなると、心がつらくなります。

たとえば、強い怒りを抱えているのに、社会規範のためにそれを抑圧し続けると、無力感などでうつ状態に陥ることも。また、感情の過度な表出が社会生活を困難にすることもあります。

重要なのは、感情に気づいて十分に体験し、適度に表出すること。これを「感情調整」といい、心理的障害の改善に必要なプロセスです。近年では多くの心理療法で、感情の重要性が指摘され、自尊感情を高める「ポジティブ心理学」なども注目されています。

心のなりたち

心理学的要因

感情、思考などのパターンを「パーソナリティ」という

心理学的側面から人を理解し、援助するには、その人の心理学的傾向を客観的に
把握することも大切。そのために役立つのが、パーソナリティの概念です。

感じかた、考えかたの違いはどこからくるのか

同じできごとでも、感じかたや考えかた、対処のしかたは1人1人違い、かつ一貫した傾向が見られます。このような個人差を、「パーソナリティ」とよんでいます。

似た言葉に「気質」がありますが、これは遺伝的な素質で、生涯変化しないもの。一方、「性格」は、環境や経験で、ある程度変化しうるものです。倫理的な価値判断を含む「人格」という言葉もあります。パーソナリティは、感情や思考、行動の傾向、気質や性格、人格、能力などを、包括的に捉える言葉として使われています。

パーソナリティは固有のもの？　もっと柔軟なもの？

パーソナリティを、タイプ別に把握する類型論と、特性の強弱で把握する特性論がある。

類型論

- 体型による3類型（E.クレッチマー）
- 内向性と外向性（C.G.ユング）
- 身体的特徴による3類型（W.H.シェルドン）
- 価値観による6類型（E.シュプランガー）

パーソナリティを固有のものと捉え、複数のタイプに分ける。古典的理論としては、体型と心理的障害を結びつけたクレッチマーの3分類などが有名。

特性論

- 共通特性と個人特性（G.W.オルポート）
- 16因子の根源特性（R.B.キャッテル）
- 外向性、内向性、神経症傾向の3因子（H.J.アイゼンク）
- ビッグ・ファイブ理論（P.T.コスタ＆R.R.マクレー）

人にはさまざまな心理的特性があることを前提とし、その量的差異でパーソナリティを捉える。「因子分析」という統計学的手法で心理的特性を見出す。

類型論から特性論へ。
人のいろいろな側面に光をあてる

「外交的な人」「内向的な人」というように、パーソナリティを、一定の基準でタイプ分けする考えかたを「類型論」といいます。かつてはこれが主流でしたが、現実には、すべての人を単純な類型で分けることはできません。

そこで登場したのが「特性論」。多くの人に共通する特性を見出し、それらの強弱でパーソナリティを捉えます。

健康的、適応的な
パーソナリティへの変化をめざす

現在主流となっているのは、特性論の「ビッグ・ファイブ理論」で、5つの因子からパーソナリティを理解します。

こうしたパーソナリティ理論をもとに作成された検査（→P86〜）は、臨床でも使われています。重要なのは、それだけで人を判断しないこと。より健康的で適応的な変化を目的に、パーソナリティ検査を活用していきます。

現在では、ビッグ・ファイブ理論が定着している

現在は、下記の5つの因子で、パーソナリティを把握できると考えられている。

Neuroticism
［神経症傾向］

外部刺激に敏感に反応する。恐怖や不安、恥、罪悪感、悲哀などをもちやすく、情緒不安定。

Conscientiousness
［統制性］

目的や意志をもって、勤勉に、物事を成し遂げることができる。衝動を抑える力をもつ。

Extraversion
［外向性］

外界に積極的に働きかけ、活動的。報酬に敏感で、喜び、欲望、熱中、興奮などをもちやすい。

Agreeableness
［協調性］

まわりの人に共感し、親密で協調的な関係を結ぶことができる。人の気持ちを思いやる力をもつ。

Openness to
experience
［開放性］

新しい経験に対し、好奇心をもって近づくことができる。豊かなイメージ力や創造性をもつ。

心のなりたち

体だけでなく、心にも発達過程がある

心のありようは、幼少期の養育者との関係、その後の発達過程からも、大きな影響を受けています。具体的にどのような影響があるのかを見てみましょう。

アタッチメント（愛着）を礎に心が発達していく

パーソナリティは、生まれつきの気質と環境要因がかかわりあって発達します。環境要因でとくに重要なのが、乳幼児期の養育者との関係。**子どもと養育者のやりとりから生まれる情緒的な**絆が「アタッチメント（愛着）」で、これを対人関係の礎として、パーソナリティが発達していきます。

幼少期の虐待などでアタッチメントが十分に形成されないと、他者に信頼感をもつことができず、心理的障害を引き起こすこともあります。

養育者との関係で、他者への信頼感などが育まれる

アタッチメントの形成には、子どもの気質や養育者のかかわりかたのほか、養育環境も影響する。

幼少期のアタッチメント

養育者の存在が"安全基地"となる

養育者との分離や接触で示す反応から、4タイプに分けられる。

1. **安定型**……分離すると不安に。接触で安心する。
2. **回避型**……分離不安も、接触による安心も薄い。
3. **両価型**……接触を求める一方で抵抗もはげしい。
4. **無秩序型**……反応パターンが一定でなく不安定。

対人関係のパターン

アタッチメントをもとに、他者との心理的な絆を形成し、対人関係の技能（ソーシャルスキル）を身につけていく。

ライフサイクルのなかで、課題を乗り越えて成長していく

エリクソンが提唱した「ライフサイクル論」。人は生涯を通じて発達、成長すると考えた。

Ⅷ 高齢期 — 経験を統合し、英知を獲得する。

Ⅶ 成人後期 — 次世代を育成する「生殖性」「世代性」を獲得。

Ⅵ 成人前期 — 他者との人間関係において愛、親密性を育む。

Ⅴ 青年期 — アイデンティティ(自我同一性)を確立する。

Ⅳ 児童期 — 学校での勉強や遊びなどを通じ、勤勉性を育む。

Ⅲ 幼児後期 — 活動に積極的にとり組む自主性を身につける。

Ⅱ 幼児前期 — 自分をコントロールする自律性を身につける。

Ⅰ 乳児期 — 他者に対する基本的信頼を形成する。

8つの段階を通じて生涯にわたり発達を続ける

乳幼児期以降、心はどのように発達していくのでしょうか。精神分析家のE.H.エリクソンは、一生を8段階に分けて、心の発達を考えました。各段階で発達課題があり、それを乗り越えて成長するという「ライフサイクル論」です。

各段階の課題に立ち向かうのは、本人にとってはつらく苦しいこと。しかし、各段階で十分に課題が解決できないと、「不信感」「劣等感」「罪悪感」などの問題を抱え、心理的障害にもつながると考えられています。

発達障害の原因は、育てかたでなく脳機能の問題

アタッチメント理論やライフサイクル論は、生物‐心理‐社会モデルのなかで、包括的に理解しなくてはなりません。幼少期の愛着や発達課題を強調するあまり、「幼少期の母親との分離」「発達課題の失敗」にのみ問題を帰属させると、誤った子育て観や母親の苦しみを助長する原因となります。

とくに発達障害（→P196〜）の子どもや大人とかかわるときには、脳機能の障害であることを前提に障害を正しく理解し、よりよい支援を考えていきます。

心理的健康は、社会、文化、所属集団にも影響される

人の心を理解するには、その背景にある社会も理解しなくてはなりません。
社会規範や社会問題が、心理的障害の引き金になっていることもあります。

人は、社会システムと関係性のなかで生きている

マクロシステム
個人を包括する大きなシ
ステム。社会とその規範、
文化、法など。

国・社会・文化 など

地域その他のコミュニティ

家族

友人

学校・企業

ミクロシステム
個人が直接かかわる環境。
家庭、学校、職場、地域
社会など。

発達心理学者U.ブロンフェン
ブレナーの「生態学的システム
理論」から見た、個人と社会シ
ステムの関係。システムとの
相互作用は子どもにかぎらず、
誰にでもあるため、心理学的
支援でも必要な考えかた。

社会や文化のなかで身につけた
価値観が、人を苦しめることも

人は家庭や学校、会社、地域などの集団に属し、社会生活を営んでいます。そして、そのなかでうまくやっていくための行動様式や価値観を身につけながら成長します。**このような行動様式や価値観は、個人を苦しめる刃にもなりえます。**心理的障害を見るときは、すべてを個人の問題とせず、社会からの影響にも目を向ける必要があります。

社会やコミュニティに、
安心できる居場所はある?

私たちをとり巻く社会システムは、心理的障害の要因となる一方で、個人の心理的健康にも寄与しています。

社会のなかで孤立したままでは、自分自身の価値を感じたり、生きる意味を見出すことがむずかしくなります。**親密な人間関係を含め、安心できる居場所があるか、社会に貢献しているという実感をもてるかどうかも重要です。**

心理的健康には、社会のなかでの肯定感も必要

次 元	定 義
感情的ウェルビーイング	
陽性感情	日常的に、生き生きしている、人生に興味をもっている、元気がいい、幸せである、落ち着きがある、平穏である、そしてエネルギーに満ちている
率直な人生満足感	人生全体に関して、またはその複数の領域において、だいたい満足しているか、または高い満足感をもっている
心理的ウェルビーイング	
自己受容	自己に対して肯定的な気持ちをもっており、自己と人格の多くの部分に関して、高く評価する。そして自分を愛している
個人的成長	挑戦を求め、自分の潜在能力に対する洞察をもち、発展が続いているという感覚がある
生きる目的	自分の人生に方向性と意味を見出す
環境的修得	自身の欲求と合った環境を選ぶ、それに対処する、それを形づくる力を発揮する
自律	社会的に受け入れられた自身の内的基準や価値観に導かれる
他者との肯定的関係	温かで信頼にもとづいた対人関係をもっているか、つくることができる
社会的ウェルビーイング	
社会的受容	人の違いに関して肯定的な姿勢をもち、それを認め、受容する
社会的達成	人、集団、社会が潜在力をもち、よい方向へと発展し、成長することを信じる
社会的貢献	自身の毎日の活動が、社会や他者にとって役立ち、その価値を認めてもらえると感じる
社会的凝集性	社会と社会における生活に関心をもち、それらに意味があること、およびその意味を理解している
社会的統合	共同体に属し、そこに居心地のよさを感じ、支持を受けているという意識をもつ

ポジティブ心理学の研究者であるC.キースは、ウェルビーイング(健康で幸福度、満足感の高い状態)には、個人の感情や心理機能に加え、他者や社会との肯定的関係が重要と指摘。心理的障害だけでなく身体疾患のリスクも減る。

(「Mental illness and/or mental health? Investigating axioms of the complete state model of health.」Keyes CLM, Journal of Consulting and Clinical Psychology vol.73(3); 539-548, 2005より引用、岩壁 茂訳)

心のなりたち

社会の問題も
心理的障害につながる

社会に広がる閉塞感・不安感、差別・偏見なども、心理的障害の要因となります。
社会の問題を理解したうえで、個人を力づけることが求められます。

個人の要因、環境要因の両方に目を向ける

心理的障害には、個人の要因と環境要因の両方が関与する。

**個人と環境の
相互作用**
〈素因-ストレスモデル〉

ストレス
**環境、生活、できごとに
悩まされる**
対人関係、仕事上の問題、
経済的困窮、満員電車で
の通勤など幅広い。

素因をもつ人にストレス
が加わると、心理的障害
が生じる。この考えかた
を「素因－ストレスモデ
ル」という。

素 因
生物学的要因、心理学的要因がかかわる
遺伝的素因やパーソナリティ、ストレスに
対する脆弱性など。

心理的障害
うつ病や不安障害などを発症する
うつ病(→P172)、不安障害(→P178)、
統合失調症(→P176)などを発症。

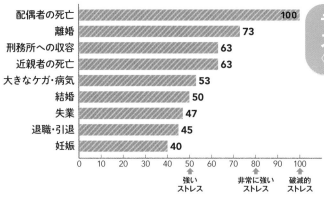

**ライフイベントの
ストレス度**
〈社会的再適応評価尺度〉

心理学者のT.H.ホーム
ズ＆R.H.レイによる、
ライフイベントのスト
レス度。結婚・妊娠な
ど、社会的に喜ばしい
とされるできごともス
トレスとなりえる。

現代社会の病理が
うつなどを増加させている

「うつの時代」ともいわれる現代。日本の自殺者は年間2〜3万人に上り、その大半はうつだといわれています。

長引く不況やそれにともなう経済的不安、過酷な長時間労働や競争から生じる人間関係のひずみ、ジェンダーバイアス＊からくる無意識の差別……。こうした現代社会の病理が、うつなどの心理的障害の引き金となっています。

社会の問題を、
個人に帰属してはいけない

うつなどの心理的障害をもつ人は、〝心が弱い〟などといわれることも。

しかし心理的障害の発症には社会が関与しており、問題を個人だけに帰属することは許されません。職場環境や経済的問題はもちろん、性別・人種への偏見も問題。その影響を理解しつつ、個人を力づける（エンパワーメントする）ことも心理職の重要な役割です。

幅広い環境要因が、心理的障害の引き金に

本人自身も、「自分の心が弱いから」と思っているかもしれない。しかしその背景にはさまざまな社会的要因がある。

社会の問題

例 社会的格差（教育など含む）
自己責任論 など

社会的格差の拡大、自己責任論の蔓延などで、低い自尊感情に苦しむ人が増えている。

所属集団の問題

例 ハラスメント
業績至上主義
非正規雇用の増加 など

いじめやハラスメント、業績至上主義や不安定な雇用形態などが、大きなストレスに。

文化の問題

例 旧来のジェンダー観
旧来の
日本的労働観 など

社会における男女格差、長時間労働を美徳とする旧来の日本的価値観も、うつなどの引き金に。

会社に行かないと…
でも、行けない…

政治の問題

例 福祉・支援制度の不足
長引く不況
失業者の増加 など

長引く不況は将来への希望を失わせる。福祉・支援制度の不足、生活保護の受けにくさなども問題。

経済的な問題

例 貧困家庭の増加
増大する所得格差 など

生活に困窮した状態では心身の健康を保てない。貧困が世代間連鎖するという問題もある。

＊ジェンダーバイアス…「ジェンダー」は社会的・文化的に形成された性差、「バイアス」は偏りのこと。「男性には経済力が必要」「家事や育児は女性がするもの」といった、性別にもとづく偏見をさす。

社会的背景のなかで
多くの理論が生み出された

どの心理療法も、"いつどのようにして生まれたか"という社会的背景に
意味があります。歴史的文脈で、主要な心理療法を見ていきましょう。

生きるうえでの苦悩と癒やしは
古代から存在していた

　古今東西を問わず、人々は自然災害
や戦争、疫病、近親者の死など、さま
ざまな困難に遭遇します。**このような
困難による苦悩や傷を癒やす手段は、
あらゆる文化で存在していました。**

　古代においては、土着的な信仰がそ
れにあたるもの。シャーマンや預言者
などが、神や精霊と交流する儀式をお
こない、人々の苦悩や傷をやわらげた
のです。中世に入ると土着的信仰に代
わり、宗教の力が強まっていきます。

近代社会の発展とともに
「自己とは何か」の関心が高まる

　17世紀に入ると、自然科学や資本主
義の思想が西欧で生まれます。さらに
18世紀後半からの産業革命をきっかけ
に、共同体と宗教を基盤とする伝統社
会から、個人と科学を重視する近代社
会へと変化していきます。**「物」**と**「心」**
を分ける視点を得て、**「自分は何者なの**

か」という、アイデンティティの確立に
対する関心も高まりました。

　こうした社会的背景のなかで、1879
年に、ドイツの生理学者W.ヴントが心
理学実験室を創設します。これが心理
学の起源。神秘主義的な思想や宗教的
側面からではなく、自然科学的に心を
研究する学問として成立しました。

ウィトマーの心理クリニックが
1896年に開設される

　「臨床心理学」という言葉が登場した
のは1896年。**アメリカの心理学者L.ウィ
トマーが心理クリニックを開設し、実験
心理学の知見を応用した心理学的支援
を始めます。**以降、さまざまな理論と
心理療法が発展していきます。

　同時期に起きた「精神衛生運動」も
重要です。自身も双極性障害（→P174）
を抱えていたC.W.ビアーズが、精神疾
患患者への非人道的な処遇・治療の改
善を訴えます。これが多くの支持を集
め、精神保健福祉の源流となりました。

近代社会の要請のなかで、多様なアプローチが誕生

欧米社会が、伝統社会から近代社会へと変化する過程で臨床心理学が生まれ、さまざまな心理療法が誕生した。

伝統社会	近代社会	ポストモダン社会
共同体・家族志向の生活習慣 外的要因による自己規定: 名誉の重視 宗教を信じる	個人主義的 他から独立した自律的自己: 尊厳の重視 科学を信じる	゙関係的″自己意識 断片的で゙飽和した″自己 知識が社会的に構成されていることを信じる
モラルの確実性 変化しない社会 地域局在型の政治支配形態 農作業労働	モラルの相対主義 ゙進歩″に向けての取り組み 国家 産業労働	モラルの枠組みへの追求 無政府状態・カオスへの怖れ グローバル化された地域 情報処理労働

心理療法家の J.マクレオッドは、伝統社会からポストモダン社会までの文化的発展の特徴を提示した。

（『物語りとしての心理療法──ナラティヴ・セラピィの魅力』J.マクレオッド著、下山晴彦監訳、2007、誠信書房より引用）

信仰・宗教による癒やしと治療

臨床心理学の誕生と発展

20世紀になって、3大アプローチができたんですね！

年代	人物	理論＆実践
1896	L.ウィトマー	心理クリニックの開設
1900 1904〜12	S.フロイト	夢の解釈 自由連想法、転移、教育分析 ➡P42 精神分析
1920	J.B.ワトソン&R.レイナー	恐怖の条件づけ実験
1938	B.F.スキナー	オペラント条件づけの適用 ➡P44 行動療法
1942	C.R.ロジャース	クライエント中心療法 ➡P46 クライエント中心療法
1950	J.ダラード&N.E.ミラー	行動療法と精神分析の接点
1958	J.ウォルピ	系統的脱感作法 ➡P44 行動療法
1962	A.エリス	論理情動行動療法
1976	A.T.ベック	うつ病の認知療法 ➡P48 認知行動療法
1977	P.L.ワクテル	精神分析と行動療法の統合
	G.エンゲル	生物 - 心理 - 社会モデルの提唱
1984	K.J.ガーゲン	社会構成主義
1990	M.ホワイト& D.エプストン	ナラティブ・セラピー ➡P50 統合的アプローチなど

精神分析を皮切りに、行動療法、クライエント中心療法などが誕生。いずれも先行する療法へのアンチテーゼとして発展してきた。ポストモダン社会に入ると、これらの理論の統合、社会構成主義*の導入などが試みられる。

＊社会構成主義…社会事象を客観的・普遍的事実と捉える近代主義に対し、人々が与える意味に重きをおいて社会を理解しようとする考えかた。心理学では「構成主義的心理療法」として注目され、当事者の語りを重視する「ナラティブ・セラピー」などが生まれた。

心理療法論は、フロイトの精神分析から始まった

心のなりたちについての理論を提唱し、近代的な心理療法を考案したのが、神経科医だったフロイトです。のちの心理療法にも、大きな影響を与えています。

催眠療法に始まり、自由連想法による精神分析へ

　19世紀末の西欧では、身体的問題はないのに麻痺（まひ）や妄想などを呈する「ヒステリー」が流行し、催眠療法が試みられていました。神経科医のS.フロイトもその治療と研究にとり組み、心の無意識の領域で抑圧された性的エネルギー（リビドー）が社会的要請と衝突し、心身の症状を発症すると考えました。**ここから独自の理論構築が始まり、「精神分析」として体系化されていきます。**

　このとき性的欲求が重視されたのは、女性が性的に抑圧されていた、西欧の上流社会特有の背景が関係しています。

「心の構造論」「防衛機制」などがその後の心理学に大きく影響

　フロイトはさらに無意識の研究を続け、「心の構造論」として体系化します。**心は「エス」「自我」「超自我」の3つからなるという理論です。**エスは無意識的な欲求の主体で、超自我は、倫理や道徳に則って機能するものです。そして、両者のバランスをとって現実的調整をはかるのが、自我。自我には無意識的に心を守る働きもあり、これを「防衛機制」と名づけました（→P114）。

　このようなフロイトの理論は、臨床心理学はもちろんのこと、文化や思想など幅広い分野に影響を与えました。

フロイトによってはじめて、「無意識」が理論化された

主要人物

ジグムント・フロイト
（1856〜1939）

チェコ生まれのユダヤ人。ウィーン大学で神経学を学んだのちに開業。精神分析を創設する。

フロイトによる「心の構造」

心には無意識の領域があり、欲求主体である「エス」、社会規範に沿おうとする「超自我」、両者を調整する「自我」からなるとした。

知覚 - 意識
前意識
自我
超自我
抑圧
無意識
エス（イド）

フロイトの影響を受け、多くの精神分析理論が生まれる

精神分析家は皆、フロイトから直接的・間接的に影響を受け、理論を構築・発展させてきた。

フロイト
第Ⅰ期
(1885〜1910)

**ヒステリー患者を対象に
カタルシス法、夢分析などを試す**
精神科医のJ.ブロイアーとヒステリー研究を開始。催眠状態の患者に抑圧された気持ちを話してもらう「カタルシス療法」や、無意識の領域を表す「夢」の分析を試みる。

A.アドラーの
(1870〜1937)
個人心理学

心の構造論に否定的で、心の全体性と、よりよい存在になろうとする個人の意思を重視した。

フロイト
第Ⅱ期
(1911〜1920)

**性欲動理論を完成させ、
精神分析技法を確立する**
リビドーを中心とした発達・病理論を完成させる。また、患者に自由に話させる「自由連想法」による精神分析法を確立。

C.G.ユングの
(1875〜1961)
分析心理学

心の深層には、普遍的な「集合的無意識」があると考えた。「内向性と外向性」の類型論も提唱。

フロイト
第Ⅲ期
(1920〜1939)

**「自我とエス」を執筆し、
心の構造論を発展させる**
自我・エス・超自我という心の構造論を確立。それについてまとめた論文「自我とエス」を発表した。
➡P114

A.フロイトの
(1895〜1982)
自我心理学

フロイトの娘で、自我の働きと防衛機制を体系化した。児童精神分析学の創始者でもある。

H.S.サリヴァンの
(1892〜1949)
対人関係論

心の内的エネルギーではなく、対人関係や文化における親密さの形態が発達の基盤になると考えた。
➡P122

M.クラインの
(1882〜1960)
対象関係論

子どもにとって重要な対象(母親)との関係が心の内部にとり込まれ、心の基盤になると考えた。
➡P120

H.コフートの
(1913〜1981)
自己心理学

自己愛性パーソナリティ障害(→P192)の研究から、他者の存在と承認が自己を成り立たせるとした。
➡P124

学習理論をもとに、科学志向の「行動療法」が発展

1950年代に入ると、〝精神分析は科学ではない〟と、異を唱える学者たちが現れます。
このような流れのなかで、科学志向の行動療法が確立されていきました。

「精神分析は科学じゃない」と批判が広がる

精神分析は、異常行動の「原因」を無意識の領域に求め、分析家が解釈をします。ただ、主観が入ることは否めず、有効性もはっきりしませんでした。心の構造論も、目に見える形で証明できるものではありません。**近代社会の成熟にともない、〝精神分析は非科学的だ〟という批判が起こります。**

そのなかで、アメリカの心理学者J.B.ワトソンが提唱したのが「行動心理学」。心理学と哲学を切り離し、目に見える行動や刺激を客観的に観察することで、科学的な心の理解を追究しました。

「刺激」→「行動」→「結果」の随伴性で、人の行動を理解する

行動心理学は、環境からの「刺激」、その反応としての「行動」、行動の「結果」という3つの関連性（三項随伴性）を、実験や観察であきらかにしました。たとえば、レバーを押してエサをもらえたネズミは、もっとレバーを押すようになります。しかし、レバーを押して電気ショックが起きると、その後は押さなくなります（オペラント条件づけ）。

同様に、人の行動は「刺激」によって変わり、新たな行動を「学習」していくと考えます。この理論を臨床に活用したのが「行動療法」です。

望ましい行動を学習させる行動実験が注目される

主要人物

バラス・スキナー
（1904～1990）

アメリカの心理学者で、行動分析学の創始者。オペラント条件づけの原理を導入。

スキナーの「オペラント条件づけ」

レバーを押した後、エサか電気ショックを与えるかで、ネズミの行動が変わる。

レバー

電気ショック床

エサ皿

動物の行動実験から、理論と技法がつくられてきた

行動心理学の誕生
（1890年代〜）

特定の臨床家の理論としてではなく、数多くの研究の集積として発展してきた。

I.P.パヴロフの
（1849〜1936）
「パヴロフの犬」実験

特定の音の後にエサを与えると、音だけで唾液が出るようになる。

J.B.ワトソンの
（1878〜1958）
S-R理論

状況やできごとなどの刺激(S)に反応し、行動(R)が起こるとした。

E.ソーンダイクの
（1874〜1949）
道具的学習

刺激と反応の結果のくり返しで、人は行動を学習すると考えた。

行動心理学の発展
（1930年代〜）

C.L.ハル & E.C.トールマンの
（1884〜1952） （1886〜1959）
S-O-R理論

S-Rのあいだに、仲介変数である主体(O)を位置づけ、その影響を指摘した。

B.F.スキナーの
（1904〜1990）
オペラント条件づけ

自発的行動の結果として生じる報酬(いいこと)や罰により、行動が増減するとした。

行動療法の発展
（1950年代〜）

J.ウォルピの
（1915〜1998）
系統的脱感作法

体をリラックス状態に導き、恐怖や不安を起こす刺激と、恐怖や不安反応の関係性を弱める。

H.J.アイゼンクの
（1916〜1997）
行動変容技法

学習理論をもとに、行動を変化させる各種技法を体系化し、「行動療法」と名づけた。

応用行動分析

オペラント条件づけを応用して望ましい行動の頻度を増やし、社会生活への適応をめざす。

**「エクスポージャー」などの技法は
不安障害治療にいまも使われる**

　行動療法が発展した1950年代は、実用性を重視する「プラグマティズム」が世界的に広まった時期。実証的な行動療法が時代に合致したともいえます。**行動療法では多様な技法を用いるのが**特徴で、そのひとつが「エクスポージャー」です。恐怖や不安を抱く対象に、段階的・計画的に接触させることで、恐怖や不安の反応を弱めていく方法です。このような技法は現在も、不安障害や恐怖症の治療、療育やリハビリなど、幅広い分野で使われています。

人間性の回復をめざし、クライエント中心療法が誕生

行動療法が広がるなかで、〝人はただ、刺激に反応するだけの生き物なのか〟という問いが生じます。そこで人間性の回復を志向したのが、クライエント中心療法です。

人間の意志や力を問い直す第三勢力として登場

1960年代に入ると、アメリカではベトナム反戦運動やヒッピームーブメントなどがおこり、「人間性」や「自由」への社会的関心が高まります。

ここに、実存哲学の影響を受けた「ヒューマニスティックアプローチ」が登場しました。「クライエント中心療法」「実存療法」「ゲシュタルト療法」などで、心理療法の第三勢力ともいいます。

人の行動は遺伝と環境で決まるとした行動心理学に対し、「人間は機械や動物とは異なり、意思決定をする存在」と主張。人間性の回復をめざしました。

「受容」「共感」「自己一致」で自己実現と成長を促す

ヒューマニスティックアプローチでとくに重要なのが、クライエント中心療法です。C.R.ロジャースは、人間にはもともと自己実現と成長へ向かう力があり、その力をとり戻すのが心理療法の目的だと考えました。そのためには、クライエントをありのままに「受容」し、「共感」的に理解すること。そして、カウンセラー自身も本当の自分を表現する「自己一致」が必要だと提唱。

1対1の関係性を重視する彼の理論は、心理療法の発展に大きな影響を及ぼし、現代の心理療法の礎となります。

ロジャースの思想は人間性回復運動として広がった

主要人物

カール・ロジャース
（1902〜1987）

クライエント中心療法を創始。その思想は人間性回復運動として広がる。ノーベル平和賞の候補にもなった。

ロジャースの人間学

少年時代に見た光景。ひと筋の光に向かってじゃがいもが芽を伸ばしている。同じように、人にも自ら成長する力があると考えた。

"いかに生きるか"の思索と問いから、発展を遂げる

人間を肯定的に捉え、自由意志と
自己決定を重視して発展した。

ロジャース第Ⅰ期（1940年代）

非指示的アプローチを提唱する

アドバイスや、評価・解釈をしたりせず、受容的な態度をとる「非指示的アプローチ」を提唱。

ロジャース第Ⅱ期（1950年代）

クライエント中心療法を確立

「非指示的」を「クライエント中心」という用語に変え、「クライエント中心療法」を確立。効果研究も開始。 ➡P138

ロジャース第Ⅲ期（1960年代）

体験過程療法の開発に力を注ぐ

統合失調症の治療実践を経て、クライエントの内的行為に着目。共同研究者E.T.ジェンドリンと「体験過程療法」を開発。

ロジャース第Ⅳ期（1960年代後半〜）

健康な人々のエンカウンターを促進

健康な人々どうしが出会い、対話し、ともに人間的に成長していく「エンカウンターグループ」の発展に力を注ぐ。

V.E.フランクルらの（1905〜1997）実存療法

欧州の精神分析家らが、実存哲学に影響を受けて生み出した理論。不安、孤立、虚無、限界と向き合い、「生」の意味を見出すことを助ける。 ➡P142

F.S.パールズの（1893〜1970）ゲシュタルト療法

ドイツの精神科医。クライエントの過去ではなく、"いま、ここ"での知覚、体の状態などの主観的現実に注目し、その気づきと体験を促す。 ➡P142

E.T.ジェンドリンの（1926〜2017）フォーカシング

体の感覚に注意を向け、心の問題を感じとる「フェルトセンス」に注目。その気づきから自己への洞察に達する「フォーカシング」技法として体系化した。 ➡P140

L.S.グリーンバーグの（1945〜）感情焦点化療法（EFT）

「感情」に重きをおいた統合的アプローチ。ゲシュタルト療法の技法も用い、クライエントの感情体験を促進。 ➡P144

うつ病、不安障害の治療に認知行動療法が注目される

クライエント中心療法のような"人間性重視"の心理療法が注目される一方で、行動療法も独自の発展を遂げ、「認知行動療法」として成果を上げるようになります。

精神分析でも薬でもなく、「認知療法」でうつ病を治す

1970年代のうつ病治療は、古典的な「精神分析」や、抗うつ薬による「薬物治療」が中心でした。しかし、治療を途中でやめてしまう人や再発する人が少なくありませんでした。

そこに華々しく登場したのが、**精神科医A.T.ベックの「うつ病の認知療法」**です。精神分析を学び、1960年代に発展した認知心理学、古代ギリシャ哲学などの影響を受けた彼は、うつ病の人の認知に着目。**環境からの刺激に対する認知を変化させることで、抑うつ症状をやわらげる方法を体系化したのです。**

1980年代からは、「認知行動療法」としてさらに発展

ベックの大きな功績のひとつは、認知療法の有効性を、科学的に検証したことです。薬物療法と同等の効果があるうえ、治療の脱落率や再発率は薬物療法より低いことを実証し、大きな注目を集めました。一方、従来の行動療法の臨床家からも、認知の変容に注目したアプローチが提唱されます。

1980年代、これらの流れが発展・統合したのが「認知行動療法（CBT）」です。行動療法的技法と認知療法的技法を組み合わせ、うつ病や不安障害の治療に高い効果を上げました。

ベックは「認知」の働きに注目し、心理療法として発展させた

主要人物
アーロン・ベック
（1921〜）

アメリカの精神科医。精神分析に携わっていたが、人の「認知」に着目し、「認知療法」を創始した。

行動心理学モデル
刺激 → 行動 → 結果（環境の変化）

認知心理学モデル
刺激 → 認知 → 行動（結果）

刺激への単純反応として行動が起こるのではなく、「認知」により行動が決まるとした。

1970年代から現在まで、技法の発展が続いている

行動療法（→P44）が第一世代、認知療法などが第二世代、それ以降が第三世代とされる。

認知行動療法の誕生と発展
（1970年代〜）

A.T.ベックの
（1921〜）
認知療法

うつ病では、認知のゆがみから抑うつ的な感情が生じるとし、認知を変容させることをめざす。のちに不安障害にも適用された。
➡P128

A.エリスの
（1913〜2007）
論理療法

不合理な信念（頑なな認知）が、つらい感情を引き起こすとし、不合理な信念の変容を促進。現在は「論理情動行動療法」という。

その他の
認知行動理論

A.バンデューラの
（1925〜）
社会的学習理論

T.J.ズリラの
（1938〜）
問題解決技法

D.H.マイケンバウムの
（1940〜）
自己教示訓練

第三世代の認知行動療法
（1990年代〜）

M.M.リネハン（1943〜）の
弁証法的行動療法（DBT）

境界性パーソナリティ障害（→P192）の治療法として誕生。感情調整にも有効。
➡P132

Z.V.シーガル（1956〜）らの
マインドフルネス認知療法

仏教の瞑想法から発展。感情や体への気づきを促す。うつ病や不安症に対応。
➡P134

J.E.ヤング（1950〜）の
スキーマ療法

認知療法を中心に愛着理論などを統合。パーソナリティ障害にとくに有効。
➡P130

S.C.ヘイズ（1956〜）の
アクセプタンス＆コミットメントセラピー（ACT）

特定の感情や認知への「とらわれ」をなくすことで、心理的健康を促進。
➡P136

対象疾患をさらに広げ、
第3世代の認知行動療法へ

　1990年代に入ると、「弁証法的行動療法（DBT）」や「スキーマ療法」など、新しい認知行動療法が開発されました。

　これらの多くは、難治性のうつ病や統合失調症、境界性パーソナリティ障害など、従来の認知療法ではむずかしいとされた問題も対象とし、「第三世代」とよばれています。第二世代までは、行動や思考を"変える"ことを重視していましたが、第三世代は必ずしもそれを重視せず、"気づいて受け入れる"という視点が導入されています。

学派の壁を越えた
「統合的アプローチ」がいまの主流

「数ある心理療法のうち、どれがいちばん効果的なの？」。そのような問いに
呼応するように効果研究が進み、各理論・技法が統合されるようになりました。

統合の試みは
1930年代から始まっていた

社会の変化にともない、多様化・複雑化する心理的障害。それに対応すべく、さまざまな心理療法が開発されてきました。**では、理論や技法を組み合わせたら、より効果的な療法ができるのではないか**──。こうした試みは、じつは1930年代から始まっています。

代表的なのが、精神分析の特徴である「解釈」に頼らず、過去に対処できなかった感情を治療関係のなかで再体験する「修正感情体験」の概念です。**学派の壁を越え、クライエントの変容を促進する技法に注目が集まりました。**

ワクテルの理論以降、
心理療法統合の流れが加速

理論レベルでの統合を最初におこなったのが、アメリカのP.L.ワクテルです。彼は精神分析と行動療法のパーソナリティ理論を統合し、心理的問題が強化・維持されるしくみを「循環的精神力動理論」として発表しました。

それ以降、「統合的アプローチ」の研究は加速し、現在の心理療法の主流となっています。統合的アプローチのなかでも、1つの心理療法を基盤にして、ほかの技法や理論をとり入れる「同化型統合アプローチ」をとる臨床家がもっとも多いといわれています。

対立しがちな2つの療法を
「循環的精神力動療法」として統合

主要人物

ポール・ワクテル
（1940～）

精神分析を学んだのちに、循環的精神力動理論を提唱。統合的アプローチの第一人者。

精神分析と行動療法の理論・技法を統合。さらに環境の変容を促すシステム論的な視点をとり入れた。

何をどこまで統合するか。おもに4つの立場がある

統合のしかたは4つに大別できる。以下に
代表的なアプローチをあげた。

I 技法折衷アプローチ

A.A.ラザルスの
(1932〜2013)
マルチモードセラピー

認知行動療法とヒューマニスティックアプローチの技法を組み合わせた。

J.C.ノークロスの
(1957〜)
処方箋折衷アプローチ

症状にあわせてエビデンスのある技法を用い、行動と洞察の変化を促す。

L.E.ビュートラーの
(1941〜)
系統的折衷アプローチ

「重篤度」「複雑さ」「抵抗水準」「対処法」の観点で問題を見て、技法を選択。

II 共通因子アプローチ

S.L.ガーフィールド(1918〜2004)の
共通因子アプローチ

治療者の激励など、精神分析、行動療法、クライエント中心療法に共通する因子を同定。

M.R.ゴールドフリード(1936〜)の
認知感情行動療法

認知行動療法的な技法に加え、感情体験を重視。ゲシュタルト療法の技法なども活用。

III 理論統合アプローチ

P.L.ワクテルの
(1940〜)
循環的精神力動療法

精神力動療法の理論に、行動療法の理論や系統的脱感作法(→P45)などを組み入れ、問題の理解と変容の促進をめざす。

A.ライルの
(1927〜2016)
認知分析療法

精神分析の理論に認知行動療法の技法を統合。クライエントが陥りやすい対人・行動パターンの再構築を図る。

L.S.グリーンバーグの
(1945〜)
感情焦点化療法(EFT)

クライエント中心療法に感情研究の知見を加え、理論を修正。ゲシュタルト療法の技法も用い、感情体験を促進。➡P144

IV 同化型統合アプローチ

G.ストライカー & J.ゴールドの
(1936〜)   (1957〜)
同化的精神力動療法

精神力動療法を基礎にアセスメントをおこない、認知療法や行動療法などの技法を導入。問題の早期解決をめざす。

あくまで一例で、
同化型統合には
いろんなやりかたが
あります

51

3大アプローチによる介入でクライエントの変容を促す

主要なアプローチの歴史的経緯を理解したうえで、現実場面でそれらを
どう活用していけばいいか、カウンセラーには何ができるのかを考えてみましょう。

歴史的変遷を経て
3大アプローチが中心に

　フロイトの精神分析以来、多くの心理療法が発展してきました。

　現在の中心は、精神力動的アプローチ、ヒューマニスティックアプローチ、認知行動的アプローチの3つと、それらの統合的アプローチです。

　効果研究によれば、心理療法を受けた約80%の人が、受けなかった人に比べて、臨床的に改善したとされています。

多様なクライエントの、
多様な問題に対応するには

　支援を必要とするクライエントは、年齢や性別、社会的地位、抱えている問題もさまざまです。学校でのいじめ、家庭や職場での軋轢など、対人的問題もあれば、うつ病や統合失調症、心的外傷、発達障害（→P196～）などを抱える人もいます。

　どのような問題に介入するうえでも、いちばん大切なのは、カウンセラーとの関係です（→P58）。温かい治療関係を基盤にして、感情、行動、認知などの変容を促していきます。

　必要に応じて、精神科医などの他職種、教師などの関係者に心理学的見地で助言をする「コンサルテーション」をすることもあります。より効果的な支援ができる専門家に「リファー（紹介）」するのも有効な介入の1つです。

個人療法だけでなく、
システムに介入することも

　たとえばスクールカウンセリングで、子どもの援助をするとします。ほとんどの場合、その子どもをとり巻く「学校」「家族」などのシステムが、問題の維持や悪化に深くかかわっています。

　そのため、教師へのコンサルテーションや家族教育を含めた、システムへの介入が重要です。これを「システムズアプローチ」といいます。実際の心理学的援助では、このようなシステム的な視点ももっている必要があります。

心理療法の効果と、変容プロセスを理解する

おもな心理療法による介入

おもに3大アプローチ、または統合的アプローチで、問題の解決に向けた介入をおこなう。

精神力動的アプローチ

統合的アプローチ

ヒューマニスティックアプローチ

認知行動的アプローチ

心理療法によって感情、行動の変容や自己効力感の改善を促す。その結果、心理・社会的適応度が高まる。

変容を促す治療要因

対人関係その他の練習の機会を提供

援助への期待を高め、維持する

疎外感をとり除いて治療関係を強める

新しい学習体験を提供する

統制感あるいは自己効力感を高める

感情（情動）を喚起する

アプローチを問わず、共通とされる治療要因。これらが十分に生じるように、技法を選択する。

（『説得と治療：心理療法の共通要因』Frank J.D.&Frank J.B.、杉原保史訳、2007、金剛出版より作成）

心理的障害の改善&心理・社会的適応

主観的な"心のつらさ"が軽減されるとともに、対人関係や、現実社会での適応がよくなる。

問題を理解し対処する力がつく

良好な対人関係を築くことができる

主観的な心理的苦痛が軽減される

心理的障害の再発を防げる

不適応行動が修正される

エビデンスをもとに
1人1人にあった方法を選ぶ

実践にあたって悩ましいのが、どの理論を学び、使っていけばよいかという点。
効果研究が進んだ現在では、エビデンスにもとづく心理療法の選択が推奨されています。

どの理論から学べばいい？
もっとも効果的なのは、どれ？

　多くの心理療法のうち何を学べばよいのか、もっとも効果的なものはどれか——。このような現場の問い、効率化を求める社会の要請に応えるべく発展してきたのが、「効果研究」です。**統計学の手法でクライエントの変容を量的に捉えることで、心理療法のエビデンスがあきらかになりました。**

心理的障害ごとに、適した治療法が公表されている

うつ病 **→P172**	●行動療法／行動活性化　●認知療法　●認知行動分析療法　●対人関係療法 ●問題解決技法　●セルフマネジメント／自己コントロール療法
双極性障害 **→P174**	[躁状態]心理教育、システマティック・ケア　[うつ状態]家族焦点化療法（FFT）
統合失調症と、その他 重度の精神疾患 **→P176**	●SST（ソーシャルスキル・トレーニング）●認知行動療法　●ACT（包括型地域生活支援プログラム） ●就労支援　●家族心理教育　●社会学習／トークンエコノミー法　●認知リハビリテーション法
社交不安症 **→P178**	●認知行動療法
強迫症 **→P180**	●曝露反応妨害法　●認知療法
PTSD **→P182**	●持続エクスポージャー法（PE）●認知プロセス療法　●EMDR
身体症状症 **→P184**	[線維筋痛]マルチモードセラピー　[慢性腰痛]行動療法、認知行動療法 [リウマチ性疼痛]マルチモードセラピー　[頭痛]慢性頭痛への認知行動療法　など
摂食障害 **→P186**	[拒食症]家族焦点化療法（FFT）　[過食症]認知行動療法、対人関係療法
不眠障害 **→P188**	●認知行動療法　●睡眠制限療法　●刺激統制法　●リラクゼーション訓練　●逆説志向法
物質関連障害 （物質依存と物質乱用）**→P190**	●動機づけ面接（→P74）●動機づけ強化療法（MET） ●METと認知行動療法の併用　●随伴性マネジメント　●安全探索法（成人向け）
境界性パーソナリティ 障害 **→P192**	●弁証法的行動療法（DBT）

エビデンスを重視した介入のために、アメリカ心理学会が公表している「実証的支持を得た心理療法
（RSPTs）」のリスト。障害ごとに"強く推奨される"治療法が明記されている。

（アメリカ心理学会 第12部会[臨床心理学部会]ホームページより作成）

クライエントの特徴もふまえて、総合的なEBPPを

現在では、「実証的支持を得た心理療法」だけでなく、クライエントの特徴、カウンセラーの専門性をもとに治療法を選ぶことが推奨されている。

入手可能な
最良の研究知見

効果研究　系統的事例研究

質的研究　プロセス研究

文化・価値観

宗教
ジェンダー
社会階級

エビデンスに
もとづく実践
（EBPP）

臨床的専門性

アセスメント・介入の力量
内省
スーパービジョンなどの訓練

（「APA Presidential Task Force on Evidence-Based Practice」2006/『臨床心理学入門──多様なアプローチを越境する』岩壁 茂・福島哲夫・伊藤絵美、2013、有斐閣より作成）

エビデンスにもとづく臨床実践（EBPP）が推奨される

アメリカ心理学会は、エビデンスのある心理療法を障害ごとにリスト化し、「実証的支持を得た心理介入（RSPTs）」として公表しています。しかし、同じ障害を抱える人でも、パーソナリティや文化・社会的背景はさまざま。また、障害がひとつだけともかぎりません。実際のクライエントは千差万別で、統制された条件下でのエビデンスを、単純にあてはめるのは無理があります。

そこで現在、アメリカ心理学会が推奨しているのが、上記のような「エビデンスにもとづく臨床実践(EBPP)」です。「クライエントの特徴、文化、嗜好の文脈において入手可能な最良の研究知見と臨床的専門性を統合すること」と定義されています。

障害だけを見ず、個人とその背景をよく見て決める

現在のEBPPで重視されているのは、障害だけを見ず、人を見る視点です。

エビデンスにもとづく選択をすることは大事ですが、そのクライエントにとって最善な心理療法とはかぎりません。まずは生物‐心理‐社会的側面を見て、問題の全体像をつかむこと。そのうえで、クライエントに適した治療法を選択し、柔軟に調整していきます。

ここで欠かせないのが、統合的アプローチ（→P50）の視点です。自身が学んできた特定の心理療法、好みの心理療法に固執していては、多様なクライエントへの支援はむずかしいでしょう。オープンな姿勢でほかの理論や技法を学び、とり入れていくことが、臨床家の力になります。

個別のエビデンスに加え、診断横断的アプローチも必要

心理療法を実施するうえで、エビデンスを考慮することは不可欠。ただし複数の障害を抱えたクライエントには、診断横断的アプローチのほうが有効なこともあります。

2つ以上の障害を抱えるクライエントのほうが多い

心理療法のエビデンスは、心理的障害別に蓄積されてきました。しかし実際は、2つ以上の心理的障害を抱える人のほうが多く、日本人2450人を対象と

した大規模調査では、その割合は4.5%。単独の0.9%を大きく上回っています。

また、心理的障害ごとのエビデンスを重視すると、医療保険などの問題から、短期の認知行動療法ばかりが推奨されてしまうという批判もあります。

診断横断的アプローチとして、「統一プロトコル」が注目されている

統一プロトコルでは、共通の病因として3つの脆弱性をあげている。

病因モデル（脆弱性理論）

子どものころから……

全般的生理的脆弱性
Generalized biological vulnerability
➡ 神経症傾向などの遺伝的要因をもっている
遺伝的に神経症傾向があり、外部からの刺激に敏感で、情緒不安定になりやすい。環境的要因が加わると、顕在化・活性化する。

全般的心理的脆弱性
Generalized psychological vulnerability
➡ コントロール不能感などで、ネガティブ感情をもちやすい
ネガティブな感情をもちやすいパーソナリティ。人生早期の環境要因で生じる「コントロール不能感」や「予測不能感」が関与。

特定の心理的脆弱性
Specific psychological vulnerability
➡ 過去の体験などで、過度の不安や恐怖を学習
不安や恐怖に関する個人の学習体験。特定の状況やものごと、身体感覚が、不安や恐怖と結びついて、学習されたもの。

多くの障害の根底にある「感情調整」の問題に光をあてる

そこで現場に即した支援法として注目されているのが、「診断横断的アプローチ」です。複数の障害に共通の病因を想定し、そこに介入する心理療法をおこないます。その代表が、アメリカの臨床心理家D.H.バーロウが開発した「統一プロトコル」。彼は共通の病因として、感情調整の問題を重視しました。

感情調整が苦手な人は、不快な感情に対し、過度の抑制や回避といった不適応な調整をおこないがち。すると、不快な感情がより強く頻繁に生じやすくなると考えられます。統一プロトコルではおもに認知行動療法の技法を用い、適応的な感情調整力を高めます。

認知行動療法以外でも発展していく可能性が高い

統一プロトコルは不安障害や強迫症などに対し、従来の疾患特異的な療法と同等の効果を発揮します。また、境界性パーソナリティ障害や双極性障害、摂食障害を対象とした臨床試験もおこなわれています。対人関係療法（IPT）などの既存の心理療法でも、診断横断的な視点での研究が進められています。

診断横断的アプローチは、臨床で使いやすいうえ、共通の病因に早期に介入すれば併発を防ぐ効果も期待できます。現在は認知行動療法をもとにしたものが大半ですが、今後はほかのアプローチでも、診断横断的アプローチが発展していくと考えられます。

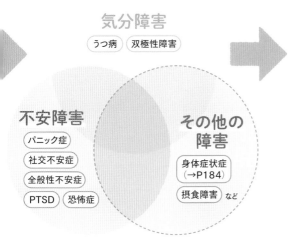

複数の障害の併存
3つの脆弱性が強弱を変えながら顕在化し、複数の障害を併存すると考える。

統一プロトコルでの治療

気分障害
うつ病　双極性障害

不安障害
パニック症
社交不安症
全般性不安症
PTSD　恐怖症

その他の障害
身体症状症（→P184）
摂食障害　など

I 感情への気づき
"いま、ここ"での感情に気づき、十分に体験することを促す。

II 認知的柔軟性の獲得
不適応な自動思考パターンを修正し、状況を評価する柔軟性を高める。

III 感情回避と感情駆動行動の修正
感情の回避や、感情と結びつく不適応的な感情駆動行動を修正する。

IV 身体感覚への気づきと耐久力の獲得
不安や恐怖に関与する身体感覚を体験。気づきと耐久力を高める。

V 感情曝露
不安や恐怖を起こす状況を体験し、適応できるよう練習する。

効果にもっとも影響するのは カウンセラーとの関係

エビデンスにもとづく実践と同時に、カウンセラーの温かく共感的な姿勢も重要。
治療関係の質は、個別の技法以上に治療効果に影響することがわかっています。

面接プロセスの研究や 質的研究からわかることも多い

EBPP（→P55）や診断横断的アプローチ（→P56）は、「治療効果を上げるためには、どのアプローチを選べばよいのか」という観点から生まれてきたものです。けれども、「どのアプローチを選ぶか」が、治療効果のすべてではありません。

100以上の効果研究の分析によると、技法や理論モデルが心理療法の効果に寄与する割合は15％にすぎません。その2倍の30％という高い割合で寄与しているのが、カウンセラーとクライエントとの治療関係なのです（下図参照）。

では、どのような治療関係が、効果を生むのでしょうか。また、効果的な面接は、いかにして進んでいくのでしょうか。そのヒントをくれるのが「プロセス研究」「質的研究」「事例研究」です。

治療効果の約30％が、治療関係に支えられている

プラシボ効果（期待）15％
心理療法に対する期待と、症状改善への希望。

技法・モデル 15％
理論モデルやアプローチ、特定の介入技法など。

双方の協力が高い治療効果をもたらす
治療関係 30％
クライエントとカウンセラーの温かい関係。

クライエント治療外要因 40％
障害の重篤度、パーソナリティや動機づけの高さ、周囲のサポートなど。

最新の研究では、「技法・モデル」の影響は「カウンセラーの資質や特徴」より影響が低く、5％程度にすぎないという報告もある。

本人や周囲の力でよくなっていく面も大きい

（「The Heart and Soul of Change：What Works in Therapy」Hubble M.A., Duncan B.L., Miller S.D., 1999, American Psychological Association／「効果研究の観点からみた心理療法の統合」岩壁 茂, 精神療法 vol.33(1): 6-14, 2007より引用）

たがいの人間的特徴も、治療同盟と効果に影響

変容プロセスとその段階

探索 →P70~	理解 →P78~	行動 →P82~
●緊張と苦痛を吐露する機会が与えられる	●アドバイス・示唆	●行動調整・変容
●カタルシス・強い感情表出	●情報提供	●新たな行動を習得する
●問題の理解と介入の理論的根拠を伝える	●認知学習	●認知的修正
●治療同盟の芽生えと確立	●修正感情体験	●恐怖に立ち向かうことを
●クライエントの積極的で感情的なかかわり	●フィードバック　●洞察	励ます
●カウンセラーとの同一視	●個人の見かた・	●リスクテイキング
●孤立感・疎外感が解消される	認知のしかたの探索	●モデリング
●励まされる、支えられる	●自身の力に対する期待を変える	●練習
●問題の状況の理解・気づき	●脱感作	●徹底操作
●プラシボ効果	●主体性の回復、責任の調整	

カウンセラーの資質

- ●一般的な肯定的人格特徴（やさしい、信頼できるなど）、
  およびクライエント中心の姿勢（温かさ、尊重、共感、受容、自己一致）
- ●問題が解決・緩和されるというクライエントの希望を強め、期待を高める
- ●カウンセラーの専門資格、社会的認知

クライエントの特徴

- ●カウンセリングに対する肯定的な期待、希望、カウンセリングの効果に対する信頼
- ●苦痛を体験している、自己不一致の状態にある
- ●クライエントが積極的に援助を求める
- ●心理的志向性（問題の原因をさまざまな心理的動機と結びつけて考えることができる）

カウンセリングの枠組み

- ●カウンセリングの場面設定
  （カウンセラーとクライエントとのあいだにコミュニケーションが開かれること、定期的な活動が与えられること）
- ●カウンセリング理論にもとづく一貫したかかわり

アプローチを超えて、効果的な面接に見られる共通因子をまとめた。変容の個別の介入技
法に加え、カウンセラーの資質、クライエントの特徴も影響する。

（『心理療法・失敗例の臨床研究　その予防と治療関係の立て直し方』岩壁 茂、2007、金剛出版／『カウンセリング・心理療
法の基礎──カウンセラー・セラピストを目指す人のために』金沢吉展編著、2007、有斐閣より作成）

個別の技法は重要。でも、基本姿勢はもっと重要

「プロセス研究」では、面接におけるカウンセラーとクライエントのやりとりを詳細に調べます。そこから、**面接効果に寄与している「共通因子」をあき**らかにしていきます。

　たとえば面接初期には、「強い感情の表出」や「治療同盟（→P66）」の芽生えと確立」などが重要とわかっています。**カウンセラー側の共通因子としてあげられているのは、温かさ、共感、受容など、どのアプローチでも必要と**いわれる基本姿勢。それが、治療同盟の確立や効果的な介入を促す、すべての基盤となるのです。

予防や人間的成長も、カウンセリングの大きな目的

臨床心理学の実践は、心理的障害を抱えた人の治療的介入だけではありません。
地域で暮らすためのサポートや、健康な人への予防的介入などもおこないます。

予防的介入で、ストレスや困難に対処する力をつける

1対1の伝統的な心理学的支援は、クライエントの来談ではじめて成り立つもの。すべての人に提供できるわけではありません。そこで、より広く地域の人々に心理学的支援を届けようと、

地域精神保健センターとともに発展したのが「コミュニティ心理学」です。

予防的介入を重視するのが特徴で、集団の心理教育などをおこないます。心理的健康に関する知識とスキルを高め、困難な状況でも回復・適応する力（レジリエンス）の向上を図ります。

これからの臨床活動では「予防的介入」「発達的介入」も重要

	予防的	発達的	修復・治療的
目的	●情報を共有すること、学習を促進することで問題を未然に防ぐ ●健康を高め、個人がより力を出せるような支持と教育を提供する	●ほとんどの人が経験する、困難を起こしやすいライフイベントを乗り越えるために、心理的支持や情報を与える	●問題が起こった後、それを改善するために、個人、家族、環境に働きかける
臨床家の活動	●モデリング（見本を提示する） ●情報の提供 ●リファー（ほかの適切な援助者へ紹介）	●意思決定の援助 ●価値観・体験の明確化 ●情報の提供	●問題を理解し、対処法を教える ●不適応行動を修正する
扱う心理的テーマや課題の例	●職業選択・進路への意識喚起 ●性教育 ●対人コミュニケーション	●退職後の人生設計 ●育児相談 ●進路相談 ●キャリアカウンセリング	●感情的問題（うつ、不安など） ●薬物などの依存症

伝統的な心理療法は「修復・治療的介入」が中心。しかし予防的介入や発達的介入をおこなえば、心理的障害の発症・悪化を防げる可能性が高い。

（『臨床心理学入門――多様なアプローチを越境する』岩壁 茂・福島哲夫・伊藤絵美、2013、有斐閣より引用、一部改変）

コミュニティ心理学では、予防的介入が重視される

治療的

訪問での支援も
積極的に
おこないます！

近年は、よりよい風土環
境づくりをめざす「0次予
防」も注目されている。

第3次予防
Tertiary prevention

(ACT(包括型地域生活支援プログラム)) (復職支援) など

心理的障害をもつ人の地域生活の支援、
再発防止支援が中心。

第2次予防
Secondary prevention

(危機介入) (24時間電話サービス) など

問題の早期発見や深刻化を防ぐための
支援をおこなう。

第1次予防
Primary prevention

(心理教育) (コミュニティでのグループワーク) (学校カリキュラム) など

心理的健康の維持、レジリエンスの向
上を図り、心理的障害の発生を防ぐ。

予防的

来談できない人たちにも心理学的支援が必要

来談できない人たちに対し、カウンセラーが訪問支援（アウトリーチ）をおこなうこともあります。重度の精神疾患や身体疾患のある人、長期入院中の子どもなど、支援を必要とする人は、その家族も含めてたくさんいます。また、災害の被災者や救援活動を担う人々の心のケアも重要な活動です。

電話やメール、LINEなどのSNSによる介入もあります。不登校やひきこもりが社会問題となっている昨今、このような支援はさらに必要になるでしょう。

コンサルテーションやリファーなど多職種での連携が欠かせない

コミュニティ心理学では、心理的障害や困難を抱えた人を"要支援者"とは見なしません。"地域で暮らす生活者"と考えて支援していきます。

そのためにとても大切なのが、多職種との連携です。医師、看護師、保健師、精神保健福祉士、就労支援の専門家など、さまざまな専門職と密に連絡をとりあい、コンサルテーション（専門家としての助言）やリファー(紹介)をおこなうことも。**本人のよりよい暮らしを支えるチームとして協働します。**

当事者どうしで支え合う アプローチもある

心理職ではなく、心理的障害を抱える当事者主体でおこなうアプローチもあります。
患者としてではなく、一個人としての意思や権利を大切にし、たがいに支え合います。

当事者の権利、主体性を とり戻す意味合いも大きい

当事者主体のアプローチとは、依存症や精神疾患など、同じ問題を抱えた当事者が集まって体験を語るものです。たがいに支え合い、困難に対処していきます。**支援を受ける当事者が、支援**する側にも立つのが大きな特徴です。

かつて重度の精神疾患をもつ人は、異常者や社会的弱者とされ、閉鎖病棟での生活を余儀なくされました。**当事者主体のアプローチはこのようなスティグマ（偏見）を解消し、権利と主体性をとり戻すという意味でも重要です。**

日本でも、当事者主体の心理学的支援が増えてきた

当事者主体の心理学的支援には、おもに以下の4つがある。

セルフヘルプ・グループ

依存症その他の問題を抱えた 当事者が、たがいに支え合う

アルコール・薬物依存症、統合失調症、犯罪被害者など、多様な当事者グループがある。

サポート・グループ

専門家の助言と仲間のサポート、 両方に支えられる

専門家がファシリテーター（進行役）として、運営・助言をしながら治療や再発予防、生活のことなどを話す当事者グループ。

オープンダイアローグ

精神科医の指示的治療から離れ、 人と人として対話する

心理的障害をもつ人と家族、医療者などが、対等な立場で障害について対話し、よりよい生活のための方法などを考える。

CRAFT（コミュニティ強化と家族訓練）

当事者にとって重要な他者が 治療の支え手となる

依存症の人の家族が、当事者との適切なコミュニケーション法などを学び、当事者の治療参加を促す。

Part 2

心理学的援助の
基本を学ぶ

心理学的援助での、初回面接からのおもな流れと、
クライエントの心に変容が起きるプロセスを見てみましょう。
このとき欠かせないのが、心の状態や症状の重さなどを見る心理検査。
心理職に必須の知識ですから、代表的なものだけでも理解しておきます。

クライエントの連絡、来談から関係が始まる

実際の心理学的援助の流れを見てみましょう。予約の電話、メールなどが最初の足がかりとなります。医療機関では、他職種からのリファーも多くあります。

心理的に追い詰められて支援を求めてやってくる

人が心理学的な支援を求めるのは、どんなときでしょうか。問題や症状の重さはさまざまですが、多くの人は心理的に追い詰められているものです。

問題に気づき、周囲に相談しても「そんなことで悩むのはおかしい」などといわれ、余計に落ち込んでしまう。「どうすればよいかわからない」と混乱し、苦しむなか、それこそ藁をもつかむような思いで、支援を求めて来談します。

連絡、来談だけでも、勇気のいる行動と理解して

悩み苦しんだ末、勇気をふりしぼって来談することを理解しておきたい。

カウンセリングを受ける理由

体の症状＆不調
内科の受診後に勧められることもある
〝眠れない〟〝胃が痛む〟〝頭が痛い〟などの症状で内科を受診したものの、身体的な問題はなく、心療内科や精神科の受診を勧められる例も少なくない。

無力感＆統制感・自信の喪失
「自分ではどうにもできない」と感じる
〝信頼できる人に相談する〟〝趣味で気分転換を図る〟などの対処法では解決できず、「自分ではどうにもできない、どうしてよいかわからない」という気持ちに。

疎外感＆孤独感
対人関係の悩みのほか、周囲への相談の失敗も理由に
恋人や友人との親密な関係、学校や会社での対人関係などで行き詰まる人も多い。誰かに悩みを相談し、批判されたりすると、ますます孤独を感じることに。

情報を集めたうえで不安を抱えて連絡してくる

　カウンセリングを受けると決めても、さまざまな不安が生じます。相談室はどんなところか、カウンセラーはどんな人か……。インターネットなどで情報を集めたうえで、相談機関を決定し、緊張しながら、電話で予約を入れます。担当者の声を聞くことで、期待が高まったり、逆に不安になったりもします。問題解決の足がかりがつかめて、ホッとする気持ちもあるでしょう。

　援助する**カウンセラー側は、電話で得た情報などをもとに、来談前に問題を整理**。頭のなかだけで考える人もいれば、ノートにまとめる人もいます。

電話予約かリファーかで事前情報の量が異なる

　総合病院やヘルスケアセンターでは、他職種からのリファーでクライエントが来談するのが一般的です。**医療機関であればカルテも閲覧できます。**クライエントがどんな支援を必要としているのか、くわしい情報が得られるでしょう。

　一方、医師の診断などを経ずに、最初から心理職がかかわる場合は、電話予約で聞いた概略だけが頼りです。

　予約の時点で困難が予想されるケースでは、カウンセラー自身の警戒心や不安が強まることも。そのような感情から目を背けず、カウンセリングに与える影響を考慮することが大切です。

来談の動機

パターン I | 問題を解決したいと思ったから

自分の問題に気づいて、解決したいと思っている。そのためには、心理学的支援が有効だと知っていて、積極的に情報を得ようとする。

パターン II | 周囲や専門家に勧められたから

自分の問題に気づいているが、解決のために心理学的支援が必要だとは思っていない。動機づけが低く、支援がむずかしいことも。

パターン III | カウンセリングを義務づけられたから

問題を起こして、カウンセリングを受けることを義務づけられたケースは、動機づけがもっとも低く、介入に時間がかかりやすい。

アポイントメント

クライエントから電話またはメールで連絡がくる。担当者は温かく対応し、日時を設定。

あ、あの…
私…

では一度
お越し
いただけますか

カウンセラーの基本的姿勢で治療同盟を築く

初回面接以降は、人には容易に話せない、つらい思いを扱うことになります。
相手が安心して話せるような基本姿勢、関係の築きかたを理解しておきましょう。

援助のどの段階においても傾聴する姿勢が必要

心理学的援助のどの段階においても、支援の中心となるのは「傾聴（積極的に話を聞くこと）」です。まずはその基本姿勢を身につけておきましょう。

たんに話を聞くのではなく、クライエントを温かく"受容"し、"共感"しながら、傾聴することが大切。それによって、クライエントは自分の感情や問題と向き合い、自分自身を受け入れていくことができます。変容のプロセスを促進する、要となる部分です。

ただ「聞く」わけじゃない。合意を形成しながら絆を深める

一般的な会話では、相手の話に「そうだよね」「そうかな」などと、自分の感想、意見を返します。しかし傾聴では、このような価値評価をせず、相手の話をそのまま受け止めます。また、自分の理解が合っているかどうかを、クライエントに確かめながら聞くことも大切。

面接における課題や最終的な目標についても、たがいの意見や思いを話し、合意を形成していきます。

治療関係は、援助する側とされる側という一方的なものではなく、2人でたがいにかかわりあい、合意を形成・修正しながら進めていく「協働」の関係です。この相互的な関係を「治療同盟（作業同盟）」といい、強く形成されているほど、治療効果も高まります。

最初と最後はカウンセラー主導で。やること、できたことを確認する

面接はまずカウンセラー主導で始めます。「今日の面接で何をしていくか」を説明し、確認をとります。面接の中盤は、クライエント主導で、思いを話す時間です。そして面接の最後は、再びカウンセラーが主導権を握ります。面接のなかでできたことや、クライエントがその日の面接をどう感じたかなどを確認します。必要に応じてカウンセラーが主導権を握ることが重要です。

信頼関係を深め、安心できる居場所をつくる

深刻な苦しみを安心して話せる居場所をつくることから、援助が始まる。

基本的態度

C.R.ロジャース（→P46)が提唱した、カウンセリングの基本姿勢。どの心理療法でも重要となる。

I 受容

肯定も否定もせずに受け止める

相手を1人の人間として尊重。強みや弱み、パーソナリティ、葛藤など、すべてをそのまま温かく受け入れる。

言葉を交わしながらこちらの理解を確かめてもらいます

II 共感

相手の枠組みのなかで理解する

相手の考えかた、ものの見かた、感じかたの枠組みのなかに立ち、相手になったつもりで、その体験を理解する。

III 自己一致（純粋性）

心のなかの思いと言動を一致させる

純粋性ともいう。カウンセラーが自分自身を偽らず、本当に感じていることに気づいて、それを言葉や行動で示す。

治療同盟の構築

治療同盟の構築自体が治療的に作用するとともに、技法を効果的に用いるための基盤となる。

感情的絆
たがいを信頼でき、いっしょにいて安心できる。心を通わせられる。

課題に関する合意
面接のなかでおこなう作業について、共通の認識と合意があるか。

目標に関する合意
治療の目標について初期の段階から話し合い、合意できているか。

面接は「探索」「理解」「行動」の3段階に分けられる

初回面接から終結までの、全体の流れを見てみましょう。問題や感情に気づく「探索」、洞察や感情体験を深める「理解」、現実の行動を変える「行動」の3段階があります。

介入のしかたそのものもクライエントと相談して決める

　援助のあらゆることは、クライエントと話し、2人で決めるのが原則。介入技法も同じです。まずは問題や個人的な特徴、エビデンスからベストと思う介入法を検討。「感情を上手に調整できるように、感情焦点化療法という方法で進めたいと思います。具体的には……」などと、説明、相談をします。「〇〇療法が得意だから」というカウンセラーの都合ありきでは、同じ目的に向かってともに歩むことはできません。

安心できる関係のなかで感情や思考を探ることから始める

　面接の時間や料金、回数などの治療構造は、相談機関やアプローチの種類、問題によってさまざまです。

　しかし、面接でのクライエントの変容は、どのアプローチでも段階的に起こることがわかっており、面接は段階モデルに沿って考えていきます。

　一般的なのが「探索」「理解」「行動」の3段階モデル。安心できる関係のなかで問題の構造や感情を探り、目的を明確にすることから始めます。

治療構造を決め、ICをおこなって進める

医療と同じく、心理学的介入でも、IC（インフォームド・コンセント）は必須。

時間は?
1回45〜50分程度のことが多い

1回45〜50分が一般的だが、グループ療法や家族、夫婦などの面接では、これより長いことも。

料金は?
数千円〜1万5000円程度が相場

1時間数千円〜1万5000円が標準。保険診療か自由診療かは、相談機関や介入方法によって異なる。

回数は?
15〜20回前後が標準的

週1〜2回の頻度で、計15〜20回前後。数か月〜半年間続けることが多いが、数年単位の場合も。

アプローチが違っても、変容プロセスは共通している

クライエントの変容の歩みを見ながら、各段階で適切な介入をする。

I 探索

自己開示をしながら苦痛をともなう感情を受け入れる

問題にかかわるできごとや感情、思考、行動について、深く掘り下げて話していく。それと同時に、それまで避けていた怒り、悲しみ、恥、恐怖などの感情を体験し、受け入れる。

皆の前で
叱責されて…
顔が あつく なって

➡P70〜

II 理解

いつも、
「恥」の感情が
あったのかも…

問題の構造を理解し、変化に向けた主体性を確立

問題の構造とともに、クライエント自身がどのように問題にかかわっているかを理解する。「自分自身のために、自分のありかたを変えたい」という主体性、意思が強まる。

➡P78〜

III 行動

治療ゴールに向かって現実の行動を変えていく

「理解」の段階で得た洞察をもとに、現実場面でこれまでと違う行動を試し、結果についてカウンセラーと話し合う。少しずつ難易度を上げながら、治療目標の達成をめざす。

親しい同僚であれば
できるかも しれません

➡P82〜

変容を実感できたら終結に向けて話し合っていく

　面接の終結時期について、明確な判断基準はありません。**普通は、治療目標に沿った望ましい変容を実感でき、問題が解決されていれば、終結についての話し合いを始めます。**クライエントから「もう終わりにしたい」と申し出があっても、カウンセラーが時期尚早と思うなら、それを伝えて話し合います。**たがいに納得して決めることが大切です。**

　病院などで面接回数が規定されていれば、その少し前から終結に向けての話し合いを進めていきます。

症状だけでなく、クライエントの全体像を見る

面接初期の段階「探索」でおこなうことを、具体的に見ていきましょう。
個別の心理的障害だけに注目せず、クライエントの全体像を知るように努めます。

インテーク面接では、来談の理由をまず聞いていく

主訴&問題の経過

例「いつごろからその問題で
悩み始めましたか?」

問題は何か、どのように始まったの
か。具体的な質問で尋ねていく。

心理学的介入の初回面
接を「インテーク面接」と
いい、来談の理由などを
話してもらう。

期待への理解

例「カウンセリングから、どんな
ことを得たいと思いますか?」

面接にどんな期待をもっているか。
過去の治療歴なども影響。

自己開示&自己理解

クライエントは問題を話しなが
ら、自分でも理解を深めていく。

感情体験

問題そのもののほか、自
己開示にともなうつらい
感情も体験する。

カウンセラーの観察と判断

カウンセラーを観察し、面接
の意義と継続の可能性を探る。

話を聞きながら、今後の
方針、変化の可能性など
を考える。相手も「面接を
継続したいか」などを手探
りしている段階。

**不安を抱えたクライエントが
臆せず話せる雰囲気をつくる**

インテーク面接は、安心して話せる環境をつくることから。まずは面接の進めかた、時間枠などを明確にし、秘密保持の原則（→P219）を伝えます。

そのうえで"問題を抱えた対象"でなく、"1人の人間"としてかかわることが重要です。「ここまでよく、1人で頑張ってきましたね」「いっしょに考えていきましょう」という肯定やねぎらい、「あなたのことを知りたい、力になりたい」という意思を示します。

もう1つ注意すべきなのが、「恥」の感情。多くのクライエントが、「1人で対処できないなんて恥だ」「こんな問題を人に話すなんて恥ずかしい」と感じています。共感的、肯定的姿勢でかかわり、それを軽減するよう努めます。

**多くの情報のなかから
焦点を定め、話を掘り下げる**

インテーク面接ではおもに、主訴や問題の経過の聞きとりをします。「どういう理由でいらしたのか、話していただけますか」「問題の種はいつごろまかれたと思いますか」などの質問から、情報を集めていきます。

クライエントの話を頭のなかで整理し、「この点が重要と思うのですが、いかがですか。もう少しくわしく話していただけますか」というように、2人で焦点を定め、ポイントとなる点を掘り下げていくようにします。

一方でカウンセラーは、クライエントの反応のしかたや変容の可能性など、心理学的な観察もおこないます。ただし、"患者として観察されている"と感じさせないような配慮が不可欠です。

マイクロカウンセリング技法で自己開示を促す

マイクロカウンセリング技法とは、面接の基本となるこまかな技法。自己開示の促進に役立つ。

いいかえ

「それは〇〇ということでしょうか」など、別の言葉にいいかえる。

最小限の励まし

うなずきや相づちで、安心して次の言葉を続けられるようにする。

反映

相手の感情を特定していいかえる。「〇〇と感じたんですね」など。

要約

相手の話をわかりやすくまとめ、「〇〇ということですね」と返す。

開かれた質問

「はい」「いいえ」で答えられない質問。「何を、どのように」などを問う。

成育史の聞きとりが役に立つことも多い

心理的障害は、〝ある日、突然に〟始まるものではありません。いつからその萌芽があったのか考えながら、幼少期からのクライエントの人生について聞いていきます。

両親のことから尋ね、重要と思われる点を掘り下げる

全部をくわしく聞く必要はない。その人にとって重要と思われることを尋ねる。

Ⅰ 両親

存命or死別 ・ 年齢 ・ 人柄 ・ 幼少期の記憶 など

両親が存命かどうか。死亡しているなら何歳のときか。クライエントは何歳で、どう対処したか。どんな親で、2人の関係はどうだったか。幼いころの両親の記憶や現在の親子関係はどうかなど。

Ⅲ 学校生活

満足度 ・ 課外活動 ・ 友人関係 ・ 最終学歴 など

「学生時代のことも伺いたいと思います」などと話題を移す。学校は好きだったか。得意な教科は何か。課外活動には参加していたか。友人は多くいたか、親友はいたかなど。最終学歴も確認。

Ⅱ きょうだい

構成 ・ 人柄 ・ 幼少期の関係性 ・ いまの関係性 など

きょうだいは何人いて、クライエントは何番目なのか。また、きょうだいそれぞれの人柄、幼少期の関係、現在の関係、配偶者や子どもの有無などを聞く。祖父母や身近な親戚などについても確認。

**早期に聞いておくことで
問題の構造を理解しやすい**

探索の段階では、クライエントの人生を理解するため、成育史の聞きとりをおこないます。アプローチにもよりますが、普通は初回面接で大部分を聞き、残りを2、3回の面接で進めます。

「親もうつぎみで、病院に通っていた」「いつも優秀な姉と比較されていた」「中学のころから孤立していた」など、どのような家庭環境で、どのように育ってきたのかという情報は、問題の構造を理解するのに非常に役立ちます。

**アタッチメントや転移の視点で
話を理解していくことも**

「よろしければ、幼いころの家族のことについて伺いたいのですが」などと伝え、まず両親のことから質問します。**とくに乳幼児期のアタッチメント（→P34）が、誰とどのように形成されていたかは、対人関係を理解するうえで重要**。精神力動的アプローチでは、転移（→P115）の予想にもつながります。親との関係が、カウンセラーとのあいだでくり返される「転移」の可能性も考慮しながら、話を聞いていきます。

Ⅳ 職業生活

- いまの職業
- 過去の職業
- ワークライフバランス
- 満足度 など

就労年齢にある人では、現在の職業生活を確認。仕事は好きか。過去にはどのような職業についていたのか。職場の人間関係はどうか、信頼できる上司や仲のよい同僚や後輩などはいるのかなど。

Ⅵ 心理的障害の既往

- 精神科などの受診歴
- 診断名／治療内容
- 心理職との面接歴
- 治療をやめた理由 など

精神科や心療内科の受診・治療歴、心理職との面接の経験があるかなどを聞く。心理的障害の診断や治療を受けたことはあるか、入院したことはあるか。それはいつごろか。治療をやめたのはなぜか。

安定した長期的関係をもてるかも重要

Ⅴ 親密な対人関係

- 同性の友人
- パートナーの有無
- 異性の友人
- 過去のパートナー関係 など

気持ちを話せる親密な対人関係があるかどうかが大事。友人だけでなく、パートナー関係も聞く。過去のパートナーとの関係はどのくらい続き、どう終わったのか。現在、パートナーはいるのかなど。

問題解決のための主体的な姿勢を引き出す

問題の構造が見えてきても、それだけで、問題の解決には至りません。〝カウンセラーとの関係のなかで、自分の問題を解決していきたい〟という主体的な姿勢が必要です。

協働作業のためには本人の主体性が欠かせない

クライエントが人生に何らかの変化を起こそうと思ったら、その舵をとるのはクライエント本人。カウンセラーはその援助をする者で、かわりに舵をとることはできません。有効な支援のためには、〝自分を変えたい、よい状態をめざしたい〟という本人の意欲と主体性が不可欠です。

初回面接で〝自分の症状について話す〟という行為も、ただの情報伝達ではありません。まさに自分の問題を自分の言葉で語ること、カウンセラーに伝えようとすることです。その行為自体が、問題解決のための第一歩です。

意欲をもてずにいる人には、「動機づけ面接」が有効

臨床心理家のW.R.ミラーが開発した援助法。変化への意欲を引き出し、強化するのに役立つ。

Step 1 かかわる
Engaging

「協働」「受容」「思いやり」「(相手のリソースの)喚起」という、基本的態度を意識してかかわる。

Step 3 引き出す
Evoking

現状維持的な言葉ではなく、変化に向かう言葉(チェンジトーク)を増やし、本人の動機を高める。

Step 2 焦点化する
Focusing

重要なトピックを見定め、その内容を深く掘り下げる。共有できる目標をともに考え、決めていく。

Step 4 計画する
Planning

変化に向けて、具体的で実現可能な行動を計画。温かい励ましで、現実場面で実践できるよう支援する。

自主的来談でない人にはとくに効果的です!

目標について話し合い、カウンセリングの方向を定める

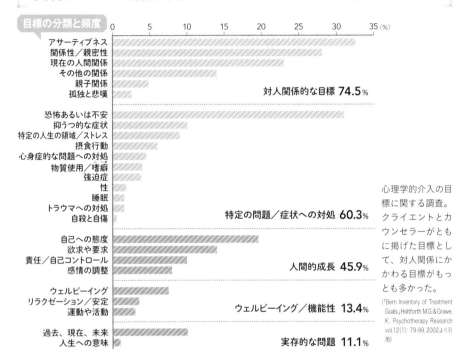

目標の分類と頻度

対人関係的な目標 **74.5**%

特定の問題／症状への対処 **60.3**%

人間的成長 **45.9**%

ウェルビーイング／機能性 **13.4**%

実存的な問題 **11.1**%

心理学的介入の目標に関する調査。クライエントとカウンセラーがともに掲げた目標として、対人関係にかかわる目標がもっとも多かった。

「Bern Inventory of Treatment Goals」Holtforth M.G.&Grawe, K., Psychotherapy Research vol.12(1): 79-99, 2002より引用)

自分の人生に望むことを
具体的な目標として話し合う

　治療効果を左右する重要な条件の1つが、面接における目標の共有です。カウンセラーは目標を押しつけるのではなく、「この面接が終結したとき、どのようになっていたいですか」「あなたの人生で変えてみたいことは、どんなことですか」などと尋ね、クライエントが目標を見出すのを援助します。

　目標の設定は面接の方向性を定めるだけでなく、クライエントの主体的な姿勢をより強く引き出し、エネルギーを与えることにもなるのです。

具体的で達成可能な
目標を考えていく

　初回面接で語られるのは「○○をなくしたい」など、否定的な目標のことが多いです。けれども、目標が有効に機能するには、「○○をなくして、△△をする」のように、肯定的で具体的な目標が望ましいでしょう。また、その目標が"達成可能かどうか"もよく考えなければなりません。

　面接を進めるなかで、感情や思考などが変われば、目標も変わります。折にふれて目標を振り返り、話し合うことで、よりよい変容が促されます。

情報を総合的に捉え、ケースフォーミュレーションを立てる

初回面接や、その後数回の面接を経て、クライエントの問題とその背景が
見えてきたら、それを理論的にまとめる「ケースフォーミュレーション」をおこないます。

初回面接から数回の面接で問題の構造をつかむ

初回面接から数回の面接でおこなうのが、「ケースフォーミュレーション（事例定式化。以下CF）」です。問題の構造についての仮説を立て、介入方法を決める一連の作業、または仮説そのものをさします。医学でいうと"診断"に近いものですが、ただ診断するだけでは、問題の全体像は見えてきません。

生物学的、心理学的、社会学的な側面から情報を集めて統合し、「この人がなぜ、いまの時期に、このような問題を抱えているのか」を明確に説明できるような仮説を立てます。この仮説にもとづいて、介入方法を決めていきます。

探索が十分できているか、意識しながら聞く

仮説構築のための情報収集に終わらないよう、
心理的な探索作業が十分にできているかも注意したい。

Check
☑ **説明の具体性**は？
できごとを詳細に語るなかで、つらい感情を引き起こしたきっかけに気づけているか。

Check
☑ **個人的関連性**は？
つらい内容であっても、もっとも重要度の高い事柄に焦点をあてることができているか。

Check
☑ **できごとの鮮明さ**は？
問題にかかわるできごとを語るときに、その詳細をいきいきと再現できているか。

Check
☑ **探索の幅と深さ**は？
問題に関係するできごとを広く振り返りつつ、1つ1つの問題を十分に考えているか。

4ステップでのケース フォーミュレーションが推奨されている

T.D.イールズによる、エビデンスにもとづく統合的ケースフォーミュレーション法。

Step 1 **問題のリストを 作成する**

生物－心理－社会的な側面から情報を集め、クライエントが抱える問題の包括的なリストを作成。

Step 2 **心理的障害の 診断的分類をする**

精神疾患の診断基準「DSM-Ⅴ」（→P106）で、診断的分類をする。他職種との連携にも必要な要素。

Step 3 **問題のメカニズムに ついて仮説を立てる**

素因－ストレスモデル（→P38）をもとに、問題がなぜ起きているかなどについての仮説を立てる。

Step 4 **介入方法を決める**

クライエントの特徴を考慮し、よく相談したうえで、介入の目標と具体的な方法を決める。

図式化する人もいれば、頭のなかで構造をつかむ人もいます

心理検査の結果もあわせて 仮説を立てることが多い

　面接に加えて、CFの重要な情報源となるのが「心理検査」です。面接前に担当者がすませていることもあれば、初回面接以降、ある程度関係ができてからおこなうことも。医療や福祉、教育の現場では、カルテなどの公的記録、面接の場以外での行動観察、家族などとの面談から情報を得ることもあります。

　こうして得た多くの情報をもとに、単一または複数の理論モデルを使って、仮説を立てます。選んだ理論モデルによって、多様なCFがありえます。

どの心理療法で進めるかも クライエントと話して決める

　仮説をクライエントに伝え、共有することも重要です。そのうえで、仮説にもとづいて最適と考えられる介入法を提案します。個人心理療法や家族療法などのほか、コンサルテーションやリファーをすることも。方針と具体的な介入技法も含め、2人で話して決めます。

　また、この段階でのCFが効果的なものとはかぎりません。面接を進めるうちに、新たな発見などがあるケースもあります。必要に応じて修正し、変容過程に応じた適切な支援に役立てます。

問題について、明確な気づきと理解を促す

問題の全体像を見渡し、仮説を立てたら、いよいよ変容を促す段階です。
まずは問題の構造を、クライエント自身が深く理解できるようサポートします。

探索過程を経て、変容への意欲が高まる段階

探索の段階では問題を「上」から見ているとすると、理解の段階は問題の「下」、つまり土のなかに張り巡らされた根っこの部分にふれていきます。

根本的な原因が同定できたり、無関係と思っていた事柄がつながったり、過去の傷つき体験がありありと想起されたり。**クライエント自身が問題の全貌を深く理解することは、現状を変えるための意欲の向上にもつながります。**

"いま、ここ"でのふれあいが恐怖や不安をやわらげていく

つらさの本質的な原因を理解するときは、恐怖や不安をともなうものです。**それを支えるのが、カウンセラーとの"いま、ここ"での心のふれあいです。**

方法はアプローチによっても違いますが、「共感」「受容」「肯定」「励まし」「承認」などが代表的。視線やうなずき、表情、沈黙、声の調子や速さなど、非言語的な要因も重要です。**安心できる居場所をつくれるように努めます。**

クライエントのタイプや介入法で、関係スタイルは多少異なる

指示的介入を多くするか、受容・支持に重きをおくかで、4タイプに分けられる。

相手の好みも理解して進めましょう

サポートが多い

指示が少ない　　　　　　　　　　　　　　　　指示が多い

低指示／高サポート
治療への意欲や自律性が高い人に適している。

高指示／高サポート
指導的かつ心理教育的。認知行動療法に多い。

低指示／低サポート
クライエント自らの進展を重視。精神分析に多い。

高指示／低サポート
カウンセラー主導で進行。動機づけが低い人向き。

サポートが少ない

(『Adaptive Counseling and Therapy.: A Systematic Approach to Selecting Effective Treatments』Howard G.S.,Nance D.W.,&Myers P.,　Jossey-Bass, 1987より作成)

対話を深めるなかで、理解と主体的姿勢が促進される

明確な理解

過去に皆から拒絶された
経験があったから、人と親密に
なるのがこわくて……

阻害要因

人とつながろうとするのを
自然と避けるようになって、

維持要因

長くつきあうような
パートナーもできず、ずっと孤独で、
私なんかいる意味ないって
思うようになって……

問題の構造

コミットメント&
意欲の高まり

"適応的行動を阻んで
いる要因は何か"など、
問題の構造を深く理解
できるようになる。
我がこととして主体的
にかかわる「コミットメ
ント」も高まる。

でもやっぱり、愛情のある関係を
もちたいし、いままでの自分のパターンを
変えていきたいんです

これまで避けてきた感情、できごとに向き合えるようになる

　理解の段階で大切なのは、問題に関してクライエント自身がどのようにかかわっているかに気づくことです。

　たとえば、自分の行動が問題を維持・継続させていると気づいたり、幼少期に満たされなかった感情欲求が対人関係に反映されていたと気づいたり。無意識のうちに回避していた行動や、

目を背けていた強い感情、偏ったものの見かたに気づくこともあるでしょう。

　カウンセラーは対話を通じ、このような気づきを促進します。ときには、力を奪われたクライエントに対し、本来の力を発揮できるよう働きかける「エンパワーメント」も必要。**カウンセラーの支えのもとで、洞察、理解、つらい感情の再体験などが進むと、クライエントは徐々に変容していきます。**

具体的な介入技法で
新たな感情、思考、洞察へ

理解の段階では、3大アプローチそれぞれの介入技法を用いて
クライエントの洞察、感情や思考を促進していくことも必要です。

どんな技法か説明し、提案することから始める

クライエントの気づきや理解を促すために、さまざまな介入技法を使っていきます。ここでも重要なのが、具体的な説明と協働の姿勢です。

たとえば「いままで抱えてきた母親への感情を、"椅子のワーク"という方法で表してみませんか。空の椅子にお母さまが座っていることを想像して、あなたの気持ちを表します」などと説明、提案をします。**クライエント自身が納得し、"何のために、何をするか"を十分理解できるようにしましょう。**

面接の状況に応じて異なるアプローチもとり入れる

3大アプローチのうち、1つのアプローチで効果を発揮できることもありますが、ときにはほかの技法が必要となることもあります。

たとえば精神力動的アプローチで、うつ病のクライエントにかかわっている場合。通常の洞察・解釈に加え、自身の思考や行動を書き出す認知行動療法的なワークを組み合わせる、などです。**明確な意図・目的のもとに技法の組み合わせをおこなうと、より効果的に、変容を促進できます。**

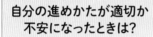
自分の進めかたが適切か不安になったときは?

[フィードバックをくり返し
共通理解を築きます]

新人カウンセラーの場合はとくに、「これであっているのか」「変容は進んでいるのか」と不安になるもの。そんなときは、「いままさに、私といっしょにとり組んでいる作業をどのように感じていますか」と、クライエントに尋ねてみましょう。相手の思いをフィードバックしてもらい、共通理解を築きます。クライエントの主体性を高める効果も期待できます。

3大アプローチごとに、介入のしかたが異なる

介入のしかたはアプローチによって異なるが、状況に応じて組み合わせるのが一般的。

精神力動的アプローチ ➡P114〜

カウンセラーの解釈や 転移 - 逆転移のプロセスを重視

問題の構造についてのクライエントの「洞察」、カウンセラーの「解釈」が中心。矛盾点や問題点に直面させる「直面化」や、感情を明確に表す「明確化」などの技法も用いる。
クライエントが過去の対人関係を反映した思いをカウンセラーに抱く「転移」や、その反対の「逆転移」も重要。それについても対話し、現実場面での問題解決につなげていく。

カウンセラーに父親と同じ思いを抱くことも

転移

逆転移

認知行動的アプローチ ➡P126〜

思考、行動を変える行動に いっしょにとり組んでいく

クライエントの悩みの背後には、理屈に合わない不合理で非現実的な思考（認知のゆがみ）があるとし、合理的で現実に適応した新たな思考に置き換える「認知再構成」を図る。
左のような表も活用しながらいっしょに課題にとり組むことで、本人の理解を効果的に促せる。ホームワークを出すことも多い。

トリプル・カラム

日時/できごと/自動思考/感情	推論の誤り	適応的思考/新たな思考
今週の月曜、子どもの参観日に行く予定だったのに、急な仕事で行けず、帰宅した子どもに責められた	全か無か思考	普段は子どもの行事に欠かさず参加している。一度忘れたからダメな母親とまではいえない
「私はなんてダメな母親なんだろう」	レッテル貼り	
罪悪感90%、憂うつ80%		罪悪感45% 憂うつ40%

ヒューマニスティックアプローチ ➡P138〜

高次の共感で、新たな価値観の 獲得をサポートする

面接中に起こる感情体験から、クライエント自身が意味を見出すプロセスを重視する。
通常の「共感」だけでなく、クライエントが明確に意識していない考えや感情を推測する「高次の共感」も重要。新たな気づきと価値観の獲得、人間的成長につながる。
個別の技法としては、感情表出、感情体験を促す「椅子のワーク」などがある。

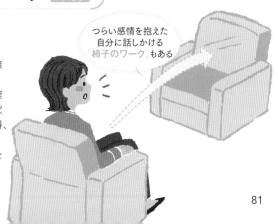

つらい感情を抱えた自分に話しかける「椅子のワーク」もある

新たな行動を実行に移せるよう支援する

問題についての理解が深まったら、現実場面での行動を変えていきます。
とくに認知行動的アプローチで重視される段階で、認知行動的技法を用います。

新たな価値観で現実場面での行動を変えていく

行動の段階では、新たな価値観をもとに、現実場面での行動の変容をめざします。**目標とする行動は、クライエントとカウンセラーの協働によって可能となります。カウンセラーは、支持的な態度で計画立案をサポート**。立案後は面接の場で練習したり、実際の場面で実行し、その結果について話し合います。

問題によっては、気分を変える行動を増やす「行動活性化」、社会的スキルを高める「SST（ソーシャルスキル・トレーニング）」、自己表現のスキルを育む「アサーション・トレーニング」（→P127）などの技法を用います。

無理のない計画を立て、実行に移すのを支援する

言葉を交わしながらこちらの理解を確かめてもらいます

行動の段階における支援のポイントは、おもに以下の3つ。

Point 1
スモールステップで計画を立てる

大きすぎる目標は失敗の危険性も高く、次の行動がとれなくなることも。目標を細分化し、達成可能な計画にする。

Point 2
ともに計画を考え、結果を評価する

受容的・共感的な態度で接し、ともに計画を進めていく。その結果を2人で振り返り、評価をおこなう。

Point 3
肯定的な見かたを促進する

クライエントがとり組んだ新たな行動で、できたことに焦点をあててほめる。これにより、肯定的な見かたを促す。

「行動活性化」技法が役立つことが多い

活動記録表

うつ病や不安障害には、行動から気分を変える「行動活性化」技法が有効。

問題となる気分: 抑うつ

時 間	○月×日(日)	○月×日(月)
7:00〜8:00		起床、身支度 80
8:00〜9:00		電車通勤 85
9:00〜10:00		仕事(ミーティング) 90
10:00〜11:00		90
11:00〜12:00	起床 50	90
12:00〜13:00	スマホ(SNS) 60	昼食(ひとりで牛丼) 60
13:00〜14:00	昼食(パン) 60	仕事(外回り) 75
14:00〜15:00	スマホ(ゲーム) 50	75
15:00〜16:00		50	80
16:00〜17:00		55	75
17:00〜18:00		65	60
18:00〜19:00		75	仕事(書類) 50

1週間の活動と、0〜100で表した気分の強さを記録。気分を変える行動を見つける。

問題の構造において、回避行動がどんな役割を果たしているか、TRAPモデルで特定。TRACモデルで、別の行動選択を促す。

回避行動の修正

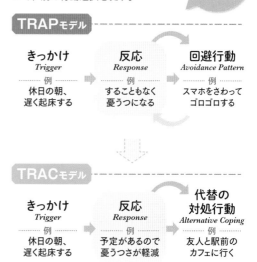

TRAPモデル

きっかけ Trigger	反応 Response	回避行動 Avoidance Pattern
例 休日の朝、遅く起床する	例 することもなく憂うつになる	例 スマホをさわってゴロゴロする

TRACモデル

きっかけ Trigger	反応 Response	代替の対処行動 Alternative Coping
例 休日の朝、遅く起床する	例 予定があるので憂うつさが軽減	例 友人と駅前のカフェに行く

回避していた行動にも少しずつ挑戦していく

新たな行動の計画は、大きすぎない目標にすることが大切。「**スモールステップ**」といって、**達成可能な小さな目標に分割して1つずつ挑戦し、自信をもって行動できるように**導きます。

強い不安や恐怖から、特定の行動を避ける「回避行動」が見られ、問題の維持要因となっている場合も、スモールステップでその変容に挑戦します。

行動実験としての側面も大きい

クライエントが「自分の意見をいうと、きらわれる」といった認知をもっているとします。しかし現実には、意見をいった程度できらわれることは、ほぼありません。**恐れていた結果にはならないことを実験として確かめるのも、行動変容の大きな側面です。**

新たな価値観が現実的なものとわかれば、それが定着し、強化されます。

成功体験を通じて 自尊感情が高まっていく

新しい行動を試したり、行動パターンを見直すうちに、自分に自信がつき、困難を乗り越える力が養われます。この変化が認められたら、いよいよ終結段階です。

新たな行動をくり返すことで 自信がもてるようになる

クライエントは、新しい行動がうまくいっても、「たいしたことはない」などと、否定的な評価をしがちです。カウンセラーはつねに肯定的な要因に焦点をあて、フィードバックをします。

成功体験を積み重ねるうちに、自身の変容が実感でき、自分自身の価値を認める「自尊感情」が高まります。さらに新しい行動を試したくなったり、関心の範囲が広がることもあります。

クライエント自身がもつ リソースを伸ばすことも大事

もともともっている強みを伸ばし、いきいきとした感情を強化する「ポジティブ心理学」的な視点も重要です。

パーソナリティ上の強みや、才能・スキル、関心・希望、対人関係などのポジティブなリソース（資源）に光をあて、それをどういかしていけばよいかをいっしょに考えます。症状の改善だけでなく、再発の予防、満足度の高い人生の構築につながっていきます。

ポジティブ心理学の3つの視点で、これからの人生を支える

クライエントのリソースに注目し、自分の力で歩いていけるよう促す。

I ストレングス

1人1人の強みに 焦点をあて、伸ばしていく
その人がもともともっている、強みや長所。その人の支えとなる周囲の環境、文化的価値観なども含む。

II レジリエンス

つらいできごとでも折れにくい しなやかな心を育てる
困難を乗り越え、心理的健康を保つ力と柔軟性。つらいできごとがあっても、それに圧倒されなくなる。

III セルフ・コンパッション

自己への思いやりを高めることは 再発予防にもつながる
ありのままの自分を認め、受け入れ、思いやること。それにより、他者への思いやりも高まる。

症状が改善し、変化を実感できたら終結へ向かう

症状の改善や変化を実感できたら、終結に向けての話し合いを始めます。

終結は、新しい生活への旅立ちであり、温かな治療関係の解消という喪失体験でもあります。別離の不安や悲しみ、感謝など、さまざまな感情が生じるもの。こうした**複雑な感情をとり上げ、十分に話し合うことが大切です**。

感情表出を促すため、カウンセラー自身の思いを伝えることもよくあります。

今後の困難に、どう対処していくかも話し合う

終結に向かう面接では、来談当初と現在の状態を比較して、面接の成果を確認します。また、今後の生活に向けての話し合いもおこないます。困難にどのように対処していくかをあらかじめイメージしておくことは、クライエントに心の余裕をもたらすでしょう。

たとえ、もう二度と会うことはなくても、カウンセラーはクライエントにとって"心の安全基地"となるのです。

双方の合意のうえで、終結のタイミングを決める

Step 1 終結を話題にする
クライエントが変容し、治療目標が達成できたことを具体的に提示。「そろそろ終わりにしていいと思うが、どう思うか」と尋ねる。

Step 2 終結への思いを扱う
終結について両者が合意できたら、別離への不安、悲嘆、感謝など、終結にまつわる思いを聞く。その感情体験も十分に促進。

Step 3 これまでの成果を振り返る
来談当初からの経過を振り返り、2人の協働作業やクライエントが成し遂げたことを確かめ、変化を深く実感してもらう。

Step 4 これからの希望を語ってもらう
これからどんな生活をしたいか、希望を語ってもらう。面接のない生活を現実的にイメージし、再発予防策なども話し合う。

4つのステップは必ずしも順番に進むわけでなく、重なり合うこともある。

いまの私なら大丈夫っていう気持ちと、またつらくなったらどうしようって思いがあって……

それでいいんですよ

心理検査と診断基準

心理検査を使って、問題の構造を的確につかむ

面接を効果的におこなうには、クライエントのパーソナリティや症状の強さなどを客観的に知ることも大切。通常は初期のうちに、心理検査を実施します。

面接だけでなく、検査でのアセスメントも重要

　クライエントの心理的障害を包括的に理解することを、「心理アセスメント」といいます。面接では多くの有益な情報が得られますが、それだけでは恣意的な解釈になってしまうおそれがあります。面接という特殊な場において、クライエントが偏ったふるまいをするケースも見られます。

　そこでおこなわれるのが、「心理検査」や「観察」です。幅広く情報を収集して、情報間のズレや矛盾点などを検討し、より的確に問題をつかみます。

心理アセスメントには、おもに3つの方法がある

このほかに、カルテなどの記録や他の専門家による情報も役立つ。

このほかに、カルテなどの過去の記録も参考にします

心理検査
パーソナリティやうつなどの障害の強さを調べる
個人のパーソナリティ傾向だけでなく、知的能力、発達度合い、不安やうつなどの症状の強さなどがわかる。

面接
対話のなかでの反応や得られた情報を活用する
初期面接はアセスメントの意味合いも大きい。対人的姿勢、気分や感情傾向、思考プロセスなどが見えてくる。

観察
子どもではとくに、行動観察からわかることが多い
面接での観察のほか、学校などで普段の行動を見る「行動観察」もある。とくに子どもの発達障害で有効。

パーソナリティ検査と能力検査に大別される

心理検査は「パーソナリティ検査」と、「能力検査」に大別できます。一般に面接よりもカウンセラーの影響が少なく、客観的な結果が得られます。

また心理検査では、大人数の検査データを統計学的に分析し、検査の標準値を出しています（標準化）。そのため、クライエントの検査結果を、標準値と比べられるのもメリット。さらに、多職種で支援をおこなうときや、治療成果を知りたいときの"ものさし"としても役立ちます。

そのためには、「測定結果が安定して一貫性がある（信頼性）」こと、「測定しようとする対象を測定できている（妥当性）」ことが重要です。

心理検査は、信頼性と妥当性に支えられている

信頼性と妥当性が統計で確認されていることが、心理検査の必須要件。

信頼性

再テスト法 同じテストを2回実施し、その相関を調べる。

代替テスト法（並行テスト法） 同じテストの別バージョンで相関を確かめる。

折半法 検査項目を折半し、合計点で信頼度を測る。

内部一貫法 検査全体で、測定内容が一貫しているか見る。

妥当性

基準関連妥当性 同じ特性を測定している項目間の関連を見る。

内容妥当性 テスト内容が適切かを専門家の目で判断する。

概念構成妥当性 検査の理論概念と、実際に得たデータを照合。

弁別妥当性 異なるテストとの相関の低さを確認する。

パーソナリティ検査

個人のパーソナリティを測定。自己回答式のものと、検査者が評価するものがある。

質問紙法検査 5段階評価や「はい」「いいえ」の形式で質問に答えてもらい、得点傾向を評価する。

投影法検査 あいまいな刺激を提示し、それに対する自由な反応から、無意識の思考や感情を探る。

➡P90~

能力検査（認知機能検査）

知的能力、学習能力など、さまざまな能力を測定する。

知能検査 言語力、情報や概念を理解する力などを測定。

発達検査 年齢に応じた発達が認められるかどうか見る。

適性検査 就労時などに求められる知的能力を測定。

学力検査 一定の年齢における学力の達成度を測定する。

➡P96~

2つ以上の検査を
組み合わせることが多い

膨大な心理検査から何を選び、何を測定するかも重要です。単一の検査だけでなく、
複数の検査を組み合わせると、クライエントを包括的に理解できます。

質問紙法と投影法など
異なるタイプの検査を組み合わせる

パーソナリティは多面的で、1つの検査だけでは把握できません。パーソナリティ以外の要因も把握しておく必要があります。**そこで有用なのが、2つ以上の検査を組み合わせる「テスト・**バッテリー」です。

パーソナリティ検査では、質問紙法と投影法を組み合わせるのが一般的です。さらに症状の強さを測定する検査や、知的能力、発達度合いを見る検査などを組み合わせ、クライエントを包括的に理解できるようにします。

幅広い観点で、相補的なテスト・バッテリーを組む

うつ傾向が認められる
クライエントでの例

意識的に統制された
パーソナリティを知りたい
⬇
Y-Gテスト

数が多いときは、
自宅でやって
もらうこともある

無意識（深層）にある
パーソナリティを知りたい
⬇
ロールシャッハ・
テスト

抑うつ症状の強さを
知りたい
⬇
ベック抑うつ質問票
（BDI-Ⅱ）

心理的健康のための
強みとなる性質を知りたい
⬇
セルフ・コンパッション
尺度（SCRI）

パーソナリティや症状を包括的に捉えるため、内容や評価法の異なるテストを組み合わせる。上はその一例。

DSMに代表される診断基準も理解しておく

心理アセスメントの1つに、心理的障害の「診断分類」があります。もっとも代表的なのが、アメリカ精神医学会の「精神疾患の診断・統計マニュアル（DSM）」（→P106）。評価者による診断のバラつきを防ぐために、「構造化面接（SCID）」（→P108）という診断マニュアルも開発されています。**クライエントのうつ症状が一般的な気分の落ち込みなのか、うつ病なのかなどを見分けるために欠かせません。**

そのほか、脳疾患や脳損傷による機能低下が疑われる場合は、脳の画像検査をはじめとする神経生理学的検査をおこなうこともあります。

検査の結果はクライエントにフィードバックする

心理検査の結果はクライエントにフィードバックし、それについてどう思うかを話し合います。なるほどと納得できることもあれば、意外に思うこともあるでしょう。大切なのは〝弱い部分〟だけでなく、〝強いところ〟や〝潜在的可能性〟にも目を向けることです。

クライエントの弱みや強みをどのように扱っていくかは、さまざまな方法があります。**生活のなかで、弱みや強みがどのような場面で現れてくるのかを理解し、援助の方法を検討します。**

具体的で根拠のある提案は、クライエントの治療への意欲を高めることにもつながるでしょう。

検査結果について、クライエントの思いと考えを聞く

クライエントの弱さ、できないことばかりに注目せず、強みや潜在的な可能性も伝え、目標設定に役立てる。

中等度の抑うつ状態といえるようです

でも、自己や他者への思いやりを表す「セルフ・コンパッション」は高くて……

ご自身では、回答していてどんなふうに感じました？

たしかにいまはすごく落ち込んでますけど……

Y-Gテスト

外向性など、12の尺度で パーソナリティを見る

パーソナリティ検査として日本でもっともよく知られているのが、
Y-Gテスト（矢田部ギルフォード性格検査）。産業領域でもよく用いられます。

1950年代から使われ 日本で広く普及している

代表的な質問紙法の1つが、1950年代に作成された「Y-Gテスト（矢田部ギルフォード性格検査）」です。抑うつ性や神経質、客観性など、12の尺度でパーソナリティを捉えるものです。

実施や採点が容易で、解釈もむずかしくないことから、日本では産業領域を中心に、教育や臨床など幅広い分野で用いられています。ただ一方で、信頼性や妥当性については、十分とはいえないという指摘もあります。

120項目の質問に回答。 外向性や情緒的安定性などがわかる

Y-Gテストでは、1つの尺度についての質問が10項目あり、質問は全部で120項目。たとえば、「神経質」の尺度なら、「小さいことを気に病む」という質問に、「はい」「いいえ」「？（決められない）」のいずれかで回答します。

そして12尺度それぞれ得点のバランスから、「A型（平均型）」「B型（不安定積極型）」「C型（安定消極型）」「D型（安定積極型）、E型（不安定消極型)」の5つの類型に分けられます。

ビッグ・ファイブ理論にもとづく「NEO-PI-R」もある

パーソナリティを5つの因子で表す「ビッグ・ファイブ理論」（→P33）にもとづくパーソナリティ検査が、「NEO-PI-R」です。

世界的にはこちらのほうが一般的で、研究にも用いられます。文化や社会に影響されない、基本的なパーソナリティを把握できます。

N
［神経症傾向］

C
［統制性］

E
［外向性］

A
［協調性］

O
［開放性］

5つのパーソナリティ傾向が、どのくらい強いかを見る

12の尺度それぞれについて、高得点、低得点の場合の解釈のしかたを示した。

12の因子

Depression
抑うつ性

落ち込みやすさ。陰気さ、悲観的気分、罪悪感が強い。

Cyloid Disposition
回帰性傾向

気分の変動。高得点では気分の変動が大きく驚きやすい。

Inferiority Feelings
劣等感

自信のなさ。自己の過小評価傾向や、不適応感が強い。

Nervousness
神経質

高得点では、心配性でこまかいことを気に病みやすい。

Objectivity
客観性

判断の際の客観性。低得点では空想的、過敏、主観的。

Cooperativeness
協調性

低得点では不満や猜疑心が強く、人を信用できない。

Agreeableness
愛想のよさ

低得点では攻撃性が強く、社会的不適応となりやすい。

General Activity
一般的活動性

心身の活動性。高得点では活発に体を動かすことが好き。

Rhathmia
のんきさ

高得点ではのんきで気軽、活発。衝動的な性質もある。

Thoughtfulness
思慮深さ

低得点では非熟慮的、瞑想的。反省することが苦手。

Ascendance
支配性

高得点ではリーダーシップが高く、低得点では受け身型。

Extraversion
社会的外向性

対人的な社交性。高得点では外向的で社会的接触を好む。

5つの類型

A型
Average Type

平均型。全尺度が平均的で特徴に乏しい。知能が低い場合は無気力で受動的に。

B型
Black List Type

不安定積極型。情緒不安定で活動的、外交的。環境によっては非行傾向が生じる。

C型
Calm Type

安定消極型。情緒が安定していて内向的。問題を起こさない、おとなしいタイプ。

D型
Director Type

安定積極型。情緒が安定して、活動的、積極的。管理職として成功する人に多い。

E型
Eccentric Type

不安定消極型。情緒不安定で内向的な性格。心理的障害や問題行動が生じやすい。

MMPI

550の質問項目で精神病理的傾向を調べる

MMPIは、550もの質問項目から、精神病理的傾向を調べる検査です。
実施には1時間ほどかかりますが、信頼性が高く、とくに精神科ではよく使用します。

精神科など、医療の場で実施されることが多い

「MMPI（ミネソタ多面パーソナリティ目録）」は、1940年代に作成された検査です。特定の心理的障害の診断を受けた人の集団と、健康な人の集団に、試作した質問紙を実施。有意差がある項目に修正を加え、病理的傾向にかかわる10の尺度が作成されました。

おもに精神科などで、うつ病や不安障害、統合失調症といった心理的障害の有無を見るために実施します。

コンピュータで採点処理され、症状パターンがひと目でわかる

MMPIの質問は550項目。たとえば統合失調症質の項目では、「他人にはわからない奇妙なにおいを感じることがある」などがあり、「はい」「いいえ」「どちらでもない」のいずれかで回答します。

結果はコンピュータで自動採点され、症状のパターンや対人的特徴なども表示されます。また、虚偽の回答などを発見するための「妥当性尺度」が設けられているのも特徴です。

虚偽の回答を発見できるのが、MMPIの大きな利点

「妥当性尺度」は4つあり、高得点時は下記のように解釈。

自分をよく見せようとする傾向もわかるんですね！

 ？ 疑問点

「どちらでもない」と答えた項目数。多いと信頼性が低下。

 L 虚構点

周囲の人によく思われたいという、意図的な態度を示す。

F 妥当性

おおげさに見せる傾向。詐病や重大な心理的障害のこともある。

 K 修正尺度

弱点を隠したいために、テストに対して防衛的な態度を示す。

10尺度の得点解釈から、プロファイルが表示される

10の尺度と、高得点の場合の解釈を示した。

MMPI-1
（550項目版）

1 Hs 心気症（しん き しょう）
身体症状への過敏性が高い
身体的な刺激を病気の兆候と捉え、ひどく気にする。

2 D 抑うつ
悲観的かつ自己否定的である
落ち込みやすく悲観的。自己を過小評価する傾向がある。

3 Hy ヒステリー
心因性の身体症状が見られる
心理学的要因で身体症状を呈しやすい。激しやすい性格。

4 Pd 精神病質的逸脱
反社会的行動をとりやすい
無責任で非道徳的な傾向。反社会的行動を起こしやすい。

5 Mf 男性性・女性性
伝統的な性規範に一致しない
男性は活発、女性は従順など、一般的ジェンダー観との差異。

6 Pa パラノイア
疑い深く、他者の言動を誤解しがち
神経的過敏さがあり、猜疑心、嫉妬心、復讐心が強い。

7 Pt 精神衰弱
不安や緊張が強く自信をもてない
不安や緊張が強く、自信がない。強迫的な傾向がある。

8 Sc 統合失調症
集中が困難で、孤立しやすい
奇妙な体験や思考をもっていて、社会的に孤立しやすい。

9 Ma 軽躁病（けい そう びょう）
衝動的で、過度に活発である
せっかちでイライラしがち。衝動的で落ち着きがない。

10 Si 内向性と外向性
内向的で、1人を好む
寡黙で内向的。1人でいることを好む傾向がある。

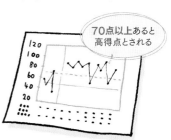
70点以上あると高得点とされる

尺　度	高得点解釈
DEP［抑うつ・無力・心労］	抑うつ感や無力感が著しく、悲観的傾向が高い。
ASS［交際ぎらい］	対人関係が苦痛で、社会的に孤立しやすい傾向がある。
SUS［猜疑心・不信感・敵意］	猜疑心や不信感が顕著。他人に対し攻撃的になる。
PAR［妄想型統合失調症］	過敏傾向があり、疑い深い。敵意をあらわにする。
BOD［身体症状］	心因的で慢性的な身体症状をひどく気にする。
SOC［社会的内向］	社会的技能が欠如。対人関係の不安があり、内向的。
TEN［緊張・心労］	不安や緊張、罪悪感が強い。悲観的で自尊心が低い。
FEM［女性的興味］	典型的な女性的興味がある。従順、受動的な傾向。
SAD［分裂感情障害］	疎外感を強く感じている。行動や思考が過剰傾向。
Attitude［建て前］	情緒安定で社交的な印象を与えようとしている。
Stress［ストレス症状］	ストレスによる症状がある。不安や緊張、抑うつ的。
Delinquency［非行］	非行に至る傾向が認められるため、注意を要する。

MINI
（250項目版）

質問数が多く、被検者への負担となりがちなMMPIを改訂し、250項目にした短縮版。MMPIと高い相関が認められ、信頼性も高い。

投影法

言語化されにくい 無意識の心理を探る

無意識の心理を捉える投影法としては、ロールシャッハテストが代表的。
MMPI（→P92）と組み合わせて、精神科などで実施する機会の多い検査です。

本人が自覚していない心理や パーソナリティが見えてくる

投影法は、自分でも十分意識できていない関心や不安、また潜在的なパーソナリティ特性などを見出そうとする検査です。本人の自覚にもとづく質問紙法と異なり、無意識が強く出ます。

投影法の代表が、知覚検査として開発された「ロールシャッハ・テスト」です。

インクのシミのような左右対称の10枚の図版を、1枚ずつ提示し、模様が何に見えるのかを尋ねるものです。

いくつかの分析法が開発されていますが、世界的には、エクスナーが既存の分析法を包括して発展させた「包括システム」が一般的。反応を記号化して採点し、データベースをもとにした基準と比較して分析をおこないます。

ロールシャッハ・テストでは、 10枚の図版で無意識を探る

解釈のしかたにも種類があり、「包括システム（エクスナー法）」「片口法」がとくに普及している。

反応をすべて記録

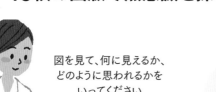

図を見て、何に見えるか、どのように思われるかをいってください

反応時間
図を見て回答するまでの時間。図版の色の有無などで異なることもある。

反応内容
図が何に見えるか。多くは人間、動物、解剖図とその他に分けられる。

反応領域
どの部分がそう見えたか、図版全体か部分的かなどを話してもらう。

決定因
どんな特徴からそう見えたか、どうしてそう思ったかなどを聞いていく。

TATのストーリー、描画法の風景も、無意識の理解に役立つ

TAT
（主題統覚検査）

図版を提示
人物を含む図版が多い。あいまいな状況が描かれている。

ストーリーを作成してもらう

この女性は大切なパートナーを失って……

誰もいない部屋に入るたびに絶望して……

人物の状況や気持ちに関するストーリーを作成。

いずれも、結果は本人にフィードバック。子どもの場合は親に説明。

描画法

木を被検者の自己像と捉え、大きさ、木の幹、木の枝、葉から解釈。

TATのストーリーでは対人的傾向などが読みとれる

　ロールシャッハ・テストと同様に図版を用いる方法として、1930年代に開発された「TAT（主題統覚検査）」があります。31枚の図版のなかから、年齢や性別に応じて10〜20枚を提示し、それぞれの図版と関連するストーリーをつくってもらいます。その内容から、無意識の欲求や欲動、対人関係における傾向など、パーソナリティにかかわるさまざまな側面を読みとることができます。

描画法の代表は「バウムテスト」。子どもにも実施しやすい

　絵を描いてもらう「描画法」は、とくに子どもの心理アセスメントに有用です。代表的なのが、スイスの心理学者K.コッホが開発した「バウムテスト」。「実のなっている木を描いてください」と指示し、木の描きかたから、パーソナリティ特性を解釈します。

　そのほかにも、「風景構成法（LMT）」や「家屋・樹木・人物画テスト（HTP）」など、多くの手法があります。

ウェクスラー知能検査（WAIS／WISC）

知的能力障害の診断や
傾向の理解にも役立つ

心理的障害の支援は、症状改善だけを目的としていません。社会への適応、生活を支える支援も重要。そのために知能検査をおこなうこともよくあります。

「言語性検査」「動作性検査」の両方で、認知能力を測定

WAIS-ⅢとWISC-Ⅳのほか、2〜7歳用のWPPSI-Ⅲもある。

WAIS-Ⅲ
（成人用）

用具一式を揃え、60〜90分間でおこなう

言語性検査

言語的材料にもとづく検査。言語理解と作動記憶の群は、各3つの下位検査で構成される。

言語理解（VC）
- 2 単語（32問）
- 4 類似（19問）
- 9 知識（27問）

作動記憶（WM）
- 6 算数（21問）
- 8 数唱（15問）
- 13 語音整列（7問）
- 11 理解（18問）

動作性検査

処理速度（PS）
- 3 符号（133問）
- 12 記号探し（60問）

知覚統合（PO）
- 1 絵画完成（24問）
- 5 積木模様（14問）
- 7 行列推理（26問）

- 10 絵画配列（11問）
- 14 組合わせ（代替検査）（5問）

非言語的材料にもとづく。処理速度は2つ、知覚統合は3つの下位検査で構成される。

1〜14の番号で示したのが下位検査。言語性と動作性に分類され、さらに4つの群がある。動作性検査の絵画完成から始め、言語性検査と交互に実施する。所要時間は60〜95分。

全検査IQ（FIQ）、言語性IQ（VIQ）、動作性IQ（PIQ）のほか、「言語理解（VC）」などの4つの群指数を測定できる

総合的なIQだけでなく 何が得意で、何が苦手かもわかる

知能検査では、年齢相応とされる知的能力と比べ、遅れや偏りがないかを測定します。**もっとも汎用されているのが「ウェクスラー知能検査」です。**

知能をいくつかの能力の総体として捉えるのが特徴で、総合的なIQ（全検査IQ）以外に、言語性検査から「言語性IQ」、動作性検査から「動作性IQ」を算出。さらに、グループ化した下位検査から、「言語理解」「知覚統合」「作動記憶」「処理速度」の群指標が得られます。**これらのバラつきや偏りから、何が得意で何が苦手なのかも把握することができます。**

年齢相応の平均得点を基準に 高得点＆低得点解釈をおこなう

IQや群指標は、被検者の年齢相応の平均得点を基準として、「極端な高得点」「高得点」「平均より上」「平均」「平均より下」「低得点」「極端な低得点」の7つに分類されます。また、受検態度や回答の傾向などについても、膨大なデータが蓄積されており、発達障害のアセスメントやパーソナリティ特性の把握に役立ちます。

とくに有用なのが、「限局性学習症（SLD）」（→P200）が疑われるケース。間違いを詳細に分析することで、どんなふうに学びが妨げられ、どんなふうにカバーできるのかがわかります。

WISC-Ⅳ
（児童用）

検査時の反応もよく見ておく

色の濃いものは基本検査、薄いものは補助検査で、全部で4群ある。すべて実施すると全検査IQと4つの群指数がわかる。所要時間は60〜90分。

言語理解指標(VCI)
言葉による理解や表現、推論の力を反映する。

2 類似（1問）
6 単語（1問）　13 知識（1問）
9 理解（1問）　15 語の推理（1問）

ワーキングメモリ指標(WMI)
感知した情報を保持、選別、処理する能力。

3 数唱（1問）　7 語音整列（1問）
14 算数（1問）

知覚推理指標(PRI)
1 積木模様（1問）　4 絵の概念（1問）
8 行列推理（1問）　11 絵の完成（1問）
流動性推理（推論・思考など）と視覚情報処理。

処理速度指標(PSI)
情報処理のスピードや筆記能力などを見る。

5 符号（1問）　10 記号探し（1問）
12 絵の抹消（1問）

田中ビネー式知能検査

年齢階級ごとの課題で知能を調べる

知能検査として、日本で広くおこなわれているのが「田中ビネー式知能検査」。
1歳から実施でき、年齢別の課題が設けられていて、とくに子どもに役立ちます。

世界ではスタンフォード・ビネー、日本では田中ビネーが普及している

　フランスの心理学者ビネーが開発した世界初の知能検査「ビネー検査」は、「スタンフォード・ビネー検査」として発展し、いまもなお世界中で用いられています。**日本では、田中寛一が日本人向けに標準化した「田中ビネー式知能検査」が普及しています。** 1〜13歳級と成人級の階級があり、発達水準に見合った課題が配置されています。

総合的なIQに加え、何歳児程度の発達かもわかる

　低年齢級の課題は言語に頼らないよう工夫されており、実施時間も20〜30分と比較的短いため、子どもにも使いやすい検査です。課題の達成度から精神年齢とIQを算出。**何歳児程度の発達水準かを推測できるため、介入プランの策定に役立ちます。** ただし、検査結果だけで判断せず、成育史も含めて包括的に見ていくことが大切です。

課題にとり組むようすを見て、行動アセスメントを

検査の導入と経過、課題へのとり組みかた、課題に対する反応を、5つの観点で詳細に観察し、アセスメントシートに記入する。

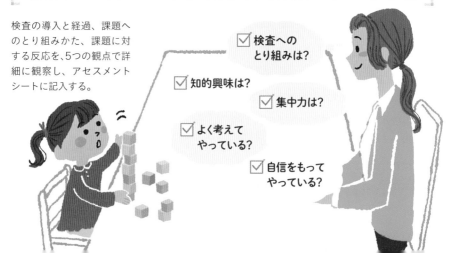

- ☑ 検査へのとり組みは?
- ☑ 知的興味は?
- ☑ 集中力は?
- ☑ よく考えてやっている?
- ☑ 自信をもってやっている?

1～13歳の年齢階級ごとに、実施課題が決められている

	番号	問題名		番号	問題名		番号	下位検査名	
1歳級	1	チップ差し	6歳級	49	絵の不合理(A)	成人級	A01	抽象語	
	2	犬さがし		50	曜日		A06	概念の共通点	
	3	身体各部の指示(客体)		51	ひし形模写		A08	文の構成	
	4	語彙(物)		52	理解(問題場面への対応)		A10	ことわざの解釈	
	5	積木つみ		53	数の比較		A15	概念の区別	
	6	名称による物の指示		54	打数数え		A03	積木の立体構成	
	7	簡単な指図に従う	7歳級	55	関係類推		A13	マトリックス	
	8	3種の型のはめこみ		56	記憶によるひもとおし		A11	語の記憶	
	9	用途による物の指示		57	共通点(A)		A14	場面の記憶	
	10	語彙(絵)		58	数の比較		A16	数の順唱	
	11	チップ差し		59	頭文字の同じ単語		A17	数の逆唱	
	12	名称による物の指示		60	話の不合理(A)		A02	関係推理	(順番)
2歳級	13	動物の見分け	8歳級	61	短文の復唱(B)		A04		(時間)
	14	語彙(物)		62	語順の並べ換え(A)		A05		(ネットワーク)
	15	大きさの比較		63	数的思考(A)		A07		(種目)
	16	2語文の復唱		64	短文作り		A09	数量の推理	(工夫)
	17	色分け		65	垂直と水平の推理		A12		(木の伸び)
	18	身体各部の指示(主体)		66	共通点(B)				
	19	簡単な指図に従う	9歳級	67	絵の解釈(A)				
	20	縦の線を引く		68	数的思考(B)				
	21	用途による物の指示		69	差異点と共通点				
	22	トンネル作り		70	図形の記憶(A)				
	23	絵の組み合わせ		71	話の不合理(B)				
	24	語彙(絵)		72	単語の列挙				
3歳級	25	語彙(絵)	10歳級	73	絵の解釈(B)				
	26	小鳥の絵の完成		74	話の記憶				
	27	短文の復唱(A)		75	ボールさがし				
	28	属性による物の指示		76	数的思考(C)文の完成				
	29	位置の記憶		77	文の完成				
	30	数概念(2個)		78	積木の数(A)				
	31	物の定義	11歳級	79	語の意味				
	32	絵の異同弁別		80	形と位置の推理				
	33	理解(基本的生活習慣)		81	話の記憶				
	34	円を描く		82	数的思考(D)				
	35	反対類推(A)		83	木偏・人偏のつく漢字				
	36	数概念(3個)		84	話の不合理(C)				
4歳級	37	語彙(絵)	12歳級	85	語の意味				
	38	順序の記憶		86	分類				
	39	理解(身体機能)		87	数的思考(E)				
	40	数概念(1対1の対応)		88	図形の記憶(B)				
	41	長方形の組み合わせ		89	語順の並べ換え(B)				
	42	反対類推(B)		90	形と位置の推理				
5歳級	43	数概念(10個まで)	13歳級	91	共通点(C)				
	44	絵の不合理(A)		92	暗号				
	45	三角形模写		93	方角				
	46	絵の欠所発見		94	積木の数(B)				
	47	模倣によるひもとおし		95	話の不合理(D)				
	48	左右の弁別		96	三段論法				

いまの知的能力を見て、介入プランにいかせばいいんですね！

被検者の生活年齢(実年齢)の年齢級から始め、すべての課題に合格すればその上の年齢級へ、そうでなければ下の年齢級の課題を実施。2～13歳は精神年齢とIQ、14歳以上は偏差知能指数を測定する。

KABC-Ⅱ

認知機能と基礎学力を調べ、教育、心理学的介入にいかす

発達障害が疑われる場合、発達障害と診断された場合は、その後の援助が何より重要。発達機能を詳細に調べ、教育的介入、心理学的介入に役立てます。

認知機能とともに 学習の習得度を測定できる

「KABC-Ⅱ」は、認知機能とともに、基礎的な学力である「習得度」を測定できるのが特徴。「継次尺度」「同時尺度」「計画尺度」「学習尺度」の4つの認知尺度と、「語彙尺度」「算数尺度」「読み尺度」「書き尺度」の4つの習得尺度から構成され、たがいの関連性がわかります。また、認知尺度か習得尺度のいずれかだけの測定も可能です。

学習障害の可能性がある 就学前後の子どもに有用

就学前後の子どもで限局性学習症（SLD →P200）の可能性がある場合、認知尺度と習得尺度のあるKABC-Ⅱが有用です。高校卒業までの長期間にわたって評価できるのも利点。**障害の診断だけでなく、強みをいかす生活支援や学習指導につなげることが大切**。たとえば継次尺度の得点が高ければ、段階を重視した指導法を考えていきます。

8つの尺度で、認知機能と学習習得度をチェック

8つの尺度で評価。適用年齢は2歳6か月〜18歳11か月。

弱みだけでなく強みも見ることが大切です

継次尺度
Gsm
連続した情報を、1つずつ順番に処理する能力。

同時尺度
Gv
複数の視覚的な情報を、まとめて全体的に処理する能力。

計画尺度
Gf
問題解決のための適切な方法の選択・実行に関する能力。

学習尺度
Glr
新たな情報を効率的に学習し、それを保持する能力。

語彙尺度
Gc
語彙に関する知識や理解力、表現力などを見る。

算数尺度
Gq
加減剰除の計算や算数・数学の文章問題を解く能力。

読み尺度・書き尺度
Grw
ひらがなや漢字の読み書きや文の読解に関する能力。

尺度ごとの評価点から、"強みを伸ばす"介入につなげる

下記は、カウフマンモデルという理論モデルにもとづく評価結果例の一部。専用の換算表や解析用ソフトウェアを使い、結果のレポート一式を出す。

各尺度の評価点

NW(≦6)　　(14≦)NS

	検 査	評価点
継次	数唱	9
	語の配列	7
	手の動作	11
同時	顔さがし	13
	絵の統合	14
	近道さがし	12
	模様の構成	14
計画	物語の完成	12
	パターン推理	11
学習	語の学習	6
	語の学習遅延	7
語彙	表現語彙	8
	なぞなぞ	10
	理解語彙	7
読み	ことばの読み	8
	文の理解	9
書き	ことばの書き	6
	文の構成	7
算数	数的推論	7
	計算	5

（認知尺度／習得尺度）

> 複数の視覚的情報を処理することは得意

> 言葉の学習や算数は苦手

各尺度で得られた評価点を記入し、全体の傾向を見る。NSは標準的な高得点基準、NWは標準的な低得点基準を表す。さらに本人の年齢を加味し、同年代の平均と比べてどうかを見る「標準得点」も計算し、レポートとして出力。

尺度間の比較

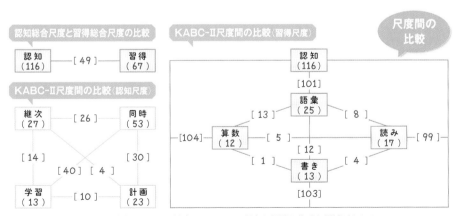

認知総合尺度と習得総合尺度の比較

認知（116）ー[49]ー習得（ 67 ）

KABC-Ⅱ尺度間の比較（認知尺度）

継次（ 27 ）ー[26]ー同時（ 53 ）
[14]　　　　　　　[30]
[40]　[4]
学習（ 13 ）ー[10]ー計画（ 23 ）

KABC-Ⅱ尺度間の比較（習得尺度）

認知（116）
[101]
語彙（ 25 ）
[13]　　　　　[8]
[104]ー算数（ 12 ）ー[5]ー読み（ 17 ）ー[99]
[12]
[1]　　　　　[4]
書き（ 13 ）
[103]

各尺度の合計得点の際を算出したもの。能力のバランス、得意な領域と苦手な領域がわかる。これをもとに、どのような教えかただと無理なく学習できるかなどを考える。

101

Vineland-Ⅱ

適応スキルを基準に
知的能力障害、発達障害を評価

**テストで測定した能力が、その人のすべてではありません。社会生活において
どのようにふるまい、人とかかわるかなど、行動面の評価も重要です。**

知能検査では測れない
"生活能力"がわかる

　Vineland-Ⅱは障害の有無を問わず、日常生活に適応する能力、いわば"生活能力"を測る尺度です。生活のなかで「何ができて何ができないのか」を把握できるため、適応行動上の問題を抱える子どもはもちろん、大人の発達障害支援にも役立つでしょう。

　知能検査とあわせて世界的に活用され、日本での普及が期待されています。

適応行動を促す
アプローチに役立てる

　Vineland-Ⅱでは、対象者をよく知る養育者などとの面接で、日ごろの行動を評価します。**尺度は「コミュニケーション」「日常生活スキル」「社会性」「運動スキル」「不適応行動」の5領域。**

　不適応行動以外の低得点の領域に対し、適応行動を促す支援を計画・実施していきます。生活上の困難を軽減し、よりよい人生が送れるようにします。

保護者やパートナーと面接し、日ごろの行動を評価

○○くんはいつも何をして
遊んでいますか？

お友だちと遊ぶときの
ようすはどうですか？

できるだけ多くの情報
を正確に入手するため
に、半構造化面接＊の
形態をとる。時間は20
〜60分だが、それより
長くなることも。

＊半構造化面接…面接者が何をどのような順で聞くかが明確に定められた「構造化面接」と、決まりのない状態で自由におこなう「非構造化面接（または自由面接）」の中間。一定の方向性は定められているが、話の流れなどにあわせてアレンジしてよい。

5つの尺度で行動を評価し、社会生活の支援につなげる

生活場面での行動を、5つの領域で評価。得意、不得意を見ていく。

尺度構成と評価

コミュニケーション領域

受容言語　表出言語　読み書き

どのように話を聞き、どこまで理解しているか。どのような言葉や文章で、何を語るか。文章の組み立てかたの理解はどうか。

日常生活スキル領域

身辺自立　家事　地域生活

食事や更衣などの生活行動ができているか。大人であれば、家事の実行度、時間やお金、コンピュータの使いかたなども確認。

社会性領域

対人関係　遊びと余暇
コーピングスキル

他者とどのようにかかわっているか。どのように遊び、余暇の時間を使っているか。他人に対する責任や気配りをどう示すか。

運動スキル領域

粗大運動　微細運動

体を大きく使う「粗大運動」、手先をこまかく動かす「微細運動」ができるか。体の各部での複数の動作からなる動き（協応運動）はどうか。

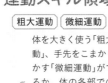

不適応行動領域

内在化問題　外在化問題
その他の問題

不安・抑うつ、食事・睡眠の困難、対人関係の回避などはあるか。多動・衝動性、攻撃行動のほか、気になる習癖や不注意はあるか。

活用例

自閉スペクトラム症の評価

コミュニケーション領域などが低得点に

コミュニケーション領域の「表出言語」と、社会性領域の「対人関係」などが低い傾向。抑うつなど、内在化問題の合併も多い。

ADHDの評価

不適応行動領域で高得点が出やすい

コミュニケーション領域と社会性領域が低い傾向。不適応行動領域の得点が高くなりやすく、他者への攻撃的態度など外在化問題が多い。

HDS-R／MMSE

医療・介護の現場で、認知症のスクリーニングに活用

昨今では、医療・介護の現場で、高齢者とかかわる機会も増えています。
認知症の疑いがあるときには、HDS-R、MMSEのいずれかの検査をおこないます。

HDS-R
（改訂長谷川式
簡易知能評価
スケール）

点数が低いほど、認知機能が低下しているとわかる

HDS-RかMMSEのどちらかを実施。自尊心を傷つけないよう配慮する。

#	質問		点数		
1	**お歳はおいくつですか？**（2年までの誤差は正解として1点）		0	1	
2	**今日は何年の何月何日ですか？　何曜日ですか？** （年月日、曜日が正解でそれぞれ1点ずつ）	年 月 日 曜日	0 1 0 1 0 1 0 1		
3	**私たちがいまいるところはどこですか？** （自発的にでれば2点、5秒おいて家ですか？　病院ですか？ 施設ですか？　のなかから正しい選択をすれば1点）		0	1	2
4	**これから言う3つの言葉を言ってみてください。** **あとでまた聞きますのでよく覚えておいてください。** （以下の系列のいずれか1つで、採用した系列に〇印をつけておく） 1：a）桜　b）猫　c）電車　2：a）梅　b）犬　c）自転車		0 1 0 1 0 1		
5	**100から7を順に引いてください。** （100−7は?、それからまた7を引くと?、と質問する。最初の答が不正解の場合、打ち切る）	（93） （86）	0 1 0 1		
6	**私がこれから言う数字を逆から言ってください。** （6-8-2、9-2-5-3を逆に言ってもらう、3桁逆唱に失敗したら打ち切る）	6-8-2 9-2-5-3	0 1 0 1		
7	**先ほど覚えてもらった言葉をもう一度言ってみてください。** （自発的に回答があれば各2点、もし回答がない場合は以下のヒントを与え 正解であれば1点　a）植物　b）動物　c）乗り物）	a： b： c：	0 1 2 0 1 2 0 1 2		
8	**これから5つの品物を見せます。それを隠しますのでなにがあったか** **言ってください。**（腕時計、鍵、鉛筆、スプーン、歯ブラシなど必ず相互に無関係なもの）		0 1 2 3 4 5		
9	**知っている野菜の名前をできるだけ多く言ってください。** （答えた野菜の名前を右欄に記入する。途中で詰まり、 約10秒間待っても答えない場合にはそこで打ち切る） 0〜5＝0点、6＝1点、7＝2点、8＝3点、9＝4点、10＝5点		0 1 2 3 4 5		

見当識、記銘力、注意・計算、言語機能などの認知機能を見る。
30点中20点以下の場合に「認知症疑い」とする。MMSEとの相関
も非常に高い。

合計得点

精神科や介護施設で高齢者におこなうことが多い

「HDS-R（改訂長谷川式簡易知能評価スケール）」と「MMSE（ミニメンタルステート検査）」は、精神科や介護施設などで高齢者の認知症のスクリーニングに使われる検査です。**とくにMMSEは、信頼性にすぐれており、世界的にも広く使われています。**

低得点の場合は画像検査で、神経学的評価を

HDS-RもMMSEも、点数が低いほど、認知機能が低下していると考えます。**HDS-Rでは20点以下、MMSEでは23点以下の場合に、「認知症の疑い」と判定。**

疑いがあれば、アルツハイマー病をはじめとするどのタイプの認知症かを調べるため、画像検査も実施します。

MMSE（ミニメンタルステート検査）
見当識、記銘力、注意・計算、言語機能、口頭命令動作、図形模写などの認知機能を見る。合計30点中23点以下なら「認知症疑い」と判定。

画像検査もあわせて一度はおこないます

内容	教示	回答		得点
見当識（時間）（まず時間を隠す）	今年は何年ですか。（平成、西暦など言わない）		年	/1
	今の季節は何ですか。			/1
	（腕時計を見ないでお願いします）いま、何時くらいですか。（±1時間までを正答とする）			/1
	今日は何月何日ですか（±1日までを正答とする）	月	日	/1
見当識（場所）	ここは都道府県でいうと、どこですか。			/1
	ここは何市ですか。			/1
	ここは何病院ですか。			/1
	ここは何階ですか。			/1
	ここは何地方ですか。たとえば東北地方。			/1
3単語記銘	今から、いくつかの単語を言いますので覚えておいてください。（短期間に2回行う場合は、他の組み合わせから）検者は1秒に1語ずつ被験者に繰り返させ、3語すべて言うまで繰り返し、要した回数を記録。後でまた聞くので覚えておいてください。（①～④のどの系列を行ったか を〇で囲んで明記すること）	① 桜 猫 電車 ② 梅 犬 自動車 ③ テレビ うどん 太陽 ④ 山 テニス 新聞		/3
Serial7	100から7ずつ引き算をしてください。被験者の理解が悪い場合は再度「100から7ずつ引き算をしてください」と伝える。途中で7を引くことを忘れても、教えてはいけない。再度、上記指示を繰り返す。最初の回答から連続的に正答した部分までに得点を与える。	93 86 79 72 65		/5
復唱	今から読む文章を語尾まで正確に繰り返してください。「みんなで、力を合わせて網を引きます。」			/1
3段階命令	大小の紙2枚を被験者の前に置く。今から私が言うとおりに紙を扱ってください。①小さいほうの紙を取って　②それを半分に折って　③大きいほうの紙の下に入れてください。（①②③を続けて読む）			/3
図形模写	次の図形を描いてください。交点が正しい、2つの五角形が描かれていれば正解とする。			
書字作文	何か文章を書いてください。検者が文章を提示してはいけない。被験者自らが文章を考え出せなければ得点は与えられない。漢字の間違いは誤字としない。			/1
読字理解	これを読んでこのとおりにしてください。→「目を閉じなさい」「これを読んでこのとおりにしてください」と指示し、読むだけで何もしない場合は、再度「このとおりにしてください」と指示する。これで正答すれば1点、この指示でも目を閉じない場合は0点とする。			/1
遅延再生	さきほど、いくつかの単語を覚えていただいたのですが、それは何でしたか。「3つの単語を言ってください」というように単語数を言ってはいけない。			/3
物品呼称	（時計を見せながら）これは何ですか。（鉛筆を見せながら）これは何ですか。			/2
【図形模写　見本】		合計		/30

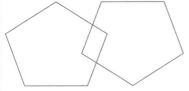

DSM-Ⅴの特徴

うつ病、不安障害など 22の疾患群に分類されている

心理的障害のなかには、うつ病や不安障害、統合失調症など、医学的に
「精神疾患」と呼称されるものが多くあります。その診断基準を理解しておきましょう。

心理的障害を見るには 医学的な診断基準も必須

心理的障害の見立ては、心理学的支援の重要な側面の1つ。問題の理解がより深まり、効果的な介入につながるからです。かつては臨床家の主観が反映されていましたが、第二次世界大戦後、統一の診断分類が求められるようになります。そして誕生したのがアメリカ精神医学会の「精神障害の診断・統計マニュアル（DSM）」です。

1952年の初版から 改訂を経て、DSM-Ⅴに

1952	DSM-Ⅰ[第1版]発行
1968	DSM-Ⅱ[第2版]発行
1980	DSM-Ⅲ[第3版]発行
1987	DSM-Ⅲ-R[第3版改訂]発行
1994	DSM-Ⅳ[第4版]発行
2000	DSM-Ⅳ-TR[第4版改訂]発行
2013	DSM-Ⅴ[第5版]発行

信頼性を高めるため、DSM-Ⅴまでに6度の改訂が
おこなわれている。

誰が診ても同じ診断になるよう、 DSMが発展してきた

DSMは度重なる改訂を経て、2013年公表のDSM-Ⅴに至っています。その歴史でとくに重要なのが、「操作的診断基準」をもとにした、DSM-ⅡからDSM-Ⅲへの改訂。精神疾患の多くは生物学的な原因や病態がはっきりわからず、検査での客観的な診断が困難です。そこで、目に見える臨床症状をもとに、厳格で具体的な診断基準を明文化し、誰でも同じ診断になる形をめざしました。

22の診断カテゴリーと 400以上の疾患名がある

2013年公表のDSM-Ⅴでは、22の疾患カテゴリーと400以上の疾患名があります。大きな変更点は、DSM-Ⅲ以来の「多軸評定（5つの次元から総合的に診断するシステム）」による評価記載をやめたこと、時代の変化に応じて発達とライフステージ、文化やジェンダーの問題を扱っていることなどです。

発達障害、抑うつ障害、不安障害など、代表的な疾患群を覚えておく

精神科医や精神保健福祉士など、他職種との共通言語としても重要。

1 神経発達症群／
神経発達障害群

知的能力障害、自閉スペクトラム症、ADHDなど。

2 統合失調症
スペクトラム障害および
他の精神病性障害群

統合失調症のほかに、統合失調型パーソナリティ障害などもある。

3 双極性障害および
関連障害群

双極Ⅰ型障害、双極Ⅱ型障害が代表的。ほかには気分循環性障害など。

4 抑うつ障害群

うつ病（大うつ病性障害）のほか、重篤気分調節症、持続性抑うつ障害、月経前不快気分障害など。

5 不安症群／不安障害群

人前で強い不安や恐怖に襲われる「社交不安症」のほか、パニック症、恐怖症などが臨床的に多い。

6 強迫症および関連症群／
強迫症および
関連障害群

特定の行動を強迫的にくり返す強迫症のほか、醜形恐怖症なども。

7 心的外傷および
ストレス因関連障害群

PTSD（心的外傷後ストレス障害）、適応障害、急性ストレス障害など。

8 解離症群／解離性障害群

解離性同一症（かつて多重人格障害とよばれたもの）、離人感・現実感消失症など。心的外傷に関連。

9 身体症状症および関連症群

フロイトの時代にヒステリーとされていたのが「身体症状症」。心理的問題が身体症状として現れる。

10 食行動障害および
摂食障害群

制限性食物摂取症（いわゆる拒食症）、過食性障害、異食症など。

11 排泄症群

排泄にかかわる身体機能に異常がないのに、尿失禁や便失禁など、不適切な排泄が認められる。

12 睡眠-覚醒障害群

不眠障害、過眠障害、ナルコレプシー（睡眠・眠気の制御不能）、呼吸関連睡眠症候群など。

13 性機能不全群

男性の勃起障害（ED）、性欲低下障害、射精遅延、早漏、女性のオルガズム障害などが含まれる。

14 性別違和

DSM-Ⅳの「性同一性障害」に相当。本人が自覚する性別と、身体的性別の不一致による苦痛。

15 秩序破壊的・
衝動制御・素行症群

反抗挑発症、間欠爆発症（いわゆるキレやすさ）、素行の問題など。

16 物質関連障害および
嗜癖性障害群

アルコール、薬物などの依存症のほか、ギャンブル障害なども含む。

17 神経認知障害群

意識障害の一種である「せん妄」、認知症、軽度認知障害（MCI）など。病因別の下位分類もある。

18 パーソナリティ障害群

パーソナリティの偏りによる不適応。境界性パーソナリティ障害、自己愛性パーソナリティ障害など。

19 パラフィリア障害群

窃視障害（のぞき）、露出障害、窃触障害（痴漢行為をくり返す）、小児性愛障害などの性的な倒錯。

20 他の精神疾患群

精神にかかわる問題が認められるが、DSM-Ⅴにおけるどの精神疾患の診断基準も完全に満たさない。

21 医薬品誘発性運動症群
および他の
医薬品有害作用

薬の投与による好ましくない反応（有害事象）。抗うつ薬中断症候群など。

22 臨床的関与の
対象となることのある
他の状態

対人関係の問題、虐待とネグレクト、職業と教育の問題など。

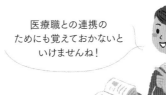

医療職との連携の
ためにも覚えておかないと
いけませんね！

DSM-Vの活用

構造化面接をおこない、客観的な診断をつける

DSM-Vの実際の活用法を見ていきましょう。評価者間でズレが生じないように、定められた質問を順におこない、診断基準にあてはまるかどうか評価します。

面接での質問などを統一し、評価者間のズレをなくす

診断基準が統一されていても、面接のしかたが違えば、得られる情報の量や質にズレが生じます。そこで、質問内容や質問のしかた、質問の順番、重症度などを詳細に定めた面接がおこなわれます。**これを「構造化面接」といい、DSM用に開発された診断用の構造化面接が「SCID」です。**

多くは精神科医が実施しますが、心理職も理解しておく必要があります。

SCIDでは、診断に必要な項目を順に確認していく

I 概観

(1 主訴) (2 現病歴) (3 家族歴)
(4 生活史と既往歴) (5 人格)
(6 精神科現在症) (7 フォーミュレーション)

主訴と現病歴から心理的障害の有無と程度を確認し、おおよその鑑別診断を。その後、家族歴などの確認へ。

SCIDをおこなううえでも、信頼関係の構築は欠かせない。傾聴と共感の姿勢で。

III 診断・記録

(？＝情報不確実) (1＝なし、または否定)
(2＝閾値以下) (3＝閾値以上、または肯定)

回答から、診断基準にあてはまるかを上記の4段階で評価。基準を満たさないときは、途中でも次に進む。

II 各疾患の質問

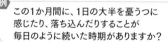

例 この1か月間に、1日の大半を憂うつに感じたり、落ち込んだりすることが毎日のように続いた時期がありますか？

構造化されたモジュールA～Jまで、各疾患についての質問作業を、定型文のとおりにおこなう。

主訴だけにとらわれず
背景にある別の疾患にも気づける

SCIDは「概観」というセクションから始めます。ここは、面接者とクライエントとの信頼関係を築くことと、おおよその鑑別診断をつける段階です。

その後、疾患ごとに構造化された質問を順に進めます。この「モジュール」はA～Jまであり、主訴と関連するものから始めますが、必ずすべてのモジュールをおこなうのが原則。概観では得られなかった情報や主訴以外の隠れた疾患にも気づくことができるからです。

各モジュールにおけるクライエントの回答で、診断基準を満たしているかどうかを判断し、4段階で評価します。

パーソナリティ障害の診断にも
構造化面接が有効

パーソナリティ障害の診断では、「SCID-5-PD」という専用の構造化面接をおこないます。もともとSCIDのモジュールの1つとして開発されたものを、「SCID-II」として独立させ、さらにDSM-V用に改訂したものです。

SCID-5-PDには、スクリーニングのための質問票「SCID-5-SPQ」があります。その回答をもとに各パーソナリティ障害の質問をおこなって評価します。

ただ、人によっては症状を過少申告する傾向があり、家族や友人、以前の治療者などからも、情報を集めることが大切です。

パーソナリティ障害を疑うときは、SCID-5-PDも実施

SCIDの実施後に、10のパーソナリティ障害について評価する。

I
スクリーニング

「SCID-5-SPQ」では、全部で106の質問に、本人が4択のどれかを丸で囲んで回答。事前に郵送して、面接時に持参してもらうことも。

計106の質問に
自分で答えてもらう

II
各障害の質問

例 あなたは本当に大事にしていた人が去ってしまうことを考えて、ひどくとり乱したことがありますか？

SCID-5-SPQの回答をもとに、各障害にかかわる質問をする。「いいえ」とした質問で再確認が必要なことも。

III
診断・記録

？＝情報不確実	0＝なし
1＝閾値以下	2＝閾値

各パーソナリティ障害の診断基準に照らし、4段階で評価。「2」の評価には特別なガイドラインがある。

109

ICD-11の特徴

WHOによる基準。精神関連では 21疾患群に分けられる

精神疾患の診断基準としては、WHO（世界保健機関）による疾患分類もあります。
DSM-Ⅴと異なり、身体疾患を含むすべての疾患をとり扱います。

精神疾患にかぎらず
すべての疾患の世界的基準とされる

「ICD（国際疾病分類）」は、WHO（世界保健機関）が作成している統計分類です。精神疾患だけを扱うDSMと違い、すべての疾患を扱います。

アルファベットと数字を用いた「コード」をつけることで、さまざまな地域で集計された疾患や傷害および死因の統計を、容易に比較できるようになっています。

時代とともに改訂がくり返され、現在は28年ぶりに改訂された「ICD-11」が、2018年に最新版として公表されています。

「国際死因リスト」を発展させ、ICDとして改訂を続けている

1853	第1回国際統計会議 ➡ 死因の国際的リストの提案
1891	ウィーン会議 ➡ 死因の国際的リストのための審査会発足
1893	シカゴ会議 ➡ 「死因のBertillon分類」採択
1900	国際死因リストの修正に関する第1回国際会議 ➡ ICD-1の誕生

10年ごとの改訂

| 2018 | 最新版のICD-11公表 |

国際死因リストの作成に始まり、のちに統計上の必要性から、疾病分類が加えられた。

ICD-11では複雑性PTSD、ゲーム症などが疾病化された

ICD-11の項目数は、ICD-10の22項目から26項目に増加。総コード数はICD-10の約1万4400から、約5万5000に増えています。心理的障害はICD-10では「F：精神および行動の障害」として扱われていましたが、「第6章：精神、行動、神経発達の疾患（疾患コード6A-6E）」となりました。

DSM-Ⅴにはないものとして、「複雑性PTSD」や「遷延性悲嘆症」のほか、「自己臭症」、「ゲーム症〈障害〉」といった、現代的な問題が疾病化されています。

21の疾患群それぞれに、疾患コードが付与されている

「精神、行動、神経発達の疾患」には21の疾患群がある。

1 神経発達症群
発達性発話または言語症群、ADHD、チック症候群など。DSM-Ⅴでも同様の病名。
疾患コード 6A00-6A0Z

2 統合失調症または他の一次性精神症群
統合失調症のほか、統合失調感情症、統合失調型症、妄想症など。
疾患コード 6A20-6A2Z

3 緊張病症候群
ほかの精神疾患に関連して起こる緊張病、ほかの医学的疾患による緊張病性障害など。
疾患コード 6A40-6A4Z

4 気分症〈障害〉群
単一エピソードうつ病(DSM-Ⅴの大うつ病性障害)、反復性うつ病、気分変調症、双極Ⅱ型障害など。
疾患コード 6A60-6A8Z

5 不安または恐怖関連症群
社交不安症、パニック症、全般不安症、限局性恐怖症など。
疾患コード 6B00-6B0Z

6 強迫症または関連症群(心気症)
特定行動をくり返す「強迫症」や、過剰な健康不安を抱く「心気症」。
疾患コード 6B20-6B2Z

7 ストレス関連症群
感情の問題をともなう複雑性PTSD(複雑性心的外傷後ストレス症)、適応障害、遷延性悲嘆症など。
疾患コード 6B40-6B4Z

8 解離症群
自分を自分と感じられず、運動、感覚、認知の制御が困難になる「解離症」や、解離性健忘など。
疾患コード 6B60-6B6Z

9 食行動症または摂食症群
神経性やせ症〈神経性無食欲症〉(いわゆる拒食症)、異食症など。
疾患コード 6B80-6B8Z

10 排泄症群
遺尿症、遺便症。DSM-Ⅴの「排泄障害」と同じく、不適切な排泄に関するすべての行為が含まれる。
疾患コード 6C00-6C0Z

11 身体苦痛症群または身体的体験症群
身体症状を主訴とする「身体苦痛症」や、身体完全性違和など。
疾患コード 6C20-6C2Z

12 物質使用症〈障害〉または嗜癖行動症〈障害〉群
アルコールや薬物のほか、ギャンブルなどの特定行動への依存症。
疾患コード 6C40-6C5Z

13 衝動制御症群
間欠爆発症、放火症、窃盗症など、衝動コントロールの困難。
疾患コード 6C70-6C7Z

14 秩序破壊的または非社会的行動症群
反抗挑発症、素行症など、反社会的とされる行動をくり返すもの。
疾患コード 6C90-6C9Z

15 パーソナリティ症〈障害〉群および関連特性
パーソナリティに病的偏りがある、パーソナリティ症〈障害〉など。
疾患コード 6D10-6D11

16 パラフィリア症群
窃視障害(のぞき)、露出障害、窃触障害(痴漢行為をくり返す)、性的マゾヒズム障害、小児性愛障害など。
疾患コード 6D30-6D3Z

17 作為症群
心身の症状を偽って他者の関心を引いたり、治療を受けようとする。何らかの疾患がある場合も含む。
疾患コード 6D50-6D3Z

18 神経認知障害群
意識障害の一種である「せん妄」や、アルツハイマー病などによる認知症、軽度認知障害(MCI)など。
疾患コード 6D70-6D8Z

19 妊娠、周期期に関連した精神および行動の障害
出産直後などに、過度の興奮など、精神疾患のような症状を呈する。
疾患コード 6E20-6E2Z

20 他の障害や疾患に影響する心理的または行動的因子
根底にある心身の問題が、他のいずれかの疾患を悪化させている。
疾患コード 6E40

21 他の障害や疾患に関連して二次的に生じる精神および行動症候群
ほかの疾患や障害が原因で生じる、不特定の精神症状や行動症状。
疾患コード 6E60-6E6Z

ICD-11の活用

診療報酬請求や公的な統計で使うことが多い

ICDの分類は、もともと死因分類を目的としています。そのため死亡診断書のほか、医療機関で作成するカルテなど、公的書類で使われるのが一般的です。

カルテやレセプトなど医療の公的文書で必要となる

日本ではICDに準拠した「疾病、障害及び死因の統計分類」が、医療業務上の書類や厚生労働省の調査に用いられており、**医療機関では、カルテや診療報酬明細書（レセプト）などの管理にICDが必要です。**また、死亡診断書の死因もICDコード化され、「人口動態統計」として発表されています。

精神障害者保健福祉手帳の申請時にも、ICDのコードを使用

「精神障害者保健福祉手帳」は、一定の精神疾患によって日常生活や社会生活が制約されていることが認められた場合に交付されるもので、申請には精神科医による診断書が必要です。

この診断書にも、**ICD分類上の精神疾患名とともに、疾患コードを記入する**ことになっています。

医療・福祉制度では、DSMでなくICDが使われる

心理学的介入に直接用いることは少ないが、以下のような場面で必要となる。

カルテや
レセプトで
活用

カルテやレセプトでは、ICD分類に沿った疾患名とコードを記載する。

精神障害者
福祉保健手帳
を申請

長期にわたる精神疾患で、生活に支障が出ている場合が対象。

Part 3

代表的な心理療法を理解する

心理療法はおもに、「精神力動的アプローチ」「認知行動的アプローチ」
「ヒューマニスティックアプローチ」の3大アプローチに分けられます。
クライエントに応じて使い分けられるよう、どれも理解しておきたいところ。
3大アプローチとは異なる視点で生まれた、新たな療法も必見です。

精神分析

フロイトの方法に忠実に面接をおこなう

現代の心理療法の礎となった、フロイトの精神分析（→P42）。その精神や価値はいまも色あせることなく、本来の治療構造そのままに受け継がれています。

フロイトオリジナルの方法は「精神分析プロパー」とよばれる

　20世紀以降、さまざまに形を変えてきた精神分析ですが、週4〜5回の面接をするフロイトの方法は現代も受け継がれています。**ほかの方法と区別するため、「精神分析プロパー」ともよばれ**ます。個人開業のカウンセラーのほか、クリニックの自由診療として精神科医がおこなうのが一般的です。

自由連想で洞察を促し、カウンセラーが解釈を与える

　精神分析の中心的な技法は心に浮かんだものをそのまま言葉にする「自由連想法」。抑圧されていた欲動が次第に現れてきますが、クライエントはそれを無意識に避けようとします。こうした「防衛機制」や「抵抗」に、カウンセラーは言葉による「解釈」を与え、クライエントの洞察を深めていきます。

精神分析プロパーでは、治療構造が明確に定められている

明確に定められた治療構造に則り、「治療契約」を結んでおこなう。

1 治療環境
プライバシーが守られる環境でカウチに横になっておこなう。

2 時間
1回45〜50分。遅刻やキャンセル時のルールも決めておく。

3 回数
週4〜5回が基本。1、2年以上の長期間に及ぶことが多い。

4つの概念で洞察、解釈を深め、人格変容をめざす

おもに以下のような概念を使い、無意識の洞察、解釈を深める。

I イド／自我／超自我

無意識の欲動から問題を捉える

「イド（無意識）」「自我（意識）」「超自我（その中間）」の3つで心が成り立つと考える。自由連想法で無意識の欲求や抵抗などをあきらかにし、洞察と解釈を深めていく。

II 心理・性的発達段階

幼児期の欲動と、親との関係に注目

発達段階ごとに親への性愛的欲求がある。そこから離れられない「固着」、より低次の段階に戻る「退行」が起こると、防衛機制が強まり、心理的障害をまねく。

口唇期（こうしんき）
- 生後18か月まで
- 口唇欲求[*1]をもつ
- 口唇欲求に固着することも

肛門期
- 生後18か月～3歳ごろ
- トイレトレーニングの時期
- 肛門性格[*2]が見られることも

男根期
- 3～6歳ごろ
- 異性の親に欲動をもつ
- エディプス葛藤[*3]が起きる

III 防衛機制

パーソナリティ障害にも関係する

自我を守る無意識の心の動きや認知のパターン。パーソナリティの偏りや問題行動などをまねく。左の表のうち、否認と投影は発達初期の原初的防衛。

否認	つらい経験を否認し、なかったこととする
投影	自分の感情の原因が他者にあると見なす
抑圧	つらい感情を無意識の領域に押し込める
合理化	不合理な行動や態度に理屈をつけて正当化する
置き換え	ある人に対する感情を別の人に向け変える
反動形成	受け入れがたい感情を別のものに変化させる
昇華	性的・攻撃的な衝動を価値のある活動に変える

IV 転移−逆転移

2人のあいだの心理反応もとり扱う

発達早期の重要他者への欲求をカウンセラーに向けるのが「転移」。その逆の、カウンセラー側の感情移入が「逆転移」。両方に気づき、面接で扱うことが大事。

ワークスルーのプロセスで変容と問題解決へと至る

「ワークスルー（徹底操作）」は、抑圧された葛藤についてくり返し理解を深め、洞察を得るプロセスです。それによってクライエントの人格が変容し、問題行動なども変えていくことができます。

クライエントにとってつらく苦しい道程で、途中で抵抗が起こることもしばしばあります。客観性を失わず、忍耐強く向き合う姿勢が求められます。

3～4年以上の教育分析などを受けて、はじめて実施できる

精神分析は、国際精神分析協会（IPA）が認可した研究所で、「教育分析」「スーパービジョン（→P220）」「教育研修セミナー」を受けてはじめて実施できます。教育分析とは、カウンセラー自身が精神分析を3～4年以上受けるもの。これを含めた全訓練を終えるには数年～十数年必要で、日本で認定を受けている精神分析家は40名ほどです。

*1 口唇欲求…授乳や食物摂取など、口腔周辺で満たされる欲求。このときの親の厳格さや過保護さがもとで、過度に厳格な性格となる。　*2 肛門性格…トイレトレーニングは、ルールを学ぶプロセス。　*3 エディプス葛藤…男児が母親を独占しようとし、それを阻む父親を敵視すること。

精神分析的療法

精神分析を、現代的に アレンジしておこなう

精神分析本来の方法は面接の回数も多く、現代社会にそぐわないことも。厳格な治療構造にこだわらず、現代的方法としておこなわれているのが精神分析的療法です。

基本の介入法はほぼ同じ。ただし治療構造に違いがある

「精神分析的療法」は、精神分析の考えにもとづく心理療法。無意識的な欲求や、「抵抗」「防衛機制」などの要因を扱い、その力動的変化をめざします。

精神分析では週4回以上の面接が必須ですが、精神分析的療法では50分前後の面接を週に1〜2回おこないます。カウチを使う必要はなく、ほかの心理療法と同様に対面で面接します。面接は半年程度で終わることもあれば、さらに長期に及ぶことも。精神分析を現代的にアレンジした方法といえるでしょう。

精神分析的療法には、おもに4つの特徴がある

精神分析的療法に共通しているのは、以下の4つの点とされる。

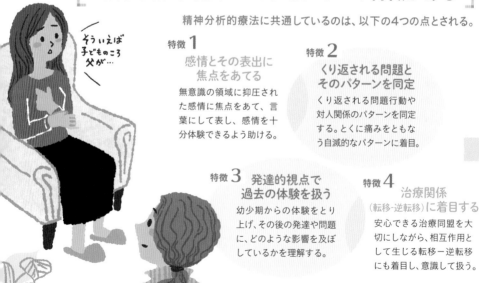

そういえば子どものころ父が…

特徴1 感情とその表出に焦点をあてる

無意識の領域に抑圧された感情に焦点をあて、言葉にして表し、感情を十分体験できるよう助ける。

特徴2 くり返される問題とそのパターンを同定

くり返される問題行動や対人関係のパターンを同定する。とくに痛みをともなう自滅的なパターンに着目。

特徴3 発達的視点で過去の体験を扱う

幼少期からの体験をとり上げ、その後の発達や問題に、どのような影響を及ぼしているかを理解する。

特徴4 治療関係（転移-逆転移）に着目する

安心できる治療同盟を大切にしながら、相互作用として生じる転移ー逆転移にも着目し、意識して扱う。

（「The efficacy of psychodynamic psychotherapy.」Shelder J., American Psychologist vol.65（2）：98-109, 2010より作成）

「聞く」「話す」をくり返し、洞察と解釈を深めていく

　精神分析的療法ではクライエントの自由な語りを重視します。とくに「理解」段階（→P78〜）では、心に浮かぶことをありのままに話してもらいます。

　カウンセラーは話の内容を限定せず、どんな内容もできるだけ中立的に、温かい態度で聞くようにします。これにより、抑圧されていた感情の解放（カタルシス）が起こります。さらに、問題の本質的な部分にカウンセラーが解釈を与え、クライエントの洞察を深めます。この点も精神分析と同じです。

　このように、聞くこと、話すことをくり返し、ワークスルー（→P115）を根気よく進めていきます。

転移-逆転移の現象も治療に積極的に活用する

　治療が進むと、クライエントがカウンセラーに何らかの感情、空想を抱く「転移」が生じます。過度な期待や好意、愛情であれば「陽性転移」、攻撃的な感情であれば「陰性転移」。反対に、カウンセラーがクライエントに何らかの感情を抱くのが「逆転移」です。

　転移や逆転移は、対話中の態度や言葉にも現れてきます。この「エンアクトメント（行動化）」に気づき、治療の一環として話し合うことが大切。幼少期の重要な他者との未解決の問題、日常的な対人パターンのくり返しとなっていることもあり、適切な解釈、洞察によって、問題解決につなげられます。

多くの心理的障害で、エビデンスが認められている

心理療法のタイプ／参照文献	研究概略（対象・方法など）	効果量	研究,メタ解析の数
一般的な心理療法			
M.L.スミスら(1980)	さまざまな心理療法と心理的障害	0.85	475の研究
M.W.リプシー&D.B.ウィルソン(1993)	さまざまな心理療法と心理的障害	0.75	18のメタ解析
L.A.ロビンソンら(1990)	うつに対するさまざまな心理療法	0.73	37の研究
認知行動療法と、関連する療法			
M.W.リプシー&D.B.ウィルソン(1993)	さまざまな心理的障害に対する認知行動療法、行動療法	0.62	23のメタ解析
M.M.アビら(2006)	うつ、パニック症、全般性不安症に対する認知行動療法	0.68	33の研究
R.チャーチルら(2001)	うつに対する認知行動療法	1.0	20の研究
P.クイジパーら(2007)	うつに対する行動活性化療法	0.87	16の研究
L.G.エスト(2008)	主として境界性パーソナリティ障害に対するDBT	0.58	13の研究
抗うつ薬での治療			
E.H.ターナーら(2008)	1987〜2004年に承認された抗うつ薬の、FDA登録の研究	0.31	74の研究
M.W.リプシー&D.B.ウィルソン(1993)	さまざまな心理療法と心理的障害	0.75	18のメタ解析
J.モンクリフら(2004)	三環系抗うつ薬とプラセボとの比較	0.17	9研究
精神力動的(精神分析的)療法			
A.A.アッパスら(2006)	さまざまな障害における症状の全般的な改善	0.97	12の研究
F.ライヒゼンリングら(2004)	さまざまな障害と、目標とした問題における変化	1.17	7つの研究
E.M.アンダーソン&M.J.ランバート(1995)	さまざまな障害における介入結果	0.85	9つの研究
A.アッパスら(2009)	身体症状症における一般的な心理症状の変化	0.69	8つの研究
S.B.メッサー&A.アッパス(2010)	パーソナリティにおける一般的な症状の改善	0.91	7つの研究
F.ライヒゼンリング&E.ライビング(2003)	パーソナリティ障害における治療前後の比較	1.46	14研究
F.ライヒゼンリング&S.レイバーグ(2008)	複雑な心理的障害における長期的／短期的精神力動療法の、効果全体の比較	1.8	7つの研究
S.デ・マートら(2009)	長期的精神力動療法での治療前後の比較	0.78	10の研究

効果量は＞0.8で「大」、＞0.6で「中」、＞0.4で「小」。ほかの心理療法と同等かそれ以上の効果があるとわかる。

（「The efficacy of psychodynamic psychotherapy. J.Shelder J., American Psychologist vol.65(2): 98-109, 2010より引用)

短期力動療法

短期間で能動的にかかわり、修正感情体験を促す

精神分析の今日的な発展形として、「短期力動療法」も広くおこなわれています。
無意識の葛藤の探索や感情体験を短期間で促進していく方法です。

現代社会にあう方法として「短期力動療法」が誕生

本来の精神分析は期間が長期化しやすい傾向があります。そこで、"治療期間をもっと短くできないか"という視点から生まれたのが、1940年代後半以降の「短期力動療法」です。

過去を詳細に扱わず、現実の特定の問題に焦点をしぼることで、数回程度でも症状の改善が得られるとしました。

集中的短期力動療法が生まれ、現在の短期力動療法の基礎に

短期力動療法の考えは社会的支持を受け、さらなる発展を遂げます。

とくに重要なのが、精神分析医H.ダヴァンルーの「集中的短期力動療法（ISTDP）」。彼は防衛（→P114）を徹底的に解除して強い情動体験を起こし、早期の変容を導きました。これが、現在の短期力動療法の基礎となります。

[洞察を待つのではなく、"引き出す"姿勢が大事]

積極的に介入し、洞察や感情体験を促進していく。

支 持
支持的態度で、安心できる環境をつくる。

解 釈
聞いたことに対する解釈を積極的に伝える。

洞 察
解釈を受けて洞察を深め、言葉にする。

感情表出
つらい感情を言葉にし、再体験する。

近年では、「体験的力動療法（EDT）」として発展している

ISTDPをもとに、さらに情緒的絆を重視する方法として発展を続けている。

統合的
アプローチとも
いえる方法です

AEDP 加速化体験的力動療法

愛着理論をもとにした「癒やしの治療モデル」
心理病理や症状よりも、人が本来もつ「癒やしの力」と、治療場面での深い感情体験に着目。カウンセラーとの適切なアタッチメント（愛着）関係のなかで、これらを引き出していく。

AET 共感促進的療法

共感的な相互作用に重きをおく
共感的な治療同盟を基盤に、2人のやりとりをたがいがどのように感じているかに焦点をあて、感情を共有していく。面接のビデオテープを2人で見直すのも有効とされる。

APT 情動恐怖療法

学習理論をもとに、情動反応を変える
力動的な葛藤から生じる不適応な行動を「情動恐怖症」として捉え直し、学習理論の「系統的脱感作法」（→P45）の技法と統合。情動に少しずつ曝露させ、適応的な情動体験を促す。

AB-ISTDP 愛着ベースの集中的短期力動療法

最新のアタッチメント理論を応用
ISTDPの訓練を長年受けてきたR.J.ネボルスキーが提唱。発達早期に傷ついたアタッチメント関係の修復を重視し、それによる親密な対人関係構築、トラウマからの回復などをめざす。

カウンセラーの積極的介入で、理解と洞察を促進する

短期力動療法では対面で週1回、12〜40回程度の面接をおこないます。

カウンセラーの中立性を重視する精神分析とは異なり、カウンセラーが積極的に介入するのが特徴。**介入早期から問題を焦点化します**。さらに問題の原因や本人の矛盾に向き合わせる「直面化」や、解釈、励ましなどの技法を用いて、変容のプロセスを促します。

ただし問題に直面し、洞察を深められるのは、**安心できる治療同盟があってこそ**。カウンセラーの共感や支持、理解、温かさを基盤にしてはじめて、クライエントはつらい記憶や感情を扱うことができるようになります。

体験的力動療法では情緒的な絆も重視される

ISTDPの促進性は大きな注目を集めましたが、"挑戦と圧迫"とよばれる技法は多くの臨床家になじまず、習得がむずかしい面もありました。

そこで、ISTDPの発展形として、D.フォーシャの「AEDP（加速化体験的力動療法）」や、M.アルパートの「AET（共感促進的療法）」など、さまざまな治療法が生まれます。**情緒的な絆を重視するこれらの治療法を総称して、「体験的力動療法（EDT）」といい、多くの臨床心理家の注目を集めています。**

ISTDPに影響を受けたその他の方法として、対人関係に重きをおく「TLDP（時間制限力動療法）」などもあります。

対象関係論

幼児期までの母子関係から
精神分析的解釈をする

イギリスを中心に人気の対象関係論は、M.クラインの児童精神分析から始まっています。
乳児期の母親との心的関係に着目し、これを心理的障害の原因と考えます。

**M.クラインの影響を受け
イギリスを中心に発展してきた**

　児童精神分析として、フロイトの理論を発展させたのが、M.クラインです。

　人は乳児期から、無意識的な母親への欲動・幻想をもち、それが内的世界を構成すると提唱。内的世界の核となる「内的対象」と、内的対象との関係「内的対象関係」が、心理的満足や心理的障害につながると考えました。

　これが、現在もイギリスを中心に、臨床に活用される「対象関係論」です。

内的対象への欲動や情動から、心理的障害を解釈する

内的対象関係

**よい対象
（よい乳房）**
欲求を満たしてくれる、内的な母親イメージ。

**悪い対象
（悪い乳房）**
心理的脅威となる、内的な母親イメージ。

妄想分裂ポジション
両者を1つの対象と認識できない妄想・分裂状態。

抑うつポジション
両者を母親の全体像と捉えられるようになる状態。

内的対象と、愛と憎しみの両価的関係をもつ「妄想分裂ポジション」が、乳児本来の状態。それが統合されたのが「抑うつポジション」。

乳幼児期の内的対象関係が
生涯の心の状態に影響する

M.クラインの対象関係論では、精神病的な強い不安がある「妄想分裂ポジション」が、乳児の原初的状態と考えます。**内的対象との関係が安定してくると、「抑うつポジション」という心の位相に至り、罪悪感を生み出し、成長後の心のつらさにもつながります。**

この理論をさらに発展させたのがR.フェアバーンです。内的対象との関係で生じる「リビドー的自我（欲動的自我）」「反リビドー的自我（内的妨害者）」「中心自我」という3つの自我の分裂が、心理的障害の原因と考えました。

カウンセラーとの関係のなかで、
内的対象関係を築き直す

ほかにも関連する理論がいくつかありますが、乳児期の母子関係に端を発する「内的対象関係」が、心理的障害の源とする考えかたは同じです。

治療では、精神分析的療法と同様の治療構造で内的対象関係を探ります。

治療者であるカウンセラーとの関係が、その基盤。**内的対象関係が分裂した状態なら、カウンセラーとのアタッチメント（愛着）関係、転移、洞察・解釈などを通じて、それを統合していきます。**その結果、外界との関係、とくに現実の人間関係もよくなります。

児童精神分析を越えて、「プレイセラピー」も発展

M.クラインやA.フロイトらが開祖。子どもの面接に遊戯過程をとり入れた。

8つの治療原則

温かくやさしい関係をつくり、できるだけ早くラポール（信頼関係）を形成

子どもをありのままに受け入れる

感情を読みとり、子ども自身に返すことで、自分の行動の意味への理解を促す

子どもとの関係のなかに自由な雰囲気をつくり、感情を自由に表現させる

子どものいうこと、することをじゃましない。子どもが率先し、カウンセラーはそれに従う

問題を自ら解決し、成長していく力があると気づかせる

治療はゆっくり進んでいく。無理に早めようとしない

限界は最小限に設定する
（治療を現実世界にとどめるための限界、責任を忘れさせないための限界）

描画などの治療的遊びで感情を表出。治療関係が深まり、感情表出力、自己肯定感も高まる。

C.R.ロジャース（→P46）の理論にもとづく、プレイセラピー実施時のおもな治療原則。

（『遊戯療法』アクスライン,V.M.著、小林治夫訳、1972、岩崎学術出版社より作成）

対人関係と文化を基盤に
発達論的解釈をする

精神分析の影響を受けながらも、独自の発展を遂げた心理療法に「対人関係論」が
あります。それがアメリカでさらに発展したのが「対人関係論的精神分析」です。

H.S.サリヴァンの対人関係的
発達論から、心の構造を捉える

　アメリカの精神科医サリヴァンは、
統合失調症の人の治療を通じ、フロイ
トとはまったく違う発達論を提唱しまし
た。サリヴァンが重視したのは、無意

識の性愛的欲求ではなく環境要因。と
くに対人関係から得られる安全と満足
です。**幼少期の養育者との関係だけで
なく、人生を通じて特定の他者との関
係が重要で、発達段階ごとに獲得すべ
き"親密さ"があると考えました。**

［5つの発達段階が、成人期の心理的障害に影響している］

青春期までが発達段階で、成人期の人間関係、心理的障害に影響する。

I 幼児期

「満足への欲求」「安全への欲求」が基盤にある
「満足への欲求」「安全への欲求」の2大欲求をも
ち、不安なときは養育者がケアしてくれる。

II 小児期

「安全保障操作」で、対人関係の悪化を避ける
養育者との緊密な関係と、それに支えられる自
己の安全を守るため、認知や行動が偏ることも。

III 児童期

友だち関係のなかで「合意による確認」を身につける
学童期に入り、友人ができる。養育者との関係
にはなかった"合意による確認"を身につける。

IV 前青春期

親友ができ、親密さの新たな形態を獲得
8〜11歳ごろ。同性の親友と気持ちを打ち明け
合い、検証するという親密さの形態を獲得する。

V 青春期

性的に成熟し、異性との関係を求めていく
性的成熟から親密な異性関係を求める。満足へ
の欲求、安全への欲求、性的欲求の3つが衝突。

VI 成人期

発達段階での問題が、障害として現れることも
これまでの関係から適切な成人性を獲得。その
過程に問題があると心理的障害が生じることも。

現在では、「対人関係論的精神分析」として発展している

サリヴァンの流れを継ぐ対人関係論的精神分析は、以下のような姿勢が特徴。

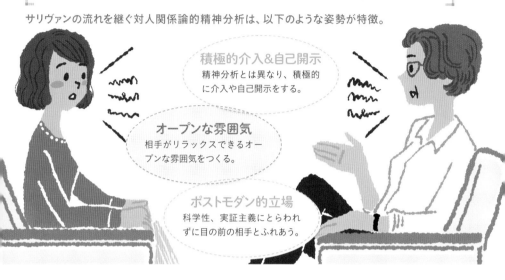

積極的介入&自己開示
精神分析とは異なり、積極的に介入や自己開示をする。

オープンな雰囲気
相手がリラックスできるオープンな雰囲気をつくる。

ポストモダン的立場
科学性、実証主義にとらわれずに目の前の相手とふれあう。

無意識や欲動ではなく、現実場面での"親密さ"を重視する

幼少期には、養育者が子どもの不安や緊張を軽くしようとします。**その体験のくり返しで子どもは安心し、他者との感情的交流の重要性を理解します。**

学童期以降の親密な友人関係も対人パターンに影響します。友人関係で意思疎通をするには、言語的な確認が必要。これが人格形成に寄与し、対人パターンの幅を広げる機会となります。

硬直した対人パターンが心理的障害をまねいた場合は、カウンセラーとの関係のなかで改善を図ります。**分析的解釈でなく、言動やふるまいを通じた"いま、ここでの相互作用"が治療の基盤**。これがサリヴァンの対人関係論にもとづく精神分析的アプローチです。

面接における二者関係のなかで対人関係のパターンを修正

サリヴァンは精神分析のトレーニングを受けておらず、対人関係論は、長らく亜流に位置づけられていました。

しかしサリヴァンの理論や対象関係論を基礎にした「対人関係論的精神分析（関係論）」が、1980年代以降に発展。とくに北米ではその傾向が顕著です。

治療と理論の特徴は、対人関係の問題を、無意識の問題に還元しないこと。現実の対人関係で見られるふるまいこそが、"その人のありかた"と考えます。

面接でも、人としての出会い、心の交流を重視。まるで友人関係のように、オープンな態度でかかわります。この関係のなかで対人パターンを修正し、現実での適応をよくしていきます。

Ⅰ 精神力動的アプローチ

自己心理学

「自己対象」である親との関係と、共感的交流を重視

自己心理学も、精神分析から派生した理論と療法。パーソナリティ障害の
治療に効果的で、社会的に適応できる形での「自己」の修復・確立をめざします。

**自己愛性パーソナリティ障害に、
精神分析的にアプローチ**

　精神分析から発展し、アメリカで隆盛した自我心理学の影響を受けて、H.コフートが創始したのが「自己心理学」です。コフートは自己愛性パーソナリティ障害の治療から、「自己愛理論」を提唱。幼児期に誰もがもつ全能感と承認欲求が適切に満たされないと、「自分を完全な存在として評価してほしい」といった歪んだ自己愛が強まり、パーソナリティ障害に至ると考えました。

理論の発展とともに、幅広い心理的障害が対象となる

自己心理学は、自己愛理論から自己理論、間主観性理論へと発展。

自己愛理論

阻害された至福状態

あなたは完全、私はあなたの一部

理想化された親イマーゴ

幼児の一次的な自己愛的至福状態 → 失われた至福状態を修復する試み

→ 理想化を図る自己愛が内在化し、理想を想像する → **理想**

誇大自己

私は完璧

→ 顕示的な自己愛が修正され、パーソナリティに統合される → **野心**

適切な養育環境下では、理想化された親イメージ（親イマーゴ）、理想化された自己（誇大自己）は、「理想」「野心」に適切に変容していく。

（『Heinz Kohut and the Psychology of the Self.』Siegel,A.M., 1996, Psychology Pressより引用）

自己対象との関係に失敗すると、精神病理が生じる

この理論をさらに発展させたのが自己心理学です。**幼い子どもは、母親を自己の一部と感じています（自己対象）。**そして自己対象からの共感的応答を求めます。しかし、適切な共感的応答が得られないまま成長すると、成長後にさまざまな心理的障害をきたします。

パーソナリティ障害の治療では、"自分を完全な存在と認めて"という「鏡転移」、"相手には完全な存在であってほしい"という「理想化転移」が生じるのが特徴。**この転移をある程度引き受けて共感し、欲求を満たしながら、社会的適応のための変容を促します。**

主観と主観の交流として共感的な精神分析をおこなう

自己心理学の発展に大きく貢献したのが、精神分析家R.D.ストロロウの「間主観性理論」です。彼は精神分析を、カウンセラーの主観とクライエントの主観の交流とし、2人のあいだで共有される世界を扱うことが重要と論じました。

その影響を受け、現代の自己心理学では、共感的、内省的な探索を重視。自己対象への欲求が満たされなかったクライエントが、適切に欲求を満たせるようにします。同時に、幼児期の自分の情緒と養育者の情緒が別々であることの理解を促し、他者とのあいだに適切な境界を形成できるよう導きます。

自己理論
自己の欲求や価値を自己対象によって認めてもらえないと、パーソナリティに問題が生じやすい。

自己対象

欲求

欲求への応答不全

自己

間主観性理論
クライエントの主観とカウンセラーの主観の交流によって、自己の変容、確立が促される。

クライエントの主観（自己理解）

間主観性

カウンセラーの主観（解釈）

Ⅱ 認知行動的アプローチ

行動療法

行動の変容によって
つらい気分を変えていく

認知行動的アプローチのうち、もっとも古くからおこなわれているのが
「行動療法」です。学習理論をもとに、行動から感情、気分を変えていきます。

**認知の変容と組み合わせたり、
他技法で活用されることも多い**

クライエントの〝内側〟に直接働きかけるのではなく、〝外側〟つまり行動を変えることで、改善をめざすのが「行動療法」。学習理論にもとづくさまざまな技法を用いるのが特徴です。認知の変容と組み合わせて「認知行動療法（CBT）」としておこなうのが一般的ですが、「エクスポージャー(曝露療法)」や「系統的脱感作法（→P45）」などの技法はほかのアプローチでもよく活用されます。

［ うつなどの改善には「行動活性化」が役立つ ］

最近ではうつ病のほか、不安障害やPTSD（→P182）などの併存疾患にも適用される。

行動変容の目的

**行動
活性化**

1週間の活動とそのときの気分の強さを0〜100で記録。気分がよくなる行動を増やす。

認知
認知のゆがみがあると
つらい感情をまねく。

できごと、状況
何らかのできごと、
状況が感情を誘発。

感情
憂うつ、悲しみ、
不安などの感情
が起こる。

行動
特定の行動を避
ける「回避行動」
が増える。

感情と行動は一方向の
関係ではなく、行動も
感情に影響する。

**行動を変えると
感情、気分が変わる**

	問題となる気分: 押うつ	
時　間	○月×日(日)	○月×日(月)
7:00〜 8:00		起床、身支度 80
8:00〜 9:00		電車通勤 85
9:00〜 10:00		仕事 (ミーティング) 90
10:00〜 11:00		90
11:00〜 12:00	起床 50	90
12:00〜 13:00	スマホ(SNS) 60	昼食 (ひとり牛丼) 60
13:00〜 14:00	昼食(パン) 50	仕事(外回り) 75
14:00〜 15:00	スマホ(ゲーム) 50	75
15:00〜 16:00	50	80
16:00〜 17:00	55	75
17:00〜 18:00	65	60
18:00〜 19:00	75	仕事(書類) 50

126

身体症状をともなう
不安や恐怖の改善に効果的

うつ病には「行動活性化」が有効です。回避行動を減らしたり、気分がよくなる行動を増やす（正の強化）ことで、つらい気分を改善できます。

不安障害には、「馴化（慣れ）」の原理を応用した「エクスポージャー」が有効。不安や恐怖を感じる状況、対象に徐々に近づく方法です。リラクゼーション法と組み合わせ、1回20〜30分以上かけておこなうと効果的です。

SSTやアサーション・トレーニングで
対人関係も変えられる

対人関係の改善に効果を発揮する技法も、広義の行動療法といえます。

「SST（ソーシャルスキル・トレーニング）」では、他者の行動を観察学習する「モデリング」理論をもとに、適応的な対人スキルをグループで学びます。

アサーション・トレーニングは、攻撃的でも非主張的でもない、適切な自己主張を学ぶ方法。感情を抑圧しがちなクライエントにも適しています。

不安障害、恐怖症などには「エクスポージャー」が有効

不安障害の場合、不安階層表が役立つ。不安に対処できるよう、リラクゼーション法も併用。

**不安
階層表**

とくに不安が強い行動、克服したい場面などを考えて書き出す。不安が小さい行動から段階的に実行。

**リラク
ゼーション
法**

ぜんしんてききんしかんほう
漸進的筋弛緩法

全身の各部位の筋肉で、「緊張」「弛緩」をくり返す。不安や緊張のセルフコントロールに。

飛行機に家族と乗る	100
特急や新幹線に1人で乗る	90
特急や新幹線に家族と乗る	80
急行の電車に1人で乗る	70
急行の電車に家族と乗る	60
各駅停車の電車に1人で乗る	50
各駅停車の電車に家族と乗る	40
高速バスに1人で乗る	30
高速バスに家族と乗る	20
近所の路線バスに終点まで乗る	10
近所の路線バスに2〜3区間乗る	0〜5

強

不
安
の
強
さ

弱

+

呼吸法

4秒ほどで鼻から吸い、6秒ほどかけて口から吐く。エクスポージャー実施時にも有用。

Ⅱ 認知行動的アプローチ

認知療法

認知の偏りを見直して、抑うつや不安症状を改善

うつ病のクライエントは、ものごとの捉えかた「認知」に偏りがあり、状況を悲観的に捉える傾向があります。これを改善していくのが認知療法です。

ものごとを偏って捉えてしまう「認知のゆがみ」に注目

認知とはものごとの捉えかたのこと。

認知療法では、〝自分は何をやってもダメだ〟といった客観性のない非適応的認知を、現実に即した適応的認知に変えていきます。これが「認知再構成」です。**方法としては、A.T.ベックによる「うつ病の認知療法」、A.エリスによる「論理情動行動療法」が代表的です。**

うつ病だけでなく、幅広い心理的障害に効果を発揮

もともとはうつ病を対象に開発された心理療法ですが、現在は不安障害、PTSD（→P182）など、さまざまな心理的障害で効果が実証されています。

うつ病や不安障害、PTSDでは、健康保険が適用されます。医師の診断のもと、厚生労働省の治療マニュアルに従って、計15回程度で実施します。

認知を変えると、抑うつなどの気分も変えられる

ネガティブなライフイベント
つらい気分の引き金となる、状況やできごと。

A.T.ベックの認知のゆがみ理論。いつもの思考（自動思考）の背景には、頑なな価値観（スキーマ）がある。

抑うつスキーマ
幼少期からの体験、社会規範などから培われてきた価値観。うつ症状につながる自動思考を生み出す。

自動思考
意図せずして、場面場面で瞬時に浮かぶ思考。つらい気分にとくに影響するものを「ホットな思考」という。

抑うつ症状
落ち込み、悲しみ、罪悪感などの心理的症状のほか、不眠などの身体症状、回避行動の増加なども起こる。

推論の誤り
ものごとを白か黒かで考える「全か無か思考」など、全部で10種類ある。非適応的な自動思考につながる。

自分は何をやってもダメ…

誰からも好かれない…

認知のゆがみに気づき、コラム法などで改善していく

自動思考の修正をくり返し、認知のパターンを変えていく。

気分の評価
気分に気づいて点数をつける

そのときどきの気分を正確に捉える。100%中何％かで数値化し、変化がわかるようにする。

推論の誤りの同定
推論のしかたの"クセ"に気づく

推論の誤りの種類をクライエント自身も学習し、どれが自動思考に影響しているか同定する。

自動思考の修正
いつも頭に浮かぶ思考を変える

"そう考える根拠はあるか"という視点で検証し、現実的、適応的な自動思考に修正する。

コラム法（トリプル・カラム）

日時／できごと／自動思考／感情	推論の誤り	適応的思考／新たな感情
昨日の夕方17時。企画書を予定どおり上司に提出したら、「先日の指摘が反映されてないじゃないか」と再提出を求められた ▼ 「自分はなんて無能なんだろう。何ひとつうまくできない」 ▼ 憂うつ 95%　悲しい 90%　恥 85%	●全か無か思考 ●レッテル貼り	「今日は失敗したけれど、これまでの仕事はおおむね通っている。何1つうまくできないことはない。次からは指示を十分確認して、間違えないように出せばいい」 ▼ 憂うつ 65%　悲しい 55%　恥 45%

3段のコラム形式で、自動思考を修正。気分の変化が明確にわかる。セルフワークとしても有効。

自動思考、行動、スキーマの順に変えていくと効果的

　介入時には、日常的に浮かぶ「自動思考」の修正から始めます。新たな認知を頭のなかで何度もくり返し、認知の変容をめざします。**行動療法もとり入れ、「認知行動療法（CBT）」としておこなうと、より効果的。**新たな認知が現実的なものであると確認できます。

　最後に、自動思考の背景にある価値観（スキーマ）の変容にとり組むと、つらい思考が浮かぶのを防げます。

ワークを身につけることで発症＆再発予防効果も期待できる

　認知療法は通常、「コラム法」などのワークシートを使っておこないます。認知と感情の関係が明確になるうえ、本人の主体性も引き出せます。

　ホームワークとして日常的に使ってもらうのも効果的で、ほかのアプローチにはない特徴です。習慣化すると、面接終結後の再発予防にも役立ちます。ワークシートは、心理的障害を防ぐセルフワークとしても広く使われています。

Ⅱ 認知行動的アプローチ

スキーマ療法

幼少期の体験、感情の問題を扱い、パーソナリティ障害などを改善

スキーマ療法は、第三世代の行動療法のひとつ。従来の行動療法が効きにくいパーソナリティ障害をはじめ、さまざまな心理的障害に使われています。

通常の認知行動療法では改善しにくいクライエントに

スキーマとは、人の認知、感情、行動などを規定する、強固な価値観のこと。**スキーマ療法では、幼少期の有害**な体験からつくられた「早期不適応スキーマ」に焦点をあて、認知の変容をめざします。従来の認知行動療法が効きにくいパーソナリティ障害、対人関係の問題を抱える人などでとくに有効です。

「不適応スキーマ」「スキーマモード」を治療関係で変える

早期不適応スキーマ領域

Ⅰ 断絶と拒絶
- 見捨てられ／不安スキーマ
- 情緒的剥奪スキーマ
- 欠陥／恥スキーマ
- 社会的孤立／疎外スキーマ

対人関係における安全と信頼感が欠如。つねに人の顔色をうかがう。

早期不適応スキーマと現在のスキーマモードを同定し、修正していく。

Ⅱ 自律性と行動の損傷
- 依存／無能スキーマ
- 失敗スキーマ
- 損害や疾病に対する脆弱性スキーマ
- 巻き込まれ／未発達の自己スキーマ

他者への依存性が強く、自分で判断し、適切に行動することが困難。

Ⅲ 制約の欠如
- 権利要求／尊大スキーマ
- 自制と自律の欠如スキーマ

欲求不満耐性が低く、社会のルールを受け入れることができない。

いずれも幼少期の体験からくるんですね！

Ⅳ 他者への追従
- 服従スキーマ
- 自己犠牲スキーマ
- 評価と承認の希求スキーマ

自分より他者の要求を優先する。自分の欲求に気づくことも困難。

Ⅴ 過剰警戒と抑制
- 否定／悲観スキーマ
- 感情抑制スキーマ
- 厳密な基準／過度の批判スキーマ
- 罰スキーマ

高すぎる価値基準にしばられて、自由な感情表出や行動ができない。

つらい体験と感情からくる早期不適応スキーマを同定する

早期不適応スキーマには、"大事な人に見捨てられる"といった「断絶と拒絶」、"自分1人では何もできない"といった「自律性と行動の損傷」など、5つのスキーマ領域があります。

いずれも、養育者の虐待、過干渉・過保護などの傷つき体験が原因です。**成長後もこのような価値観のまま他者とかかわるため、良好な関係を安定して築くことができません。**

介入時には、早期不適応スキーマが現在の問題とどのように結びついているかを、まずあきらかにします。

健康で適応的なヘルシーアダルトモードを強化

早期不適応スキーマをもつ人は、幼少期の自分や養育者の態度が深く内面化されています。このような心的状態を「スキーマモード」といい、適応的な行動や対人関係を妨げるのが「不適応的スキーマモード」です。

一方で、自分を大切にし、欲求や感情を適度に表出できるのが「ヘルシーアダルトモード」。**面接においては、認知や行動の修正、感情体験の促進を通じて、心のなかのヘルシーアダルトモードを育てます。**これにより、適切な対人関係が築けるようになっていきます。

不適応的スキーマモードの強化

非機能的チャイルドモード

幼少期に抱えていたさみしさ、不安、怒りなどの感情が強く出て、コントロールできなくなる。

治療によるモードの修正

非機能的なモードを修正し、適応的な認知・感情・行動などを身につける。

認知的技法

モードごとの認知のゆがみを修正

これまで抱えてきたスキーマが妥当なものかを見直す。

感情焦点化技法

感情体験と表出を促進する

感情への気づき、表出を促し、自己肯定感を高めていく。

行動的技法

具体的な問題行動を変えていく

SST(→P127)などの技法で、適応的な行動を身につける。

非機能的ペアレントモード

養育者の態度や言動が内面化されたもの。高すぎる達成基準などで自分を否定。

非機能的コーピングモード

早期不適応スキーマへの誤った対処。他者にこびたり、攻撃的になったりする。

Ⅱ 認知行動的アプローチ

DBT（弁証法的行動療法）

境界性パーソナリティ障害に高い効果を発揮する

DBT（弁証法的行動療法）は、境界性パーソナリティ障害のために考案された心理療法です。クライエントの不安定さを、1年間かけて変えていきます。

自傷・自殺のおそれがある境界性のクライエントに

　DBTは、アメリカの臨床家M.M.リネハンらが開発した、第三世代の認知行動療法。治療に難渋しやすい境界性パーソナリティ障害（BPD →P192）に対し、自傷や自殺行動を減らすなどの効果が実証されています。

　1対1での面接に加え、グループでのトレーニングがプログラムに組み込まれているのが特徴です。約1年間かけて、対人スキルなどの向上を図ります。

1年間の治療プログラムで、変容、自立を促す

前段階

方向づけ&コミットメント

治療の方向の明確化、動機づけがまず必要

クライエントが人生にどのような変化を起こしたいのかを、まず話し合う。そのうえで治療プログラムを十分に説明し、ともにとり組んでいくことを確認。

週に1回、コンサルテーション・ミーティングで方向性を確認する。

第1段階

基本的能力の獲得

問題行動を減らしながら4つのスキルトレーニングを継続

4つのスキルトレーニングとともに、現実場面でのスキル向上を電話コーチングで援助。自傷行為や治療妨害行為などを減らしていく。

治療プログラムの説明を十分に！

グループでのスキルトレーニング

- コア・マインドフルネス・スキル
- 苦痛耐性スキル
- 対人関係保持スキル
- 感情調節スキル

変化への希求と現状への承認が
「弁証法的治療」の本質

　DBTは、徹底的行動主義にもとづく治療法です。**クライエントの行動を、認知や思考、環境要因といった幅広い側面から分析。どのような行動が問題を維持しているかをあきらかにし、行動療法の技法で変化させていきます。**

　一方で、変えられない認知を受容するのも特徴です。偏りのある思考がどうしても浮かぶ人には、その思考を受け入れてもらいます。**思考にとらわれず、〝ただそこにあるもの〟として眺めるという姿勢です。**「変化」と「受容」という、相反する2つの原理を両輪とするのが、〝弁証法的〟とされるゆえんです。

過度な感情や行動が
どれほどのつらさかを理解して

　DBTでは、BPDを〝生物学的要因にもとづく情動制御不全〟と見なします。脳の情動統制システムに障害があり、過剰な情動反応を起こしてしまう。何とか制御しようとしているのに、周囲から受け入れられない。否認され、処罰され続けるために、BPDを発症するという理論です。

　支援で大切なのは、クライエントがどれほどの苦しみのなかを生きてきたのか、その苦悩を思いやり、現状を肯定する姿勢です。クライエントを受容し、信頼することが、クライエントの他者や自己への信頼感を育みます。

第2段階

トラウマの低減

エクスポージャーによって
トラウマを乗り越えていく

幼少期のトラウマなどに焦点をあて、エクスポージャー（→P127）で、つらい感情に徐々に向き合えるようにする。ただし、早すぎる段階でのエクスポージャーは危険。十分な治療同盟を築いてからおこなう。

母が陰で殴られてるのを私はただ見ていて…

第3段階

自尊感情の向上

自らを信頼し、
カウンセラーから自立していく

カウンセラーへの依存状態から自立していく段階へ。うまくできていることを認め、自尊感情を高めながら、つらいときにどう対処していけばよいかを考えていく。

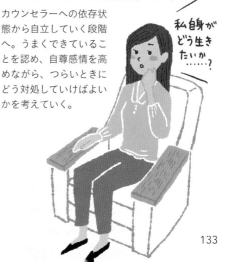

私自身がどう生きたいか……?

マインドフルネス

感情や思考にこだわらず "いま、ここ"の体験を重視

第三世代の認知行動療法のなかでも、一般に広く知られている方法です。
思考や感情を変えようとせず、ただ受け入れるという発想の転換が特徴です。

仏教の瞑想法をもとにした 新たなタイプの認知療法

「マインドフルネス」は仏教の瞑想法をもとにしたアプローチの総称です。1970年代に、トラウマに苦しむ帰還兵の治療法として「マインドフルネス・ストレス低減法（MBSR）」が体系化されます。それを発展させたのが「マインドフルネス認知療法（MBCT）」です。

"いま、ここ"の即時性と 体験としての気づきに意味がある

心が苦しくなるとき、人は過去のできごとや、それにまつわる思考、感情にとらわれています。そのようなとらわれからの解放をめざすのが、マインドフルネスの特徴です。

"いま、ここ"で起こっていることに感覚を集中させ、深く体験することで、いつもの思考の枠組みから離れることができます。従来の認知療法で、思考を変えられない人にも適しています。

うつ病の再発、不安障害、 PTSDなど、対象疾患は幅広い

MBCTはもともと、うつ病の再発予防を目的としています。10〜20人のグループで、週に1回、2時間〜2.5時間のセッションを計8回おこないます。

現在は適用範囲が広がり、不安障害やPTSD（→P182）、摂食障害（→P186）、依存症（→P190）のほか、身体疾患に苦しむ人にも活用されています。

うつ病をくり返すクライエントで 高い再発予防効果がある

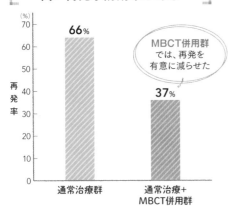

MBCT併用群では、再発を有意に減らせた

うつを3回以上くり返した人での試験。MBCT併用群は、通常の薬物治療群より再発率が低かった。

（「Prevention of relapse/recurrence in major depression by mindfulness-based cognitive therapy.」Teasdale J.D.et al., Journal of Consulting and Clinical Psychology vol.68（4）：615-623, 2000より作成）

標準プログラムでは、計8回のセッションで進める

各セッションのあいだには、瞑想やヨガなどのホームワークを課す。

第1·2 セッション

ボディスキャンと呼吸法で 瞑想の感覚をつかむ

身体の1か所ずつに注意を向けていく「ボディスキャン」や、呼吸に集中する「坐瞑想」から開始。"いま、ここ"の体験を味わう感覚をつかむ。

Point
- 感情や思考が浮かんでもただ気づき、眺める
- 呼吸に再び注意を向ける

第3·4 セッション

太ももにこわばった感じがある……

息を吸い込むとゆるんでいく……
⇩
体の各部で起きている変化を感じる

体を使ったマインドフルネスで 体への気づきを高める

「マインドフルネスヨガ」や「歩行瞑想」などで、身体感覚への気づきを高める。周囲の「音」や「思考」にも意識を向け、ありのままに感じる練習をする。

第5·6 セッション

つらい記憶やネガティブ感情も ていねいに観察する

あらゆる感覚に心を集中させる。過去のつらい体験を想起したときの、身体の感覚、感情、思考などもていねいに観察。排除しようとせずにただ受け入れる。

絶望 傷つき

第7·8 セッション

効果的な再発予防策を グループで話し合う

気分が落ち込んだり、不安が生じたりしたときの対処法を、グループで話し合い、生活のなかでのMBCTの活用法を学ぶ。

企業でのストレスマネジメント としても、広くおこなわれている

　マインドフルネスは、日常生活でのストレス対策としても適しています。たとえば食事をするときにも、料理の見た目、香り、味わいなどの1つ1つを深く感じるようにします。**つねに"いま、ここ"に感覚を集中させることで、心がつらくなるのを防げます。**

　アメリカのIT企業が積極的にとり入れたこともあり、現在は企業のストレス対策としても広く普及しています。

ACT〈アクセプタンス&コミットメントセラピー〉

心理的柔軟性を高め、価値に向かって歩んでいく

ACTは、マインドフルネスの技法もとり入れた、第三世代の認知行動療法のひとつ。
つらさにとらわれず、人生の価値に沿って歩んでいくよう促します。

機能的文脈主義から生まれた
価値志向の認知行動療法

　学習理論では、人は何らかの刺激を受け、それを文脈的に理解したうえで行動すると考えます。このような見かたを「機能的文脈主義」といいます。

　その文脈的理解を真実とせず、〝ただの思考〟と捉えるのがACTにおける「アクセプタンス（受容）」。思考をありのままに受け入れたうえで、人生の目標に向かって進んでいく「コミットメント」を促すのが、ACTの原理です。

6つのプロセスで、心理的柔軟性を高める

たがいに関連する6つのプロセスで、心理的柔軟性を高める。

1つ1つの要素が結びついています

いま、この瞬間
マインドフルネスと同様、いま生じている感覚に心を集中させる。

アクセプタンス
ネガティブな思考や感情などを、そのまま受け入れる。

価値
自分にとっての人生の価値、向かうべき方向性を明確にする。

心理的柔軟性

脱フュージョン
思考に支配されず、頭のなかに浮かんだものとして観察する。

コミットされた行為
価値にもとづいた行動を主体的に選択し、実行していく。

文脈としての自己
つらさを感じる自分を眺める、観察者の視座を手に入れる。

回避行動を減らし、適応的行動を増やしていく

　ネガティブな思考や感情、不快な感覚などがあると、人はそれらをとり除こうとしたり、回避しようとしたりします。

　しかし、そうすればするほど、思考や感情の泥沼にはまり、抜け出せなくなるもの。そのためACTでは、ネガティブな思考や感情、不快な感覚などをそのまま受け入れる「アクセプタンス」の姿勢をエクササイズで身につけます。

　心理的な苦痛は、誰にでも起こる正常なもの。それを理解して受け入れることで、つらい感情を避けるための回避行動を減らし、自分にとって役立つ適応的行動を身につけることができます。

人生の価値の明確化がクライエントの動機を高める

　ネガティブな思考や感情の泥沼にはまっているかぎり、人生は停滞したまま。「望む人生は、問題が解決したら得られるもの」と考え、人生への主体的姿勢を失っています。そこでACTでは、〝いまから自分の人生を始める〟というコミットメントを引き出します。**人生の価値を明確にすると、変えるべき行動がわかり、治療への意欲も高まります。**

　ACTは特定の心理的障害ではなく、心理的柔軟性が脆弱な人すべてに有効です。多くの効果研究があり、慢性疼痛をはじめ、うつ病や不安障害、強迫症などへの効果が認められています。

簡単なアプローチから入ると、ACTの理解が進む

ACTの概念をむずかしく感じるようなら、簡単なエクササイズから始める。

葉っぱの
エクササイズ

感情

思考

感情

思考

川を流れる葉っぱに、頭に浮かんだ思考や感情を乗せ、ただ流れるさまを思い浮かべる。

恐れで立ちすくむ「FEAR」から、ただ感じる「FEEL」への変化をまずはめざす。

FEEL
アプローチ

Fusion：フュージョン*
Evaluation：評価
Avoidance：回避
Reason Giving：理由づけ

Feeling：感じること
Experiences：体験すること
Enriches：豊かにすること
Living：生きること

Acceptance：アクセプタンス
Choose：価値に沿った選択
Take action：行動を起こす

＊フュージョン…融合の意。頭に浮かぶ思考やイメージと現実とを分けて考えられない状態。

パーソン・センタード・アプローチ（PCA）

非指示的なかかわりで、成長する力を引き出す

パーソン・センタード・アプローチは、ロジャースのクライエント中心療法の別名。
心理的障害の改善、人間的成長を目的に広くおこなわれています。

進むべき道を知っているのはクライエント自身

C.R.ロジャースが創始したクライエント中心療法（→P46）の特徴は、その人間観。人間には進むべき道を見出す力と選択する意志があり、それらを引き出すために、「受容」「共感」「自己一致」という中核条件が必要と考えました。

その方法は個人療法の枠を越えて広がり、現在は「パーソン・センタード・アプローチ（PCA）」とよばれています。

技法としての共感ではなく「体験」としての共感を

PCAでは、〝自分はこんな人間だ〟と考える「自己概念」と、実際に感じている「体験」との一致をめざします。それまで無視していた感覚を体験し、自己概念と統合するプロセスです。

そのためには、うわべの共感ではなく、心からの受容と共感が必要。クライエントの語りを自分の内側に響かせ、その思いを体験することが重要です。

3つの中核条件、治療的プレゼンスが、クライエントを変える

前段階 プリセラピー
マイクロカウンセリング技法（→P71）で、心理的接触の土台を構築。

心理的接触を促進していく

3つの中核条件のほか、治療的プレゼンスなども重要とされる。

受容
1人の人間として尊重。ありのままのその人を温かく受け入れる。

共感
クライエントの体験に直接ふれ、言葉にして相手に伝える。

自己一致
偽りのない自己として心理的に接触し、自分の気持ちを表す。

治療的プレゼンス
体も心も100%クライエントのために存在することによって、真の接触がつくり出される。

7つの次元で変化し、「十分に機能する人間」へ

ストランド（7つの次元）	過程の段階		
	低（Ⅰ〜Ⅱ）	中（Ⅲ〜Ⅴ）	高（Ⅵ〜Ⅶ）
感情と個人的意味づけ *feelings and personal meanings*	感情が自分のものであるという感じがしない	感情が自分のものであるという感じが増す	流れのなかに生きる
	感情が表出されない	感情の表出が増す	感情が十分に体験される
体験過程 *experiencing*	体験過程から遠く離れている	遠隔感が減る	体験する過程のなかに生きる
	体験が意識されない	体験が意識される	体験が重要な照合体として用いられる
不一致 *incongruence*	不一致が認識されない	不一致への認識が増す 直接的体験過程が増す	不一致は一時的にだけある
自己の伝達 *communication of self*	自己の伝達が欠けている	自己の伝達が増す	豊かな自己意識が望むままに伝達される
体験の解釈 *construing of experience*	構成概念が頑なである	構成概念の頑なさがやわらぐ	構成概念は一時的
	構成概念が事実として見られる	自分自身がつくるものという意識が増す	意味づけが柔軟で、体験過程に照合して検討される
問題に対する関係 *relationship to problems*	問題が認識されない	責任をとることが増える	問題を外的な対象物として見なくなる
	変えようとする要求がない	変化することをこわがる	問題のある側面のなかに生きている
関係のしかた *manner of relating*	親密な関係は危険なものとして避けられる	危険だという感じが減る	直接的体験過程にもとづいて、開放的に、自由に関係をもつ

7つの次元の変化で、自己概念と体験が一致するようになり、自己実現へと至る。その最終的な状態を「十分に機能する人間」という。

(「Development of a scale to measure process changes in psychotherapy.」Walker A.M.et al., Clinical Psychology vol.16(1): 79-85, 1960／「Client-centered therapy ; its current practice, implications, and theory.」Rogers C.R., Houghton Mifflin, 1951より引用)

全アプローチの基礎としていまも生き続けている

　3つの中核条件は、効果研究の発展にも寄与し、心理療法の成否を左右する要因として実証されています。**PCA以外のアプローチを主とする臨床家も、多くはロジャースの影響を受け、この中核条件を礎としています。**

　近年は、統合失調症や境界性パーソナリティ障害などの重い心理的障害をもつクライアントに対しても、PCAがおこなわれています。障害の重さゆえ、治療関係をスムーズに築くのが困難なときは、心理的な接触機能を高めるためのコミュニケーション法「プリセラピー」を前段階としておこないます。

感覚に深く注意を向け、自己調整機能を高める

フォーカシングとは、概念として言葉で表される以前の感覚をつかむ体験。
この体験に重きをおくアプローチを、フォーカシング指向心理療法といいます。

ロジャースの変容過程の「体験」部分を発展させた

C.R.ロジャースは統合失調症のクライエントを対象に、心理療法の成否要因について研究をしています。その研究でわかった成否要因は、クライエント側の「体験過程にふれる力」でした。

共同研究者だった哲学者E.T.ジェンドリンは、この体験過程をくわしく分析し、「フォーカシング」と名づけます。**「フォーカシング指向心理療法（FOT）」とは、特定の心理療法ではなく、個々の心理療法においてフォーカシングを重視するやりかたをさします。**

体験的傾聴で、フェルトシフトを起こしていく

うーん…
ちょっと違うかも…

フォーカシングは、右下の4つの位相で体験されることが多い。

○○という理解であっていますか？

違っていたら教えてください

理解を言葉にして伝え返す過程で、言葉にしがたい意味感覚「フェルトセンス」がつかめる。

位相Ⅰ
直接照合 direct reference

カウンセラーの言葉の意味が、自分の感覚とあっているかを照合。

位相Ⅱ
開け unfolding

「これだ」とぴったりくる表現に出会い、意味感覚を全身で体験。

位相Ⅲ
全面的な適用 global application

開けによって、これまで感じていたことをより豊かに体験できる。

位相Ⅳ
照合移動 reference movement

別の事柄、感覚に焦点をあわせ、1からのプロセスにとり組む。

（『Personality change』Worchel P.& Byrne D.
(eds.), John Wiley & Sons, 1964より作成）

セルフヘルプのための「フォーカシング・マニュアル」もある

自分でおこなうためのマニュアルだが、臨床でも活用できる。

	クリアリング・スペースを確保	問題が多すぎると混乱し、圧倒されてしまう。そこで問題といったん距離を置き、頭のなかでラベルをつけて整理。図として書き出してもいい。
2	フェルトセンスを見つける	とり組みたい問題をひとつ選ぶ。それについて感じるときの自身の身体感覚、イメージ、感情などが、フェルトセンスの入り口となる。
	ハンドルをつかむ	ざっくりでかまわないので、フェルトセンスを表すような表現を探る。フェルトセンスのおおよそを表す表現をハンドルという。
4	フェルトセンスに共鳴させる	ハンドルのイメージをフェルトセンスに響かせて、表現がぴったりとあうか確かめる。ぴったりくると、身体的な解放感が感じられ、涙やため息などをともなうことも。しっくりこないときは何度もくり返す。
	フェルトセンスに問いかける	フェルトセンスにやさしく注意を向け、正体は何なのか、現実の問題とどうつながっているのか、これから進むべき道はどちらかなどを問いかける。
6	気づき、変化を受け取る	「5」までのプロセスで生じた、新たな気づきに深く注意を向ける。このあと、現実の行動を変える"アクション・ステップ"に進むことも。

(『Focusing(2nd ed.)』Gendlin E.T., Bantam Books, 1981より作成)

言葉で明確にしがたい「フェルトセンス」に焦点をあてる

人の体験は、言葉にするよりも先に体で感じるものです。たとえば音楽を聞いたとき、"どんな曲か"を言葉にできなくても、たしかに体で"感じた"ものがあるはず。ジェンドリンはこれを「フェルトセンス」と表現しました。

このフェルトセンスに注意を向けて言語化するのが、フォーカシングです。体で感じたものと言葉とがぴったりあうと、"そうだったんだ"という納得感や身体的な解放感が得られます。これが「フェルトシフト」です。体験の意味が明確になることで自己理解が進み、成長へとつながります。

クライエントの体験をカウンセラーも追体験する

クライエントは体験を語るとき、自分の言葉でそれを追体験し、"ちょっと違うかな"などと感じ、洞察を深めます。カウンセラーはその語りを追体験し、伝え返します。それを聞いたクライエントが、自分では気づいていなかった感覚に気づくことも。これを「交差」といい、体験をさらに豊かにし、共感的絆を深める効果があります。

フォーカシングは、感情を抑圧しがちな人、つらさをうまく表せない人、何が問題かわからない人など、幅広いクライエントに活用可能です。メンタルヘルスの増進にも役立てられています。

141

Ⅲ ヒューマニスティックアプローチ

ゲシュタルト療法／実存療法

人が本来的にもつ「人生への問い」に向き合う

ゲシュタルト療法も実存療法も、精神分析へのアンチテーゼとして生まれたもの。
1人1人が価値ある存在として、いまを生きられるよう導きます。

"いま、ここ"の問題に焦点をあてる

　人は対象の寄せ集めを、意味ある全体像として捉えることができます。これを基礎心理学で「ゲシュタルト」といいます。これに着想を得た「ゲシュタルト療法」では、人の心身は統合的な有機体であり、その人をとりまく環境とともに変化し続ける存在とします。そして、自己と外界（社会）の均衡が崩れると心理的障害が起こると考えます。

　この不均衡を正すには、**"いま、ここ"に集中し、本来の欲求や感情に気づき、全身で感じることです。**カウンセラーとクライアントの深い心理的接触が、それを促す土台となります。

[ゲシュタルト療法では、「気づき」「接触」を重視]

"いま、ここ"での気づき

私はいまとても緊張して、肩に力が入っていることに気づいています

⬇

心身の状態に注目し、表現してもらう

まずは自分の心身に深く接触。「私はいま、○○に気づいています」と表現してもらう。

心身の状態と本当の欲求に気づき、深く体験することが治療となる。

椅子のワーク

おまえは いつも 自分のこと ばっかり…‼

問題にかかわる相手が目の前の椅子に座っていると想像し、対話する。未解決の感情を体験し直すプロセス。

ヨーロッパの実存主義から
人間の葛藤の本質に迫る

　同時代にヨーロッパで生まれ、北米でも発展したのが「実存療法」です。"自由意志をもつ主体として、いかに生きるか"を問う実存主義哲学がルーツ。心と体を分けて考える「心身二元論」、心だけを分析する精神分析に異を唱え、人は統合的な存在としました。

　支援ではとくに、**根源的な不安や死、孤独などに焦点をあてます。**「何のために生きているのか」「なぜ心が満たされないのか」といった根源的な問いについて語り合い、生きる意味を再び見出します。**カウンセラーは1人の人間としてクライエントの前に存在し（プレゼンス）、心からの言葉で対話します。**

苦しみがあっても生きる。
その姿勢を支えていく

　実存療法は、臨床家それぞれが、実存的な考えかたを面接にとり入れることで発展したもの。治療構造の決まりは少なく、面接の回数なども自由です。

　有名なのが、ナチスの収容所体験をもつ精神科医V.E.フランクルの「ロゴセラピー」です。彼は、現代社会に生きる多くの人は「実存的空虚感」を抱えているが、いかなる状況にあっても人生の意味はあると考えました。

　面接では、生きる意味についての積極的な問いかけや、これまでの人生を称える言葉を投げかけます。治療者－患者という枠組みを越えて、魂がふれあうような対話を深めていきます。

実存療法では全存在として対話し、生きる意味を見出す

肯定的な言葉と姿勢で、生きる苦悩を引き受ける主体的姿勢を引き出す。

あなたが体験した幸福を、
人生で闘いとってきたものを、

誰かに消し去ることが
できるでしょうか？

感情焦点化療法（EFT）

感情への気づきと体験で、感情処理過程を促進

心理療法の効果で、とりわけ重要なのが"感情の変容"。感情焦点化療法（EFT）はそこに焦点をあて、感情調整力、対人関係の問題などを改善します。

よりよく生きるために、感情に気づき、活用できるようにする

感情は、生きる喜びの核となるものです。しかし強い感情的苦痛が生じると、それに圧倒され、本来の感情体験を抑え込んでしまうことも（→P31）。

感情焦点化療法（EFT）では、本来の感情（一次適応感情）に気づき、十分に体験する過程を経て、自己の感情とうまくつきあえる状態をめざします。

共感的波長あわせを通じて新たな感情体験を促進

本来の感情に気づくには、椅子のワークなどの技法が有効です。自己への思いやりなどの適応感情を喚起することで、強い不安、恥などの不適応感情の修正を図ります。これを、"感情を感情で変える"方法といいます。

相手の感情に波長をあわせ、適切な感情体験と調整を促すことが重要です。

3つの指針をもとに、感情作業にとり組む

面接初期から、クライエントの感情パターンをよく見て、適切な技法を選ぶ。

Ⅰ 感情のアセスメント

一次適応感情　一次不適応感情
二次感情　道具感情

感情の機能的分類は4つ。本来の感情である一次適応感情が表出されず、別の二次感情が強まっていないかなどを見る。

Ⅱ 感情変容の治療原則

感情調整　感情表出
感情への気づき　修正感情体験
感情の内省　感情で感情を変える

感情に気づき、適切に表せるよう導く。思いやりなどの感情で、負の感情を変えることも重要。

Ⅲ 感情の問題と治療課題

自己批判への2つの椅子の対話
フォーカシング
未完了の体験への空の椅子の対話
はっきりしない気持ちへの共感的探索
傷つきやすい状態への共感的肯定

感情の問題に応じた介入法を選択。椅子のワーク、フォーカシング（→P140）なども有効。

（「EFT（Emotion-Focused Therapy）」岩壁 茂, 臨床心理学 vol.17（4）：468-469, 2017より作成）

初期から感情的絆を深め、感情体験を喚起していく

面接のプロセスとしては、以下の3段階に分けられる。

I 感情的絆と気づき

共感から始め、
内的体験に焦点をあてる

感情と心身の感覚に深く注意を向けてもらう。それを肯定し、安心して感情と向き合えるように感情的絆を深める。

真の"接触"をめざす

わかってもらえないと、いつも感じていた……

II 喚起と探索

そのいいかたに腹が立って、

そして、涙が出てきてしまうんですね

椅子のワークなどで
問題となる感情を喚起

問題となる感情の探索を、共感的態度で促す。おおもとにある本来の感情(愛情欲求など)に気づき、認める過程。

III 変容

一次感情に接触し、
新たな感情体験を促す

本来の一次感情を深く体験し、表出。感情を抑え込まず、暴発させず、適切に表出できるよう導く。

愛されないって感じて、私はすごく傷ついて……

感情調整が問題となる多くの疾患に適している

　EFTでは、パーソン・センタード・アプローチ（→P138）と同じ人間観で、1対1の人間として、クライエントと深くかかわります。そのうえで、感情心理学、認知科学、情動神経科学などの新しい知見をとり入れ、統合アプローチとして体系化したものです。

　そのためうつ病やPTSD、摂食障害などの幅広い心理的障害に対し、高い効果が認められています。感情表出や感情調整の問題を抱えた人にとくに適し、カップル間の問題を扱うカップルセラピーとしても発展しています。

症状の改善だけでなく、再発予防効果も高い

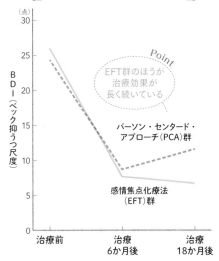

Point
EFT群のほうが治療効果が長く続いている

パーソン・センタード・アプローチ(PCA)群

感情焦点化療法(EFT)群

（点）
BDI（ベック抑うつ尺度）

治療前　治療6か月後　治療18か月後

うつ病に対する効果研究。EFT群では、対人関係上の問題も改善されるため、再発予防効果が高い。

（「Maintenance of gains following experiential therapies for depression.」Ellison J.A.et al., Journal of Consulting and Clinical Psychology vol.77(1): 103-112, 2009より引用）

フェミニスト・セラピー

女性やそのほかの マイノリティを支え、力づける

女性が抑圧され続けてきた社会のなかで、社会的要請を受けて誕生したのが、フェミニスト・セラピー。問題を個人のせいにせず、社会的文脈で捉えます。

60年代のウィメンズリブが 契機となって誕生

1960年代、アメリカで興ったウィメンズリブ（女性解放運動）は、心理学の世界にも大きな影響を与えました。女性たちが集まって悩みを語り合ううちに「これは個人の問題ではなく、社会の問題だ」と気づいたのです。このCR（意識向上）活動を母体に生まれたのが「フェミニスト・セラピー」です。

カウンセラーの優位性や 偏見が、非難の対象に

社会での女性の立場だけでなく、カウンセラーとクライエントのジェンダー的非対称性も問題視されました。そこでアメリカ心理学会は、1975年に、女性への心理療法時のガイドラインを作成。カウンセラーの優位性や性偏見の解消を求めました。これは現代のカウンセラーがもつべき基本姿勢といえます。

従来の治療構造には、ジェンダーの"非対称性"があった

中年男性
精神科医
社会的権威あり
自立した生活者

治療者像

抑圧された性的エネルギーが……
ヒステリー症状、性倒錯を引き起こしている

一方的な病理的解釈

若年女性
患者
社会的権威なし
扶養される生活者

フロイトの精神分析をはじめ、かつての心理療法には、ジェンダーの非対称性が構造的に存在していると批判されるようになった。

クライエント像

3つの視点で、治療構造の転換をめざす

これまでの治療構造の非対称性を、下記のような視点で変えていく。

I 脱・病理化

異常性の診断、解釈の基準にあてはめようとしない

問題のすべてを心理病理と捉えると、問題の社会文化的文脈を見過ごしやすい。クライエントの不安感や自責感の増大にもつながる。

「私」を主語にし、自己表現を促します

II ジェンダー分析

社会的文脈で問題を再定義する

「私の心が弱い」という視点から、「社会の問題である」という視点へ。ジェンダー規範による言動や感情の支配について検討し、共有。

III エンパワーメント

本来の力に気づかせ、引き出していく

クライエント自身が本来もっている能力、可能性に気づかせることが重要。力を発揮できるよう励まし、現実場面での行動変容も支援。

問題を個人に帰属させずエンパワーメントしていく

女性はジェンダー規範が強く課せられる傾向にあり、実際に来談するクライエントでも、女性が多くを占めます。

フェミニスト・セラピーではクライエントの自己犠牲的・自己破壊的ふるまいや、自責感・劣等感にジェンダーがどうかかわっているかを分析。〝問題は自分ではなく社会である〟との理解を促し、相手を力づける「エンパワーメント」をおこないます。社会とのかかわりかたを変えるため、認知の変容や、適切な自己主張を学ぶアサーション・トレーニングをすることもあります。

あらゆるマイノリティと、力を奪われた人のために

Me Too運動などの当事者の語りは、ジェンダー問題を顕在化させ、社会の意識や制度をも変革しうるものです。

その一方で、女性間の格差が広がるという現状もあり、女性の貧困の増加、教育格差などの問題も残されています。

さらに、抑圧されているのは女性だけではありません。LGBTQをはじめとするマイノリティ、社会的に抑圧された労働者、高齢者、障がい者、在日外国人などに対してもエンパワーメントが求められます。臨床家として、問題を社会に訴える姿勢も必要です。

多文化間カウンセリング

人種・文化的多様性をふまえて クライエントを理解する

21世紀の現在、世界各国の人種構成は大きく変動しています。1人1人の人種、
育った社会での価値観を尊重したカウンセリングが求められます。

単一民族による、単一民族のための カウンセリングは通用しない

従来の心理療法は、マジョリティである中流階級の白人クライエントを想定して発展したもの。しかし現在はアメリカでもヨーロッパでも、クライエントの人種・民族、文化的背景は一律ではありません。**この流れを受けて1980年代以降に発展したのが、多様性を尊重する「多文化間カウンセリング」です。**

日本の臨床でも、多文化間 カウンセリングの知識は必須

日本社会も大きく変わっています。

日本で生まれ育った在日韓国・朝鮮人に加え、外国人労働者も急増し、在日外国人人口は過去最高を記録しています。**外国にルーツをもつ人々への無理解、子どもでは不登校やいじめなど**が問題になっています。多文化の尊重は、日本の臨床でも必須の視点です。

[「マルチカルチュラル化」は、今後ますます進む]

アメリカの人種構成比予測

凡例：
- 白人
- ヒスパニック
- 黒人
- アジア系
- 混血
- 先住民

年	白人	ヒスパニック	黒人	アジア系	混血	先住民
2020年	59.7	19.1	12.5	5.5	2.3	0.9
2030年	55.5	22.0	12.7	6.1	2.8	0.9
2040年	51.0	25.0	12.8	6.8	3.4	0.9
2050年	46.6	28.0	13.0	7.4	4.1	0.9

0 10 20 30 40 50 60 70 80 90 100(%)

アメリカは今後さらに、多文化共生社会に移行（マルチカルチュラル化）。臨床心理学教育では多文化間カウンセリングが必修とされる。

（「Percent Distribution of the Projected Population by Race and Hispanic Origin for the United States: 2015-2060」United States Census Bureau, 2012より作成）

相手の文化・社会を知ること、そして決めつけないことが大事

実際の面接でまず必要なのは、相手の文化的背景を知ることです。たとえば、子どもの発達過程。欧米社会では家族からの独立が重視されますが、ヒスパニック系やアジア系では家族のつながりを重視します。このような知識は、心理的問題を扱ううえで重要です。

日本でも、在日外国人やアイヌの人々などは独自の文化的背景をもちますし、地域や世代、所属集団によっても人の価値観は異なります。**自身の価値観に自覚的になること、そして相手の価値観を尊重することが大切です。**

言語的・非言語的な特性もカウンセリングに影響

多文化間カウンセリングは特定の心理療法ではなく、多文化の視点をもとに、相手にあった技法で支援します。

面接には、言語運用能力も影響。語彙が乏しいと子どもっぽい表現になったり、沈黙が多くなったりします。距離感や姿勢、表情、ジェスチャーなどの非言語的な特性にも注意が必要です。

しかし、もっとも大切なのは、相手を**全人的に理解し、受容すること。**苦悩をもちながら生き抜いてきた人間として敬意を払い、「あなたを知りたい、力になりたい」という姿勢を伝えます。

均質的な価値観を見直し、文化的他者を尊重する

今後は在日外国人や、複数のルーツをもつ人への支援も必要。多文化を意識した訓練を。

Point 1
自身の思い込み、価値観、先入観に気づく

カウンセラー自身も特定の文化的背景をもち、そこで培われた価値観をもつ。それが〝当たり前ではない〟と気づき、異なる価値観に敬意を払うことがスタート。

Point 2
個人、集団、社会・文化の3側面で理解

社会・文化的背景は重要だが、人のパーソナリティはそれだけで決まらない。個人、所属集団、社会・文化の3側面から、クライエントと問題を理解する。

Point 3
ライフストーリーを理解し、適切な介入法を選ぶ

民族的特性だけでなく、「あなたはどんな人生を送ってきたか」をていねいに聞き、適切な介入法を選ぶ。その人にとっての体験の意味を理解する。

ナラティブ・セラピー

自己の物語を語ることが治療的価値をもつ

専門的知識を駆使した介入は、本人の思いや体験を置き去りにしてしまうことも。
ナラティブ・セラピーでは、本人の語りを重視し、治療の主体とします。

心のなりたちやつらさに "絶対的真実"はない

従来の臨床心理学では、心の構造、病理的メカニズムとその治療法が探求されてきました。

しかしそのような姿勢では、学問的真実以外は否定され、一方的な解釈・診断・治療で、本人の思いが置き去りにされかねません。そこで登場したのが社会構成主義的アプローチです。

物語モデルで、その人にとっての "意味"を理解する

社会構成主義は、社会のシステムも心理的問題も含め、現実のすべては人々の言語行為を通じて構成されたものと考えます。既存の治療構造とは異なり、クライエントの主体的なかかわりを重視。それを「ナラティブ（物語）」から理解しようとするのが、「ナラティブ・セラピー」という心理療法です。

構造主義

社会は客観的存在として認識できるとし、社会システムから、研究対象のなりたちを説明。

あらゆる現象には「構造」があり、心も同様です

ポストモダンの流れから、ナラティブアプローチが生まれた

構造主義や社会構成主義の流れから、ナラティブのもつ治療的価値が見出された。

社会構成主義

ポストモダン的立場の1つ。社会は現実に存在せず、人々の交流と言葉でつくられるとする。

あらゆる現実は社会的に構成されたもの。人の意味づけが大事なんです

ナラティブ・アプローチ

社会構成主義をもとに、その人にとっての体験を意味する「ナラティブ（物語）」を重視。

あなたの物語、あなたにとっての意味を聞かせてください

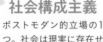

個人と家族のストーリーを、ともに書き換えていく

無知の姿勢

治療的対話

会話的質問

個人療法

従来の心理療法の「介入する側ーされる側」という枠組みをとり払う。

家族療法

2人の対話から、
新たな意味と物語を生成
専門的な知識や理論によらず、
「無知の姿勢」を重視。
純粋な好奇心、温かいまなざしから生まれる「会話的質問」で対話を進め、新しい意味と物語を生成。

「リフレクティング」によって
家族自身の変容を促す
問題となるシステムの一員である家族にも、治療チームの検討内容を聞いてもらう。それにより、新しい気づきが得られ、よりよい介入法を検討できる。

家族についての話を、家族自身が聞く

治療チーム

家族

ドミナント・ストーリーから新たなストーリーへ

人は、社会によって意味づけられたストーリー「ドミナント・ストーリー（支配的なストーリー）」を生きています。

個人の物語を語ることは、人生とその意味を再構築し、本来もっている強みを見出すことにつながります。カウンセラーは、"当事者であるその人だけが答えを知る"という「無知の姿勢」で対話し、語りと再構築を支援します。

診断名を使わず「個人語」で症状を語る

症状や問題については、その人の感覚にぴったりくる言葉「個人語」で語ってもらいます。「うつ病」などの診断名を使うと、「うつ病患者」という、ドミナント・ストーリーの枠に閉じ込めることになるためです。

家族療法では、治療者ー患者の枠を越えて交流し、介入法を考える「リフレクティング」の手法も用いられます。

家族療法／カップルセラピー

家族関係、パートナー関係の調整と修復をめざす

心理療法は、個人療法だけではありません。家族関係全体に介入する「家族療法」、
夫婦やパートナー関係改善のための「カップルセラピー」もあります。

子どもの心理的障害には家族システムが大きくかかわる

子どもが心理的障害を抱えているとき、それに対する家族の反応が、症状の維持・強化につながる場合があります。家族の問題が、子どもの症状として現れる例も少なくありません。

そこで家族療法では、本人をとりまくシステム全体に注目し、介入することで、心理的障害の改善をめざします。

子ども個人にも注目し精神力動的に介入していく

このようなシステムズアプローチは、家族療法を大きく発展させました。

その一方で、家族システムに偏りすぎ、子ども個人を見ていないという批判もあります。そこで近年は、システムズアプローチに、精神力動的あるいは認知行動的アプローチを組み合わせた統合的介入がおこなわれています。

家族システムと個人の療法を、バランスよく見る

「家族関係の問題が子どもの症状の誘因ではないか」といった、システムズアプローチの視点は重要。一方で、子ども個人の内面に焦点をあてる個人療法的な視点も欠かせない。

夫婦関係への介入は子どもにもいい影響を与える

夫婦関係がよくないと、子どもにも悪影響を及ぼします。不安やイライラから過度にきびしくなったり、十分な注意を向けられなくなったりします。その結果、子どもの心が不安定になり、心理的障害を発症することもあります。

夫婦関係の悪化は、子どもの問題をともに話し合い、乗り越えるための力も奪います。母子だけが密着した、いびつな家族関係に陥ることもあります。

子どもにとって両親の関係は、重要な他者との関係モデルにもなるもの。夫婦関係への心理学的介入は、子どもの健全な成長のためにも重要です。

カップルセラピーで愛着と情緒的絆をとり戻す

夫婦やカップルを対象とした心理療法が「カップルセラピー」です。日本では実施できる臨床家がかぎられますが、欧米では広く普及。とくに北米で主流となっている療法のひとつが、感情焦点化療法（→P144）を用いた「感情焦点化カップル療法（EFT-C）」です。

夫婦やカップルは、相手の愛情と同時に一個人としての自立・自由を求めるなかで、感情的な衝突をたびたび起こします。EFT-Cは、感情的衝突の奥にある本当の欲求を探り、情緒的絆の修復をめざします。効果研究でも、高い効果が報告されています。

夫婦やカップルの問題は、感情に焦点をあてた介入を

夫婦やカップルにおいては、情緒的絆に焦点をあてた介入法が有効。

感情的衝突
攻撃 ⇄ 攻撃
沈黙 ⇄ 抗議
無関心 ⇄ 無関心

否定的な感情をぶつけあうか、一方が黙り込む、ともに無関心になるなどの悪循環に。

情緒的絆の修復
許し　愛着欲求の表出
情緒的絆を深める身体接触
愛情関係の継続

情緒的な絆が修復される。思いを適切に伝える方法も学び、2人の力で関係を維持していける。

感情焦点化カップル療法（EFT-C）
感情表出　感情調整
安全な場でのコミュニケーション
感情的傷つきの修復

つながりに対する根本的な欲求など、一次感情への気づきと表出を促す。"安全にけんかできる場"ともいえる。

ソリューション・フォーカスト・セラピー（SFT）

クライエントのリソースを使って問題解決をめざす

ソリューション・フォーカストとは、「解決志向」の意。個人の内面を深く掘り下げず、問題とその対処法に焦点をあて、直接的な解決をめざします。

問題を深く掘り下げず、直接的な解決をめざす

「ソリューション・フォーカスト・セラピー（SFT）」は家族療法のシステム論（→P152）から発展したもの。個人と家族の両方を対象とするアプローチです。

最大の特徴は、クライエントの目標を達成する方法を、2人で協力して見つけていくこと。クライエントには、問題解決のためのリソース（資源）があり、自身の問題解決のための専門家であると考えます。そのリソースをもとに、どうすれば問題を解決できるか話し合い、直接的な問題解決をめざします。

4つの質問で、クライエント自身のリソースを引き出す

どの質問も押しつけず、「教えてもらう」姿勢で尋ねることが大切。

質問1

ミラクル・クエスチョン

仮定の質問で、システムを変える要因を見出す

問題が完全に解決した状況を想像してもらう。〝いまの状況とどこが違うか〟を具体的に聞き、解決法を見出す。たとえば〝夫に笑顔で接していた〟という答えの場合、夫に笑顔で接することを試す。

寝ているあいだに奇跡が起きて問題が解決していたら、翌朝、どんな違いに気づきますか？

質問2

例外探しの質問

うまくできたときの対処法を手がかりにする

過去の対処法から解決法を探る。問題が起こりそうな状況で起こらなかった場合、少しですんだ場合など、〝例外的にうまくいった場合〟の対処法、工夫を尋ねる。

いつもとは違う行動をとれたとき、どうやってそれができたんでしょうか？

ポイントは〝質問のしかた〟。
例外探しの質問などを活用

　SFTでは、クライエントのリソースを引き出すため、さまざまな質問技法を用います。問題が奇跡的に解決したと仮定する「ミラクル・クエスチョン」、これまでの問題対処で、例外的にうまくいったときの方法を聞く「例外探しの質問」などです。

　これらの土台となるのが、カウンセラーが肯定的なフィードバックを返す「コンプリメント」です。クライエントがもつリソースや、それを自身で活用していることに対し、明確に称賛を与え、努力をねぎらいます。クライエントの自己効力感を高め、自信につながるようにしていきます。

医療や教育の場、さらに
ビジネスシーンでも広がっている

　SFTは、依存症（→P190）のクライエントや、DV被害者などの治療に開発された方法。**問題を抱えている意識がない人や、解決への動機づけが低い人にも適しています。**

　現在では、うつ病、不安障害などの心理的障害、知的障害を含む発達障害、心身症などにも効果が報告されています。個人療法のほか、集団・組織へのアプローチとしても有効。**個人のリソースを引き出すことから、メンタルヘルスの増進にも役立ちます。**教育の領域ではよりよい学級運営のための介入法として、産業の領域では組織開発や人材育成などにも活用されています。

質問3
コーピング・クエスチョン

強みとなる
コーピングスキルを探る

これまでの危機的な状況で、クライエントがどう対処したかを尋ねる。
そして困難を乗り越えたことに敬意を表し、それだけのコーピングスキル（対処スキル）をもっていると理解してもらう。

それほど大変な状況に、どうやって対処することができたのでしょうか？

質問4
スケーリング・クエスチョン

プラスに変化したときの、
変化の促進要因に注目

問題解決後の状態を10点、これまででもっとも悪い状態を0点とし、現在の状況や自信などを数値化してもらう。数値が1点でも上がっていたら、なぜ上がったのかを検討し、改善のヒントにする。

10がいちばんいい状態、0が最低の状態だとして、いまの数値はいくつですか？

統合・折衷療法

2つ以上の理論や技法を組み合わせる

異なる理論や技法を組み合わせた統合的アプローチは、日本の臨床家の
6割以上が採用している立場。今後の心理療法でも、中心的役割を果たすでしょう。

理論統合、技法折衷など
4つのアプローチに分けられる

2つ以上の心理療法の理論や技法を組み合わせたアプローチの総称が、「統合・折衷療法」で、4つに大別できます。

理論そのものを統合するのが「理論統合アプローチ」で、逆に、理論にこだわらず有効な技法を組み合わせるのが「技法折衷アプローチ」です。また、複数の心理療法の共通項に着目した「共通因子アプローチ」もあります。

とくに普及しているのは「同化型統合アプローチ」で、専門とする方法に、ほかの理論や技法をとり入れます。

バリエーションは非常に多く
クライエントにあうものを選べる

統合的アプローチは、相手にあったアプローチを選べるのが最大の利点。"いまのアプローチに欠けているのは何か"などを理論立てて考え、組み合わせることが重要です。

現状で効果が実証されているものを見てみましょう。理論統合アプローチでは、対人関係論的精神分析と行動療法、システム論を組み合わせた「循環的精神力動療法」があげられます。「感情焦点化療法（EFT）」（→P144）なども、高い効果が報告されています。

技法折衷アプローチとしては、「マルチモードセラピー」が代表的です。

1つのアプローチに終わらず、
つねに学び続ける姿勢で

どのようなアプローチにも、弱点や限界があります。クライエントも心理的問題も多様化する現代において、1つのアプローチだけで、すべてのクライエントに対応することはできません。

世界の名だたる臨床家も、つねに新たな理論や技法に目を開き、積極的にとり入れています。「クライエントが必要としているものに応えられるかどうか」を念頭におき、オープンな姿勢で新たな理論を学び続けることは、臨床家として成長していくために不可欠です。

代表的な統合・折衷療法を身につける

代表的な統合アプローチについて、その介入法を見てみよう。

循環的心理力動療法

無意識、葛藤、転移など、精神分析の基本概念を扱うが、過去の探求より現実の対人関係での現れかたを重視。行動療法の技法を用いて積極的に変容を促す。

精神力動的介入
「私に感じたその気持ちを、もう少しくわしく聞かせていただけますか?」

システム論的介入
「会社のなかで、その上司との関係がどのようなものだったかを教えてください」

行動療法的介入
「自分の思いをうまく伝える方法を、いっしょに練習してみましょう」

マルチモードセラピー

モード	問題の例	技法のリスト
行動	食行動、自殺企図、強迫的行動	行動リハーサル、モデリング、エクスポージャー
感情	不安、抑うつ、罪悪感	怒り表出法、不安管理訓練、椅子のワーク(空の椅子技法)
感覚	緊張、痛み、赤面	リラクゼーション法、フォーカシング
イメージ	不快イメージ、絶望イメージ	肯定的イメージ法、嫌悪イメージ法
認知	私には価値がない・魅力がない	認知再構成法、問題解決技法
対人関係	家族との関係、職場での関係	SST(ソーシャルスキル・トレーニング)、アサーション・トレーニング、逆説志向法
薬物／生物	健康に関すること、運動	栄養・運動の奨励、医師への紹介

モードごとに適した技法がある

クライエントの問題を「行動」「感情」感覚」「イメージ」「認知」「対人関係」「薬物／生物」の7モード(BASIC-ID)でアセスメント。とくに問題となるモードに対応した技法を選ぶ。

(「折衷アプローチ」東 斉彰, 臨床心理学 vol.17(4): 474-475, 2017より引用、一部改変)

日本で生まれた心理療法、独自に発展した心理療法

不安や恐怖へのとらわれをなくす独自の方法が考案された

欧米由来ではなく、日本で生まれた独自の方法もあります。「森田療法」は、不安や恐怖へのとらわれをなくす方法。自己探求法である「内観法」とともに、国際的評価を得ています。「動作法」は、医師で臨床心理家の成瀬悟策が、心身一元論をもとに開発した方法です。

イメージを通して無意識を見るユング派の治療法も人気に

C.G.ユングが創始した分析心理学（→P43）は、日本で広く普及しました。
とくに人気なのが、心的イメージを表現する「箱庭療法」。心のつらさを言葉にしにくい子どもだけでなく、話すのが苦手な大人にも用いられています。同じユング派の「夢分析」もあります。

森田療法

入院治療だけでなく最近は外来治療も多い

精神神経科医の森田正馬が創始。まずは入院で心身を休めるのが基本だが、近年は日記などを使った外来療法も普及。不安障害や恐怖症、双極性障害、慢性疼痛などに適応。

内観法

徹底した自己観察で苦しみからの解放をめざす

吉本伊信が浄土真宗の修行法から開発。周囲に「世話になったこと」「世話をして返したこと」「迷惑をかけたこと」などを自己観察し、思いやりの感情、情緒の安定を促す。

動作法

発達障害児の愛着形成にも効果が期待できる

既定の課題動作を通じ、体の感覚とつながる心の状態に働きかける。子どもの情緒の安定、自己肯定感の向上などが期待でき、発達障害児の愛着形成にも用いられる。

箱庭療法

内面の理解が深まり自己治癒力も高まっていく

砂を入れた木箱に、人形や動物、建物、植物などのミニチュアを配置してもらう。言語にとらわれない表現で、カウンセラーと思いを共有することで、自己治癒力が働く。

Part 4

心の問題、
障害の改善をめざす

クライエントが抱えるつらさは多様です。うつ病や双極性障害、
統合失調症、PTSDなど、いわゆる精神疾患といわれるものもあれば、
ライフサイクルのなかで多く見られる心のつらさ、傷つきなどもあります。
代表的な問題の構造、症状と、改善のための介入法を覚えておきましょう。

生きるうえでの困難は、成長にも障害にもつながる

心理療法の対象となる問題は、じつに多様です。うつ病のように診断名がつくものだけでなく、挫折による心理的危機や、生きづらさも含まれます。

挫折、失敗、困難は人生の避けられない一局面

人が生きる過程では、多くの喜びとともに、苦しみを体験します。

学童期や青年期には、友人や異性関係での傷つき、受験の失敗などで、自分の価値を見失うこともあります。成人してからも、リストラ、離婚など、つらいできごとはかぎりなくあります。

しかし、苦しみを乗り越えることで、人は成長します。喜びはよりいきいきと感じられるようになり、人との絆も深まります。つらいできごとにも、人生を豊かにする意味があるのです。

うまく乗り越えられずに心理的障害が起こることも

ただ、困難な局面をいつもうまく乗り越えられるとはかぎりません。困難がいくつも重なり、手に負えなくなることもあるでしょう。誰の支えも得られず、1人で行き詰まる人もいます。その結果、うつ病などの心理的障害を発症する人は少なくありません。

つらさがいつまでも残り、ポジティブな感情を体験できなくなることもあります。心の傷は身体的痛みと同様に、脳に影響することもわかっています。

人生のさまざまな困難が、多様な症状や心理的影響をもたらすことを理解しておきましょう。

診断名のつかない生きづらさに悩む人も多い

ライフイベントによる苦しみのほか、理由のわからない苦しみを抱える人も少なくありません。社会的問題、格差、差別などに起因する「生きづらさ」も多くあります。

心理的障害としての診断名はつきませんが、〝病気ではない〟〝誰にでもあること〟などと軽く見てはいけません。心のつらさはたしかに、その人の体験として存在しています。つらさに思いを寄せ、どうすればよりよく生きられるか、ともに考える姿勢が必要です。

生きるうえでのつらさ、心理的障害の種類は幅広い

人生において、誰もが心理的困難や心理的障害を抱える可能性がある。

心理的困難

〈診断名のつかない心のつらさ〉

- ライフイベントによる心理的危機
- 理由の見えにくい生きづらさ

など

精神疾患や発達障害に分類されない、つらさや傷つき。ここから心理的障害を発症することも多い。そのうちの一部は15〜20回以内の通常の心理療法で改善する。

➡P162〜

部署の異動があってから

いろんなことがうまくいかなくて……

妻にイライラすることも増えて……

心理的障害

〈診断名のつく疾患、発達障害など〉

- 気分障害
- 統合失調症
- 不安障害
- 不眠障害
- 身体症状症
- PTSD（心的外傷後ストレス障害）
- 依存・嗜癖
- 知的能力障害
- パーソナリティ障害
- 発達障害

など

DSM-Ⅴなどで診断基準が設けられた障害。生物学的要因も関連。15〜20回程度の面接でよくなるものも、時間をかけてつきあっていくものもある。

➡P172〜

子どものころから人が苦手なところはあって……

薬も試してみたんですが……

心理的障害の改善とともに "生きる力" を支えていく

うつ病や不安障害、統合失調症など、診断名のつく心理的障害の場合は、エビデンスのある心理療法で介入します。心の傷、生きづらさとは逆に、薬物療法の併用が有効なことも。その場合は1人で対処せず、医師などの医療チームと連携し、改善をめざします。

心理的障害もじつに多様です。

一般的なうつ病のように、15〜20回以内の通常の心理療法でよくなるものもあれば、発達障害や知的能力障害のように、一生つきあっていくものもあります。症状の改善ばかりにとらわれず、その人がもつリソースに目を向けることも重要。"どうすればより生きやすくなるか"という大きな視点で支援を進めます。

幼少期〜思春期

養育の問題やいじめのほか、身体疾患による困難もある

ライフイベントによる心のつらさで、思春期までに多いものを見ていきましょう。
養育者との関係を含め、自力では乗り越えられないものが多くあります。

心理的、身体的虐待は深刻な障害をもたらす

　乳幼児期の心のつらさの多くは、養育環境から生じるもの。ネグレクト、身体的・心理的虐待、性的虐待、DVなどは、生涯にわたって深刻な影響をもたらします。**アタッチメント（愛着）が適切に形成されず、他者を信頼して生きていくことが困難に。**喜び、安堵感などの陽性感情も損なわれます。

　心理的障害としては、PTSD（→P182）や、現実感を喪失する「解離症」などをまねきます。

学童期になると、対人関係の悩みがつきまとう

　学童期（小学生以降）には、社会との接点ができ、対人関係も広がります。

　そのぶん集団心理が働き、子どもどうしの力関係が、深刻ないじめに発展することも。仲よしに見えるグループ内でも、いじめによる心の傷を受けているかもしれません。加害者と被害者が、突然入れ替わることもあります。

　抑うつ状態になったり、不登校に至ったりすることもあり、成人後もつらさを抱える人は少なくありません。

はじめての臨床心理学 Q&A

子どもへの支援でもっとも大切なことは何ですか？

子どもをとりまくシステム全体を見て介入していくことです

　子どもの内面だけでなく、問題の維持・強化に関係している、学校と家庭のシステム全体に介入することが重要。教師のほか、児童相談所などの公的機関を含め、関係者全員を動かす積極性も求められます。

自身では対処できない問題が、子どもにのしかかる

対処スキルも、現実を
変える力もないために、
つらい現実にただ苦し
められることが多い。

例 **1**

養育環境の問題

**ネグレクト、虐待はもちろん、
親の離婚なども危機となる**

虐待などは、貧困といった社会的格
差やその世代間連鎖とも関係する、
社会全体の問題。親の別居や離婚も、
〝安全基地の崩壊〟を意味し、心理学
的介入が必要なことがある。

例 **2**

学校でのいじめ

**誰にもつらさを訴えられず、
1人で苦しむことが多い**

いじめを受けても親や教師に助けを
求められず、1人で抱える子が多い。
とくにネットいじめは見えにくく、エ
スカレートしやすい。状況によって
は自殺のリスクも考えて介入。

例 **3**

治癒困難な疾患

**小児がん、AYA世代のがんなどが
子どもと親を苦しめる**

小児がんやAYA世代(15〜39歳)の
がんには、サイコオンコロジー(精神
腫瘍学)の専門知識をもって心理的支
援にのぞむ。神経筋疾患など、治癒
困難な進行性疾患でも同様。

第二次性徴にともなう
思春期特有の問題も多い

　思春期には対人関係がさらに広がり、
友人、異性との関係のなかで、傷を受
けることがたびたびあります。

　**第二次性徴による体の変化を受け入
れられなかったり、人にからかわれるな
どして、摂食障害などに発展していくこ
とも。**周囲とは違う性自認や性的指向
に気づいて悩む子どももいます。

がんなどの疾患に苦しむ
子どもへの支援も求められている

　身体疾患が、心のつらさをまねく場
合もあります。**がんをはじめとする、治
癒困難な疾患を抱える子どもにも、心
理学的介入が求められます。**

　薬の副作用がつらい。同世代の皆と
同じに過ごせず、将来も描けない。親
が苦しむ姿を見るのもつらい——そのよ
うな苦悩に寄り添う支援が必要です。

仕事上の困難、夫婦の問題など 多様なライフイベントが待ち受ける

青年期以降は、自分の人生をつくっていくとき。児童期や思春期以上に
ライフイベントも増え、それにともなう困難、心理的障害も多く見られます。

就職活動の挫折などで うつ病などに至ることも

昨今では新型のうつ病が、若年層を中心に増えています（→P172）。〝最近の若者は打たれ弱い〟などといわれますが、はたして本当にそうでしょうか。

団塊世代やそれに続く世代は、経済と社会の成長を、肌で感じられる時代を生きてきました。しかし現在の若年層は、未来への展望がもてない時代を生きています。このような社会的背景も大きく関係しています。**具体的には、受験や就職活動の挫折による傷つき、自己肯定感の低下などが起こります。**

成人期には職場ストレスや、 パートナー間の問題も起こる

就職後も、仕事の指導、業績考課などで自分が否定されたと感じたり、不安定な就労形態、過労などでうつ病を発症する人が少なくありません。

友人関係や愛情関係にかかわるつらさもあります。パートナーや夫婦間で

の裏切り、嘘は、強いネガティブ感情をまねきます。昨今では夫婦の3組に1組が離婚しており、望んだ人生を生きられなかった傷つきもあるでしょう。

中年期以降は、会社の倒産、リストラなどの危機に加え、親の介護なども重なってきます。自身の心身をいたわる余裕もなくしてしまいます。

苦しみの源泉は、 感情的傷つきであることが多い

このような心のつらさや傷つきは、いずれも感情にかかわるもの。代表的なのが、右の感情体験です。

感情的な傷つきが治りにくいのは、傷を受けたことに対する恥の感情をともなうためです。強い恥により、人に助けを求められず孤立し、傷はさらに深まっていきます。

カウンセラーは、傷にまつわる恥などの感情にアプローチし、ポジティブな感情をもう一度もち、自己肯定感をとり戻せるよう援助していきます。

感情的な傷つきが、症状や生きづらさにつながる

感情的傷つき

感情的傷つきは治りにくく、生きづらさ
や心理的障害にもつながる。

挫折・失敗・恥

**リストラ、離婚その他の
挫折や失敗が、恥の感情をまねく**

挫折や失敗により、〝自分は失敗者だ〟という思い、恥の感情が強まる。そして無力感や、失敗への恐怖にとらわれ、未来の可能性まで奪われてしまいかねない。

拒否・拒絶

**所属欲求、承認欲求が
満たされないと、人は傷つく**

好きな相手に振られる、パートナーに別れを切り出されるなど。また、人には強い所属欲求や承認欲求があり、SNSで友人の楽しそうな写真を見て、のけ者にされたように感じることも。

裏切り

**パートナーや友人の裏切りが
強い怒り、敵意、嫉妬などをまねく**

不倫や嘘、秘密の暴露、見捨てられるなど、パートナーや友人の裏切り行為には強いダメージを受ける。信頼していたからこそのはげしい怒り、敵意などが生じ、今後の対人関係にも影響する。

喪失

**重要な他者との離別は
アイデンティティをも脅かす**

愛する人との別れは、自己の一部をも失うような気持ち、アイデンティティの喪失につながる。病気やけがで体の機能を喪失したり、犯罪や災害によって、当たり前の日常を失うこともある。

孤独

**人の支えや理解を感じられないと
世界を悲観的に見てしまう**

静かに進行する傷つき。単身・別居生活では人の支えや温かさを感じにくく、強い孤独、それによる感情の麻痺をまねきやすい。それが続くと、人と感情を共有することも困難になってくる。

身動きのとれない感覚

**苦しさだけが続き、
状況から逃れる力が奪われる**

孤独と同様、静かに進行する。苦しさだけが続き、そこから抜け出す選択肢すら考えられない状態。やめたい仕事をやめられない、憎しみや無関心しかない結婚生活から抜け出せないなど。

二次的な傷つき体験

自分に非がなくとも、傷を受けた自分を恥じる。自分の価値が下がり、嫌われたり拒絶されたりするような人間と感じる。実際はどうであれ、内在化された差別や偏見で二次的に傷つく。

弱者 失敗者 無能

自分には何の価値もない…

老年期

体の不調、社会的役割の低下、喪失体験などが増える

高齢になり、仕事などの社会的役割が減ってくることで、うつ病などに至る例は少なくありません。心身の衰えや疾患も、大きな慢性的ストレスです。

ライフイベントを機に、うつ病を発症する例が多い

慢性的ストレスに重大なライフイベントが重なると、発症しやすい。

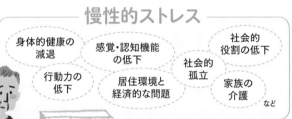

慢性的ストレス

- 身体的健康の減退
- 感覚・認知機能の低下
- 社会的役割の低下
- 行動力の低下
- 居住環境と経済的な問題
- 社会的孤立
- 家族の介護　など

独居ではとくに心理的健康度が低い

高齢者の生活は、"これまであったものを失う"という大小の喪失体験に囲まれている。

重大なライフイベント

- 重要な他者との死別
- 急性の身体疾患
- 自分や身近な人の生命の危機
- 家族や友人とのいさかい
- 深刻な経済的危機
- 居住環境の変化（施設入所や転居）　など

重要な他者との死別はとくに、うつ病の大きなリスクとなる。ペットの死も含まれる。

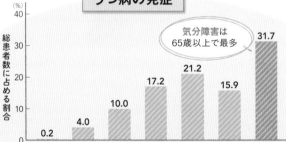

うつ病の発症

気分障害は65歳以上で最多

年代	総患者数に占める割合(%)
15歳未満	0.2
15〜24歳	4.0
25〜34歳	10.0
35〜44歳	17.2
45〜54歳	21.2
55〜64歳	15.9
65歳以上	31.7

（「平成29年（2017年）患者調査の概況」厚生労働省、2019より作成）

年代別に見ると、うつ病は高齢者でもっとも多い。3人に1人が希死念慮（死にたい気持ち）を抱くという報告もあり、実際の自殺率も高くなっている。

生きがいが感じられなくなり 悲観的になる高齢者が多い

男女ともに、平均寿命は80歳を超え、〝人生100歳時代〟とまでいわれる現在。多くの人が60〜65歳で定年退職を迎えるとすると、「老後」の人生も非常に長くなっています。

仕事や子育てから解放されてほっとする反面、社会的役割を失い、生きがいを見出せずに悲観的になりがちです。**心身の衰えや苦痛、経済的不安などに、配偶者との死別などのできごとが重なり、心理的障害に至る人も多くいます。**

高齢者のうつ病は気分の落ち込みが顕在化しにくく、見逃される傾向があります。危険因子としては、「女性」「配偶者との死別・離婚」「過去のうつ病の既往」などが報告されています。

器質性と機能性、両方の疾患に目を向ける

高齢者では、うつ病などの機能的障害だけでなく、認知症に代表される器質的障害も起こってきます。後者では脳の組織そのものに異常が認められるため、鑑別には心理検査だけでなく、医療機関での画像検査なども必要です。

障害の種類にかかわらず、生活環境や経済的状況、家族歴、病歴、対人関係、日常生活動作能力などを包括的に理解し、多職種連携による介入が求められます。また、**高齢者がこれまでの人生をふり返り、「意義ある人生だった」と思えるような時間をつくることも、心理職の大切な支援の1つ。**さらに、高齢者を支える家族や介護者の心理状態にも十分な配慮が必要です。

WHOでも、高齢者のための統合ケアを推奨〈ICOPEガイドライン〉

高齢者ヘルスケアの方向性

● 高齢者の健康状態に関する包括的な評価
● 高齢者が身体的・精神的な能力を維持し、その低下を遅らせたり改善したりできる統合ヘルスケアの提供
● 介護者を支援するための介入方法の提供

地域レベルでの統合ケア

● すべてのサービス提供者が包括的な評価およびケアプランを共有
● さまざまなサービス提供者が、ケアと治療の目標を共有
● 地域へのアウトリーチ（訪問支援）と家庭でできる介入の提供
● 高齢者の自己管理の支援
● 包括的な紹介システムとケアプランのモニタリング
● 地域の関与と介護者支援

WHOはコミュニティ心理学の視点から、高齢者の心身機能維持のための介入方法を推奨。心理学的介入も重要とされている。

QOL維持のための推奨事項

● 筋骨格系の機能、活動性、活力の向上
● 重度の認知機能障害の予防と心理的ウェルビーイングの向上
● 転倒予防　● 感覚機能の維持　● 介護者支援
● 尿失禁などの加齢にともなう健康状態の管理

QOLを重視した総合的なアセスメントを！

対人関係で傷つき、苦しむ人は少なくない

診断名のつかない生きづらさにも、いろいろな種類があります。
当事者の体験としてのつらさを理解し、思いを傾聴しながら支援することが大切です。

診断名がつかなくても、体験としての苦しみがある

生きづらさを語る言葉として、よく使われてきたのが「アダルト・チルドレン」。子ども時代に"子ども"でいることを許されず、親の世話をし、暴力や虐待に過剰に適応して生き延びてきた人です。親元を離れてから、自身の生きづらさや対人関係の問題に気づきます。

「愛着障害」も親との関係に起因し、人との絆を実感しにくくなります。

最近では、感覚の敏感さに苦しむ「HSP（ハイリー・センシティブ・パーソン）」が日本で注目され、これを主訴に訪れるクライエントもいます。

カウンセラーとの関係を通じて他者への信頼をとり戻す

一部の愛着障害を除けば、これらは正式な診断名ではありません。しかし、"これは私のことだ"と感じ、当事者が生きづらさを語り、乗り越えようとすることに意味があります。

これらを主訴とするクライエントには、心理的障害が隠されていないか確認することも大切。そのうえで、過去の感情的傷つきなどを傾聴し、これまでの人生への称賛を送ります。"心の安全基地"としてかかわり、他者への信頼と自己肯定感の回復、生きやすい環境やスキルの構築などをめざします。

リストカットが見られるときは、医療的介入も検討

リストカットなどの自傷行為も、生きづらさの極端な対処法として、よくとり上げられます。しかし本当に自殺念慮がある自傷も多く、その判断は容易ではありません。悠長に面接を続けていると、死なせてしまうおそれもあります。自殺のリスクがあるときは、危機介入を要する案件として、医療機関へつなげます。

いろいろな言葉で、「生きづらさ」が語られてきた

生きづらさの語りは、閉塞感の強い
現代社会ならではの現象ともいえる。

アルコール依存症の
治療現場で提唱された

1970年代

アダルト・チルドレン（AC）
＆共依存

定義 自分の生きづらさが親との関係に起因すると思う人。共依存は、依存される関係への依存。

ルーツ もとはアルコール依存症の親のもとで成長した人をさすが、「親が何らかの嗜癖をもつ機能不全家族で育った人」へと意味が広がった。

1980年代

特徴 ● 過剰適応によって苦しむ
● 他者を心から信頼できない
● 自分の欲求、思いがいえない
● 自身の家庭生活にも問題を抱えやすい など

HSP
（ハイリー・センシティブ・パーソン）

1990年代

定義 生まれつき、脳の感覚処理感受性が高く、外からの刺激に敏感な人。

ルーツ アメリカの心理学者E.N.アーロンが著書『Highly Sensitive Person』で提唱し、一般に広がる。人口の15〜20％に及ぶと指摘した。

特徴 ● 他者の気分に影響され、ふり回される
● 光、におい、音、物体の質感など、感覚刺激に敏感
● 生活上の変化、ストレス、突然のできごとで混乱しやすい など

2000年代

愛着障害

「毒親」の言葉も、
広く使われた

定義 幼少期のアタッチメント（愛着）が不安定で、心理的問題や対人関係の問題を抱える。

ルーツ もとは被虐待児などの「反応性愛着障害」が重視されていた。現在はより一般的な「不安定な愛着」として広がり、大人も含む問題とされる。

2010年代

特徴 ● 親の意向、顔色が気になってしかたない
● 親または自分に対して強い怒り、罪悪感などを抱えている
● パートナーや友人と、長期的な関係を築きにくい
● 過去の傷つき体験がいまも強く残っている など

169

社会的格差や貧困が心理的困難をもたらす

社会構造が原因で、生きづらさを感じる人も多くいます。とくに問題となるのが、社会的格差や貧困。格差が次世代に継承されるという問題もあります。

日本でも格差が広がり、貧困世帯が増え続けている

かつては〝一億総中流〟といわれた日本。しかし1980年代以降、相対的貧困率は増加しており、現在は13.9%にも上ります（厚生労働省、2015）。

女性の貧困もめだちます。単身女性の3人に1人が貧困といわれ、その多くは非正規雇用。いったん正規雇用になっても、うつ病などの心理的障害で退職し、貧困に陥る女性も多くいます。

また、子どもの貧困率も約14%と高く、子ども7人中1人が貧困ライン以下です。なかでも、シングルマザー世帯の貧困率が高く、さらに母親の抑うつの割合も高いとの報告があります。

所得や教育の格差が、主観的精神健康を悪化させる

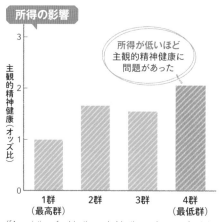

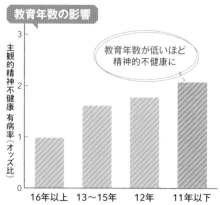

所得と教育歴から4群に分けて主観的精神健康を調べた研究では、所得・教育歴が低い群ほど、主観的精神健康感が低かった。

（「Association of subjective and objective socioeconomic status with subjective mental health and mental disorders among Japanese men and women.」Honjo K., et al., International Journal of Behavioral Medicine vol.21（3）: 421-429, 2014より作成）

格差は再生産され、子どもの心理的健康に影響する

格差の再生産と固定化

	親 世 代	子 世 代
社会的経済格差	非正規雇用は、裁量権が低く、低所得、雇用不安などで、心理的ストレスが高い。地域環境や住環境が悪い	家庭環境が悪く（家庭内不和、家庭崩壊、ネグレクト）、心理社会的ストレスが高い。地域環境や住環境が悪い
教育機会格差	単調反復作業が多く、職業能力向上の機会が与えられない。仕事を通じた教育機会が少ない	子育て時間の不足、親の理解や指導不足、ロールモデル欠如により家庭内教育力が低い。教育費不足による教育機会格差や学力格差
生活習慣格差	健康リスク行動（喫煙、大量飲酒、運動不足）が多く、栄養バランスが悪いなど望ましくない生活習慣が集積	不規則な生活習慣（朝食の欠食や夜更かし）。栄養バランスが悪い。未成年の喫煙や飲酒
精神的身体的健康格差	人生の満足度低下。意欲や活力の低下。うつ状態。生活習慣病。早世。無保険・貧困による医療アクセス格差	夢や希望がもてない。意欲や活力の低下。うつ状態。心身の不調（頭痛・腹痛など）。問題行動。不登校。医療アクセス格差

社会的経済格差は教育機会格差、生活習慣格差、健康格差へとつながり、さらに次世代にも継承されてしまう。

（「格差社会と子どもの生活習慣・教育機会・健康―社会の絆で格差の連鎖から子どもを守る―」関根道和，学術の動向 vol.15（4）：82-87，2010より引用）

親のメンタルヘルスが子どもにも強く影響する

　低所得や雇用不安などの心理社会的ストレスは、家庭内不和やDV、虐待などにつながることが少なくありません。**子どもの心理社会的ストレスも高まり、心身の不調や意欲・活力の低下、不登校などの問題をまねきやすくなります。**飲酒・喫煙などの問題行動につながることも。経済的理由から教育機会もかぎられ、職業選択の幅が非常に狭くなります。**結果として、格差が世代間連鎖することが最大の問題です。**

アウトリーチを含めた心理学的介入が求められている

　貧困にかかわる問題は、本人の来談がむずかしいケースが多く、アウトリーチを含めた心理学的介入が求められます。貧困やそれによる心理的困難は社会構造から生じるもので、本人に原因があるわけではありません。**社会から押しつけられた枠組みを外し、エンパワーメントしていく姿勢が大切です。**

　臨床心理学の専門家として、貧困による心理的困難、心理的障害の問題を社会に訴えていくことも必要です。

うつ病

気分の落ち込みが毎日続く。介入後の再発率も高い

心理的障害としてもっともよく知られ、生涯有病率は6.5%。6〜7人に1人が、一度は罹患します。最近は新型とされる、「非定型うつ病」も増えています。

分類／症状

興味や喜びの減退に始まり日常生活が困難になっていく

　うつ病は、抑うつ症状の持続に悩まされる疾患。**ほぼ1日中気分が落ち込み、いままで好きだったことにも関心がもてなくなります。**食欲低下や睡眠障害、疲労感などの身体症状も現れます。約1割は自殺念慮をもち、実際に自殺を図ることもあります。

　近年は、20〜30代の若者を中心に、**典型的なうつ病とは異なる「非定型うつ病」**が増えています。診断困難なことも多く、引き金となった環境要因などを聞きとり、総合的に判断する必要があります。どちらのうつ病も、重症度の評価にはBDI-Ⅱ（ベック抑うつ質問票）などを用います。

典型的なうつ病のほか、現代的な「非定型うつ病」もある

うつ病の症状

生真面目な病前性格、症状の持続が特徴

「大うつ病」ともよばれる。下記の症状のうち上の2項目にあてはまり、さらに計5つ以上が同じ2週間のあいだに見られる。病前性格は、責任感が強く真面目。

DSM-Ⅴの基準

- 抑うつ気分 ● 活動への興味・喜びの減退
- 有意な体重減少または増加
- 精神運動性焦燥または制止
- 不眠または過眠 ● 疲労感、気力の減退
- 無価値観、過剰または不適切な罪責感
- 思考力・集中力の減退、決断困難
- 死についての反復思考、自殺念慮、自殺企図

非定型うつ病は周囲に理解されにくく、職場などへの説明も必要。

非定型うつ病の症状

比較的軽症だが、身体症状などが現れる

楽しいことがあれば気分がよくなる「気分の反応性」に加え、右の症状の2つ以上に該当。落ち込みよりも、身体症状、不安・焦燥などがめだつ。

DSM-Ⅴの基準

- 有意の体重増加か食欲増加
- 過眠
- 鉛様の麻痺（手や足が鉛のように重い）
- 対人関係上の拒絶への敏感さ

ストレス耐性の低さなどがめだつ

生物学的要因に加え、職場ストレスなどが引き金となる

　うつ病には**生物学的要因**が関与しています。気分を安定させるセロトニンや、気分を活性化するドパミン、ノルアドレナリンなどの減少です（→P29）。

　心理学的要因ももちろん重要。**うつ病の病前性格**として、真面目で仕事熱心な「**メランコリー親和型性格**」が知られています。一方、非定型うつ病では「心理的脆弱性」「自己愛的性格」「自己中心性」などが指摘されています。

　発症のきっかけとなるのは、社会的要因。うつ病では過労や大きなライフイベントが、非定型うつ病では、上司の叱責などの職場ストレスがめだちます。

効果の持続、再発予防を念頭におき、アプローチを選択

　心理療法は薬物療法と同程度の効果があり、通常の15〜20回程度の面接で、5〜6割の人の症状が改善します。3大アプローチのいずれも効果的で、アメリカ心理学会では、行動療法（→P126）、認知療法（→P128）、対人関係療法などを推奨しています。

　ただ、うつ病で問題となるのが再発率の高さです。**効果を持続させ、再発を防ぐには、マインドフルネス認知療法（→P134）や感情焦点化療法（EFT→P144）などの統合的アプローチが有効です。**また、終結後のフォローアップ面接や心理教育も重視されています。

再発予防の観点からも、統合的アプローチが注目されている

うつ病治療に有効な統合的アプローチの例として、以下の3つをあげた。

マインドフルネス認知療法

通常の認知療法以上に効果が高く、身体的健康も改善

通常の認知療法よりも再発予防率が高く、75%は、併用していた抗うつ薬を完全にやめられたとの報告がある。うつ症状以外に身体的健康度も改善。

EFT
（感情焦点化療法）

治療後の再発率が低く、対人的問題も改善しやすい

喪失や屈辱、恥など、うつとかかわる感情体験を促進し、症状や自己評価を改善させる。とくに対人関係の問題改善に有効で、再発率が低い。

ACT
（アクセプタンス&コミットメントセラピー）

不安障害などを併発したうつ病にも効果的

パニック症などの不安障害を併発したうつ病で、とくに効果が高い。抑うつ、不安などの心理的症状、主観的QOLの改善効果が認められている。

そういえば
子どものころ
父が…

どのアプローチでも
治療同盟と
感情の探索が重要！

双極性障害

抑うつエピソードと躁病エピソードをくり返す

双極性障害では、抑うつ症状と、気分が過度に高揚する「躁症状」をくり返します。
日本での発症頻度は1％弱とされ、けっしてめずらしくない疾患です。

分類／症状

双極Ⅰ型障害と双極Ⅱ型障害がある

　双極性障害は、抑うつ症状と躁症状をくり返す疾患です。うつ症状が強く出ている状態を「抑うつエピソード」、躁症状が強い状態を「躁病エピソード」といい、2つが混ざった「混合状態」も見られます。**躁病エピソードが1週間以上続くのが「双極Ⅰ型障害」、比較的軽度の軽躁病エピソードが4日間以上続くのが「双極Ⅱ型障害」です。**

　いずれも社会機能が著しく低下し、未治療では自殺のおそれも高い疾患です。

躁状態の重篤度と期間で、「Ⅰ型」「Ⅱ型」に分けられる

半年以上の抑うつエピソードと、2〜3か月の躁病エピソードをくり返す。

抑うつエピソード
- ●抑うつ気分　●活動への興味・喜びの減退　●有意な体重減少または増加
- ●不眠または仮眠　●精神運動焦燥または制止　●疲労感、気力の減退
- ●無価値観、過剰または不適切な罪責感　●思考力・集中力の減退、または決断困難
- ●死についての反復思考、自殺念慮、自殺企図

躁病／軽躁病エピソード
- ●自尊心の肥大または誇大　●睡眠欲求の減少
- ●普段より多弁、またはしゃべり続けようとする切迫感
- ●観念奔逸*、またはいくつもの考えがせめぎあっているという主観的体験
- ●注意散漫　●目標指向性の活動の増加、または精神運動焦燥
- ●困った結果につながる可能性が高い活動への熱中

あきらかに高揚し、多弁になる

重篤で1週間以上続く

双極Ⅰ型障害
うつ病／躁病エピソードをくり返す。躁のときは行動が制御できず、トラブルを起こしやすい。

比較的軽度で4日間以上続く

双極Ⅱ型障害
うつ病／軽躁病エピソードをくり返す。本人は、症状ではなく活発な性格と思っていることも。

＊観念奔逸…次から次へとまとまりのない考えが浮かび、止められない状態。筋の通った思考や会話がむずかしくなる。

関連要因
遺伝的要因に、生活上の
ストレスが加わって発症する

双極性障害では遺伝的な要因が重要です。**双極性障害の親族がいる人はそうでない人に比べ、発症率が平均10倍以上と高くなることがわかっています。**

遺伝的な要因に、生活上のストレスが加わって発症します。発症年齢はⅠ型で18歳前後、Ⅱ型で20歳前後が平均ですが、中年期以降の発症もあります。

うつ病に比べると、**長くつきあっていかなくてはならない疾患です。**不安障害やADHD（→P198）、摂食障害（→P186）、依存症（→P190）の併発も多く認められ、治療には時間を要します。

心理学的介入法
症状コントロールのための
心理教育が欠かせない

治療は気分安定薬などの薬物療法が中心ですが、自己判断で服薬を中止する人が少なくありません。躁病エピソードでは、気分が高揚してさまざまなアイディアが浮かび、「それこそが本来の自分」と感じる人も多いためです。

服薬継続には、病気についてよく理解する心理教育が必要。再発予防や症状軽減の効果も実証されています。

心理療法としては、認知行動療法のほか、心理教育的な機能をもつ「対人関係・社会リズム療法（IPSRT）」などが推奨されています。

対人関係・社会リズム療法(IPSRT)が効果的

5つの問題領域への介入

症状の悪化をまねく「対人関係の問題」「生活の乱れ」に介入する。生活リズムは毎日記録。

1 悲哀
大事な人が去ったときなどは悲しみを十分に体験し、気持ちを整理。

2 対人関係の不和
相手に望むことがたがいにずれているなど、対人関係の問題を解決。

3 役割の変化
疾患による職場での立場の変化、家庭での役割の変化などを受容。

4 対人関係の欠如
孤独、社会的孤立の改善。良好な人間関係は気分の安定につながる。

5 健康な自己の喪失に対する悲哀
健康なときの自分とは違う面を理解し、その悲しみも十分に体験する。

生活リズムの管理

- ☑ 起床時刻
- ☑ 人とはじめて接触した時刻
- ☑ 朝の飲みものを飲んだ時刻
- ☑ 朝食をとった時刻
- ☑ はじめて外出した時刻
- ☑ 仕事・学校・家事・ボランティアなどを始めた時刻
- ☑ 昼食をとった時刻　☑ 昼寝をした時刻
- ☑ 夕食をとった時刻　☑ 運動をした時刻
- ☑ 夜食・飲みものをとった時刻
- ☑ 夜のテレビのニュース番組を見た時刻
- ☑ 別のテレビ番組を見た時刻
- ☑ 活動A、B、Cをした時刻（自分にあった活動を書く）
- ☑ 就寝した時刻

統合失調症

思考や感覚の失調をきたし、生活機能が損なわれる

統合失調症は、生活への影響が大きい疾患です。服薬と心理療法、生活管理などで、症状をうまくコントロールしながら暮らしていけるよう支援します。

分類／症状

妄想、幻覚などの「陽性症状」、感情が乏しくなる「陰性症状」がある

統合失調症の症状は、大きく分けて2つあります。妄想や幻覚などのはげしい症状で、周囲からも気づかれやすいのが陽性症状。もう1つは、感情が乏しくなる「感情鈍麻」や、行動意欲が減って何もせずに部屋で過ごす「自閉性」などの陰性症状です。

発病初期に、前駆症状が認められやすいのも特徴です。気分が落ち込みやすく、集中力がなくなり、口数も少なくなります。頭重感、倦怠感などの身体症状をともなうこともあります。

統合失調症を治療せずにいると、生活管理、対人関係や仕事など、あらゆる領域で支障が出ます。結果として、貧困や社会的孤立など、社会的不利益を被りやすいのも問題です。

前駆症状に始まり、妄想・幻覚などが現れる

以下のうち、2つ以上がおよそ1か月間いつも存在する。

妄想
命を狙われている、監視されているなどの思考が、頭のなかに侵入。

幻覚
頭のなかで、何らかの行動を命令する声が聞こえる幻聴などが多い。

まとまりのない思考(発語)
思考の関連性や一貫性がなくなり、脈絡のないことをいってしまう。

陰性症状
感情表出に乏しくなる。活動意欲が低下し、何もする気が起きない。

まとまりのない運動行動
落ち着きなく歩き回ったり、動きがぎこちなくなったりする。

統合失調症のための認知行動療法「CBTp」も推奨される

介入の内容	キーワード
1 ラポール形成（関係構築）	●協働的治療関係 ●正常類似体験・比較説明法（ノーマライゼーション）
2-1 アセスメント	●心理教育　●問題の同定・焦点化　●問題の共有 ●臨床類型　●生活歴・病歴・家族背景・サポート資源 ●ABCアセスメント　●問題への対処方略
2-2 フォーミュレーション	●発達的フォーミュレーション ●統合失調症の「新しいモデル」
3 フォーミュレーションに基づく介入	●感情　●現実検討　●信念・推論・評価の修正 ●対処方略増強法（CSE）　●心理教育 ●非機能的中核信念（スキーマ）　●陰性症状
4 再発予防と社会的障害への対処	●フォローアップ（ブースター）セッション ●訪問面接

> Point
> セルフモニタリング機能を高め、症状をコントロールしていく

他者への不信感をもちやすく、最初の関係構築が重要。そのうえで、症状の悪化要因などの疾患モデルを理解し、適応的な認知と対処法を身につける。

（「統合失調症の認知行動療法(CBTp)──CBTpの概要と欧米における現状──」石垣琢麿、精神神経学雑誌 vol.115(4): 372-378, 2013より引用）

関連要因
発症要因は不明。10代後半〜30代で発症しやすい

脳内でのドパミン（→P29）の過剰放出が一因とされ、神経伝達物質を調整する「抗精神病薬」が有効です。思考その他の高次脳機能を司る前頭葉などに、障害が起きるという報告もあります。

発症年齢は10代後半〜30代半ばで、遺伝的要因の関与もあるとされます。

心理学的介入法
治療同盟を十分に築き、その人らしい生活を支える

統合失調症は長くつきあっていく病気です。そのため3大アプローチでの心理療法のほか、低下した生活スキルや対人関係スキルを高めるSST（→P127）が普及しています。

「統合失調症のための認知行動療法(CBTp)」も有効です。陽性症状の現れかた、きっかけなどに気づく「セルフモニタリング機能」を高め、病気とうまくつきあえるようにします。

過去には長い入院生活を余儀なくされることもありましたが、現在は、地域でその人らしく暮らすことを重視します。専門家チームで訪問支援をする「ACT（包括型地域生活支援プログラム）」も広がりつつあります。病気とのつきあいかたを家族に理解してもらう「家族心理教育」も必要です。

不安障害

社交不安症やパニック症、全般性不安症などが代表的

不安は誰もがもつ感情で、危険から身を守る役割があります。しかし強くなりすぎると、不安な対象や状況を回避しようとし、生活に支障をきたします。

分類／症状

過度の不安や恐怖から回避行動が強化される

不安障害は、不安や恐怖を覚える対象・状況から、いくつかの種類に分けられます。いずれも過度な不安や恐怖が6か月以上続き、特定の行動や状況を避ける「回避行動」が強化されるのが特徴。その結果、「人づきあいができない」「電車に乗れない」「仕事が手につかない」など、生活が制限されます。

重症度の評価には、「社会恐怖尺度（SPS）」や「パニック症重症度評価スケール（PDSS）」などが役立ちます。

さまざまな状況や対象が、過度の不安・恐怖をまねく

代表的なのは以下の疾患。恐怖や不安をまねく状況、対象が異なる。

社交不安症

人前での否定的評価を恐れる

人前でのふるまい（談話や飲食など）や不安症状（赤面や発汗など）に対する否定的な評価を恐れる。はげしい恐怖や不安が6か月以上続く。

パニック症

死の恐怖などをともなうパニック発作が起きる

「パニック発作」といって、はげしい恐怖や強烈な不快感、動悸、発汗、身震い、息苦しさなどをともなう発作が起きる。電車など公共の場で起きやすく、広場恐怖症の併存例も多い。

全般性不安症

多くのできごとに、不安・心配を抑えられない

あらゆることが不安になり、その症状が6か月以上続く。「落ち着きのなさ」「易疲労感」「集中困難」「易怒性」「筋肉の緊張」「睡眠障害」のうち、3つ以上が認められる。

恐怖症

特定の対象・状況に強い恐怖を抱く

「限局性恐怖症」では、高所、動物、注射など、特定の対象や状況に顕著な恐怖と不安を感じる。「広場恐怖症」は、さまざまな不安で外出が困難に。

関連要因
強い不安や恐怖の背景には生理的・心理的脆弱性がある

　不安障害はうつ病との併存が多く、複数の不安症を抱える人もいます。このことから、**共通する遺伝的な素因「全般的生理的脆弱性」が、障害の背景にあると考えられています。**

　しかし、この素因が発症に直結するわけではありません。幼少期の困難や虐待などで素因が活性化し、「全般的心理的脆弱性」となることも。また、強い不安や恐怖を感じた個人的体験から、似た状況を恐ろしく感じることもあります。「特定の心理的脆弱性」です。

　これら3つの脆弱性が顕在化すると、不安障害を発症しやすいと考えられます。

心理学的介入法
コンパッション・フォーカスト・セラピーなど、新たな治療法も有効

　不安障害に対する心理療法は、認知行動療法（→P126〜）が一般的です。アメリカ心理学会のガイドラインで高い支持が得られており、日本でも健康保険での治療が可能です。

　近年は、新しい認知行動療法も注目されています。その1つが「コンパッション・フォーカスト・セラピー（CFT）」。コンパッション（他者や自己への思いやり）を育み、症状の軽減を図る統合的心理療法です。統一プロトコル（UP→P56）は、感情調整不全のメカニズムに着目した診断横断的治療法で、不安障害の高い改善効果が認められています。

社交不安症やパニック症は、保険での治療もできる

健康保険での治療は、厚生労働省の治療マニュアルに沿っておこなう。

治療プログラム

1. アセスメント面接
2. ケースフォーミュレーション
3. 安全行動と自己注目の検討
4. 他者から見える自己像の修正
5. 注意トレーニング
6. 行動実験
7. 最悪な事態に対する他者の解釈の検討
8. 「出来事の前後で繰り返し考えること」の検討
9. 自己イメージと結びつく記憶の意味の書き直し
10. 残っている信念・想定の検討
11. 再発予防
12. 治療終結面接

他者の目に映る自分を、ビデオで実際に確認するなどの技法を使う。

構造の明確化

いつもの認知や行動が、症状を維持していることをあきらかにする。

（「社交不安症に対する認知行動療法：標準化と抗うつ薬抵抗性患者への対応、そして普及促進に向けて」吉永尚紀, 千葉医学雑誌 vol.93：251, 2017／「社交不安障害（社交不安症）の認知行動療法マニュアル（治療者用）第3版」吉永尚紀編著、清水栄司監修、厚生労働省、2016より引用）

不潔恐怖や洗浄強迫など、特定の思考・行動にとらわれる

手洗いなどの特定の行動がやめられなくなるのが、強迫症。「やりすぎとわかっているけれど、やめられない」人もいれば、その認識がない人もいます。

分類／症状

侵入思考にとらわれて特定の行為をやめられなくなる

強迫症（OCD）は、フロイトの時代から、心理療法の対象とされてきた疾患。頭のなかにくり返し侵入する「強迫観念」によって、強い不安や苦痛が引き起こされるものです。それを軽減すべく、特定の行為（強迫行為）を何度もおこないます。しかしその時間が徐々に長くなり、生活に支障をきたします。

汚染や鍵の閉め忘れ、性的タブーなど、対象は幅広い

強迫観念と強迫行為の内容は、じつにさまざま。「手に汚れがついてしまう」という不潔恐怖や、「鍵を閉め忘れたのでは」という不安からくる確認行為などが代表的ですが、「子どもにふれたのは、性的な興味があるからではないか」「誰かを殺してしまうかもしれない」という不安もあります。治療後も別の強迫観念が起こりやすいのが特徴です。

強迫観念と強迫行為のくり返しで、日常が妨げられる

強迫観念
強迫的思考やイメージが侵入してくる

「汚れてしまう」といった、くり返される持続的な思考や衝動、イメージが、侵入的で不適切なものとして体験され、強い不安や苦痛を起こす。

強迫行為
強迫観念による苦痛を減らすためにおこなう

強迫観念による苦痛の軽減を目的におこなわれる反復的な行為。しかし、現実的には効果はない。「手を洗う」「確かめる」「数える」などが多い。

1日1時間以上を、強迫観念・強迫行為に費やすことが診断基準。

まだ菌がついてる…

1日1時間以上費やされ、生活に支障をきたす

曝露反応妨害法で、強迫の悪循環から抜け出す

「馴化（慣れ）」が目的の曝露反応妨害法に、学習要素を加えた方法が登場。

曝露反応妨害法（ばくろはんのうぼうがいほう）

強迫行動を抑制し、馴化（じゅんか）を促す

不安や恐怖を感じる刺激に意図的にさらす。強迫行為を制限しても、不安が自然と弱まることを体験。これをくり返すうち、強迫行動を抑えられるようになる。

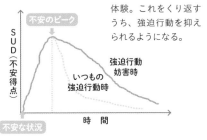

「『強迫性障害（強迫症）の認知行動療法マニュアル（治療者用）』中谷江利子・加藤奈子・中川彰子、厚生労働省、2016より引用)

制止行動によるERPアプローチ

不安耐性を高める、心理教育を重視

曝露前に最悪の結果を予測してもらい、曝露後には、予測と実際の結果の不一致を確認。曝露しても安全と学習でき、不安耐性が高まる。

考えられるかぎりの最悪の結果は？

現実はその予測どおりでしたか？

関連要因

受験、就職、出産などを機に比較的若年で発症しやすい

　強迫症の発症には、脳神経系の異常が関与していると考えられています。気分を安定させる神経物質「セロトニン」（→P29）が、脳内でうまくとり込まれなくなってしまうのです。

　発症のきっかけとして多いのは、受験や進学、就職、結婚、妊娠、出産、育児などのライフイベントです。

　発症年齢は小児から20歳代ですが、なかなか受診に結びつかず、治療を受けるまでの期間は平均7年ほどです。

　家族や友人にも鍵閉めを確認させるなど、周囲を巻き込むタイプの人もいます。**その結果、強迫行為が維持・強化される点にも注意が必要です。**

心理学的介入法

再発を防ぐための新たな療法も開発されている

　アメリカ心理学会のガイドラインでは、認知療法（→P128）と曝露反応妨害法（ばくろはんのうぼうがいほう）が推奨されています。**日本では、曝露反応妨害法主体の治療に健康保険が適応されます。**

　学習理論にもとづく曝露反応妨害法は、非常に高い治療効果が報告されています。しかし、治療拒否や中断、再発のケースも少なくありません。

　そこで近年は、曝露反応妨害法を発展させたERPアプローチが注目されています。不安をなくすのではなく、不安とうまくつきあい、再発を防ぐ方法です。ほかにも、ACT（→P136）や統一プロトコル（→P56）などが有効です。

PTSD（心的外傷後ストレス障害）

脅威的なできごとにより、トラウマ記憶に苦しめられる

ベトナム戦争の帰還兵がさまざまな症状を呈したことで、広く知られるようになった障害です。現在は、日常的な傷つき体験でも起こることがわかっています。

分類／症状

暴力やその脅威など、つらいできごと、感情に支配される

「心的外傷後ストレス障害（PTSD）」は、非常にストレスフルな体験（トラウマ）から起きる障害です。トラウマ体験がくり返し思い出されたり、実際に体験しているように感じたりします（フラッシュバック）。体験の一部の記憶がなくなることもあります。さらに、トラウマに関連する刺激を回避したり、攻撃性や警戒心が高まったりします。

これらの症状が1か月以上続くと、PTSDと診断されます。

関連要因

大文字のトラウマだけでなく、小文字のトラウマも原因となる

トラウマの原因には、戦闘、レイプ、誘拐、暴行、拷問、虐待、事故、災害などがあります。最近は、このような苛烈な体験でのトラウマを「大文字のトラウマ（Trauma）」、日常的に受けるハラスメントなどによるものを「小文字のトラウマ（trauma）」とよびます。

虐待や拷問、暴力をくり返し受けた場合は、「複雑性PTSD」に至り、感情が乏しくなったり、現実感を失う「解離*」症状などが見られます。

心理学的介入法

恐怖、不安をまねく刺激と、情動反応の「負の連鎖」を弱める

トラウマ体験につながる刺激を回避し続けると、トラウマに関連づけられた恐怖や不安が強まり、慢性化します。

代表的な治療法である「持続エクスポージャー法（PE）」は、トラウマ体験に曝露させることで、負の連鎖を断ち切ります。記憶の再処理を促す「EMDR」も有効で、こちらは治療ストレスが少ないのが利点。複雑性PTSDには、感情焦点化療法（EFT→P144）も有効です。

最近では、脳神経科学をもとに開発された「ソマティック・エクスペリエンシング（SE）」も注目されています。

＊解離…自己または世界から切り離されたように感じる「離人感」「現実感消失症」があり、自身がおこなった活動を覚えていないなど、記憶や知覚などの障害も認められる。

PTSDへの心理療法では、脳や身体に働きかける

以下のうち、持続エクスポージャー法には
健康保険が適応される。

解離や希死念慮の
有無をよく見たうえで
おこないます

持続
エクスポージャー法(PE)

安全な治療同盟のなかで、
記憶に向き合う

トラウマ体験をあえてくり返し話すことで、体験と結びついた恐怖や不安を切り離し、症状の軽減を図る。治療同盟という、安全な環境の確保が大前提。

治療
原理

1	外傷記憶をくり返し話す
2	直面化により、負の強化を阻む
3	安全と危険を弁別できるようになる
4	外傷体験とその他の体験を区別
5	セルフコントロールの感覚を身につける
6	記憶の整理で、新たな見かたに修正

EMDR
(眼球運動による脱感作と再処理法)

外傷記憶を想起しながら、
眼球を左右に動かす

左右対称の動きが
記憶の再処理を促す

指を左右に動かし、眼球で追ってもらう。両側性の刺激が左右の脳での情報の移行を起こし、記憶を再処理する。左右対称であれば、眼球運動でなくても効果的。

ソマティック・
エクスペリエンシング(SE)

身体感覚に働きかけて
交感神経を脱活性化する

ボディワークで
身体感覚に
注意を向ける

身を守るための闘争・逃走反応を司るのが「交感神経」。反対に、安全な環境で心身をリラックスさせるのが「副交感神経」。SEでは、過剰に活性化した交感神経を落ち着かせ、PTSDの症状を改善。対話とボディワークの両方をおこなう。

身体症状症

身体症状についての思考や感情で苦しくなる

身体症状症は、痛みなどの身体症状にとらわれる障害。心理学的要因が身体症状として現れると考えられており、認知行動療法などの心理療法が有効です。

分類／症状
ヒステリーとよばれた障害。
説明のつかない身体症状に苦しむ

「身体症状症」は、苦痛をともなう身体症状が長期間続く障害です。フロイトの時代には、ヒステリーとして扱われていました。現在のDSM-Vでは「身体症状症および関連症群」という、新しいカテゴリーに分類されています。

診断で重要なのは、**身体症状の医学的な説明がつくかどうかではなく、身体症状に対する本人の反応です。**身体症状をひどく恐ろしいものと考えたり、過度の不安を抱いたりします。身体症状にとらわれてしまい、日常生活や対人関係に支障をきたします。

関連要因
身体感覚増幅など、
認知の影響も大きいとされる

身体症状症は、生物学的要因や心理学的要因、社会的要因が複合的にかかわって発症すると考えられます。

とくに注目されているのが、認知のゆがみのひとつである、「身体感覚増幅」です。通常の生理的な反応や、病気未満の不調、内臓の不快感など、体のちょっとした感覚が増幅されます。

心理学的介入法
身体感覚に焦点をあてた
認知行動療法が有効

身体症状症の患者は、自分が身体的疾患にかかっていると信じています。**そのため最初からカウンセリングに来ることはほぼなく、医師の紹介で来訪します。**「苦痛をわかってくれない」という気持ちから、ドクターショッピングをくり返す人もいます。まずは訴えを共感的に傾聴し、真剣に受け止めます。

治療では、身体感覚増幅に焦点をあてた認知行動療法が効果を発揮します。身体症状へのコーピング（対処法）スキルを高めることができます。身体症状は対人関係にも影響されるため、包括的なアプローチが有効と考えられます。

心理学的要因以外もよく見て、包括的な介入を

身体症状にかかわる要因を理解して、包括的に介入する。

病因モデル

生物学的要因

遺伝　　感受性　　痛覚過敏性

内分泌調整系　　中枢神経系　　免疫系

脳神経系や免疫系などの異常が関与していると考えられる。

心理学的要因

うつ　　　不安

身体化　　外傷体験

対人関係葛藤

不眠障害

上記のほか、怒りや罪悪感、孤独などの感情も、症状に影響する。

医学的説明のつかない身体症状の訴え

痛みや消化器症状、循環器症状、呼吸器症状、神経症状など幅広い。

社会的要因

ストレス　　医師への
要因　　　　疑念

不適応コーピング

職場ストレス状況

役割ストレス

休職や退職により、経済的な問題を抱えていることもある。

認知のゆがみ

悲観　　症状過敏性　　病気へのとらわれ、確信

身体症状の
原因の探索　　身体感覚増幅

身体的変化に対する認知が、過度に敏感になっている可能性が高い。

(『Medically Unexplained Illness : Gender and Biopsychosocial Implications』Johnson S.K., American Psychological Association, 2007／「身体症状症および関連症群の認知行動療法」村松公美子, 心身医学 vol.59(6): 544-553, 2019より作成)

心理療法

認知行動療法で、身体感覚増幅を軽減

身体症状症に特化した認知行動療法が有効。上記の病因モデルを本人にも理解してもらい、症状を悪化させる認知を変えていく。リラクゼーション法も併用。効果研究では、下図のように症状が軽減され、服薬も中止できた。

認知の変容
だけでなく
心理教育も重要

症状／薬剤使用量	CBTプログラム導入前	CBTプログラム導入後（5セッション修了時）
頭痛自覚症状	4~5点 ➡	0~3点
SSAS（身体感覚増幅の尺度）	53点 ➡	38点
HAD-Anxiety（外来での不安尺度）	6点 ➡	8点
HAD-Depression（外来での抑うつ尺度）	9点 ➡	9点
エチゾラム（抗不安薬）服用量	6mg ➡	0mg

(『心身医療のための認知行動療法ハンドブック』Barsky A.J., 村松公美子, 新興医学出版社, 2014より引用)

摂食障害

社会のジェンダーイメージ などから、拒食、過食に陥る

摂食障害を発症するのは、9割が女性。社会のジェンダー規範などにより、やせ願望が強まり、食行動の異常が起きます。背景には低い自己評価もあります。

分類／症状

やせ願望が強まり 「神経性やせ症」に陥っていく

摂食障害は、食事摂取にまつわる行動の障害です。

代表的な「神経性やせ症（拒食症）」では、過度なやせ願望から食事量を制限し、体重が著しく減少。体重増加への強い恐怖と、自己認識の障害が特徴です。自己誘発嘔吐や、下剤や利尿剤の乱用などの「排出行動」も見られます。

ダイエット後の 「神経性過食症」も少なくない

反対に、過剰に食べてしまうのが「神経性過食症（過食症）」。拒食症からの移行で、過剰なダイエットの後などに反動として過食に陥るパターンが多く見られます。排出行動もあります。

摂食障害は、うつ病、双極性障害、不安障害、強迫症、境界性パーソナリティ障害（→P192）などの併存が多く、自殺の危険性もあります。

女性はいつまで、「見られる性」「評価される性」なのか

メディアには偏ったジェンダー観があふれている。日常的に容姿に言及されることも多く、多くの女性が感情的傷つきを経験している。

関連要因

児童期までの女児に多く、社会・文化的要因が大きく影響

　摂食障害は、若年女性、とりわけ中学生までの女子児童に多い疾患です。

　過去にはいびつな母娘関係が原因とされましたが、社会・文化的要因もきわめて重要です。〝やせた女性が美しい〟という社会規範のなかでは、標準体重ですら、美の基準から外れます。

　また、女性の依存性、弱々しさに価値を置く社会規範も残っており、やせた体はその表現型ともいえます。女性の自立心を好ましく思わない価値観も、適切な問題解決行動の妨げとなります。

心理学的介入法

動機づけを高めながら統合的アプローチをおこなう

　摂食障害の患者が医療機関につながるのは、たいてい、体重が過度に減少した後です。まずは入院で、栄養療法を主とした全身管理をおこないます。

　ただ、食べることへの抵抗は非常に強く、支援は難渋しがちです。**治療意欲を高めるための動機づけ面接（→P74）なども検討します。**そのうえで、認知行動療法（→P126〜）や対人関係療法（IPT）などを実施。**食と体型にかかわるゆがんだ認知を修正し、低すぎる自己評価などを改善します。**

治療に難渋しやすく、統合的アプローチも必要

治療効果が出にくいため、複数の理論・技法を組み合わせたアプローチが役立つ。

認知分析療法（CAT）

精神分析的に内面を掘り下げながら認知再構成もおこなう

太る恐怖や不安などの根源的な原因は幼少期にあるとし、精神分析的に洞察を深める。さらにクライエントが陥りやすい食行動のパターンをいっしょに分析し、認知を再構成する。

対人関係療法（IPT）

重要な他者との関係、または関係の欠如に焦点をあてる

食行動や自己評価を直接扱うのではなく、重要他者との現在の関係に着目。対人関係がよくなると、自己評価の低さや、維持・悪化要因であるストレスなどが軽減される。

統合的グループ療法

同じ障害をもつ人どうしでかかわり、否認や治療抵抗をゆるめる

疾患への否認、治療抵抗が強いとき、対人関係の問題を抱えがちな人には、グループ療法が適することも。心理教育、認知行動療法、問題解決技法などを組み合わせておこなう。

家族療法

家族への心理教育で、共感的で温かいかかわりを促す

思春期の神経性やせ症に対しておこなわれる。食事場面での対処法などを家族に理解してもらい、共感的で温かいかかわりを促す。家族の不安感やストレスの軽減にも役立つ。

不眠障害

うつ病や不安障害などに併発した不眠障害が多い

不眠障害に悩む人は多いものの、それだけで来訪することはあまりありません。
実際の介入では不安障害、うつ病などに不眠障害を併発した人が大半です。

分類／症状

**「入眠困難」「中途覚醒」
「早朝覚醒」のいずれかがある**

　不眠障害（いわゆる不眠症）は、週に3夜以上の不眠症状が3か月以上続く状態。寝つきに問題がある「入眠困難」、途中で目が覚める「中途覚醒・睡眠維持困難」、早すぎる時間に目覚める「早朝覚醒」の3つに分けられます。

　日本人の5人に1人が、自分の睡眠に関して不満をもっているといわれており、高齢化によりその人数は増え続けています。

　とはいえ、不眠障害単独のケースに心理職がかかわることは、それほど多くないでしょう。不安障害などに併発することが多く、ほかの心理的障害とともに介入することになります。

「眠らなくては」という思考が、不眠を悪化させていく

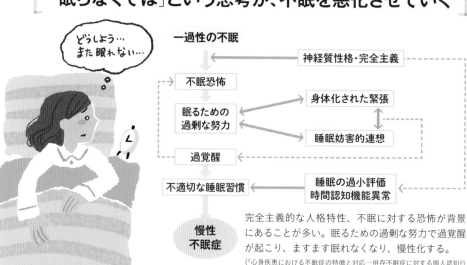

完全主義的な人格特性、不眠に対する恐怖が背景にあることが多い。眠るための過剰な努力で過覚醒が起こり、ますます眠れなくなり、慢性化する。

（「心身疾患における不眠症の特徴と対応—併存不眠症に対する個人認知行動療法の試み—」山寺 亘，心身医学 vol.58(7): 606-611, 2018より引用）

不眠に特化した認知行動療法「CBT-I」が効果的

CBT-Iでの介入は、睡眠薬服用の長期化を避ける意味でも有効。

睡眠スケジュール法

睡眠日誌をつけてもらい、床についている時間と実際の睡眠時間のズレなどをなくし、睡眠リズムを再構築する。

リラクゼーション法

漸進的筋弛緩法(→P127)で不安・緊張を軽減してから、床につくようにする。入眠困難や中途覚醒の改善に有効。

認知再構成

「睡眠は7時間以上必要」などの認知があれば、睡眠が7時間以下だった日の翌日の行動と照合し、認知を修正。

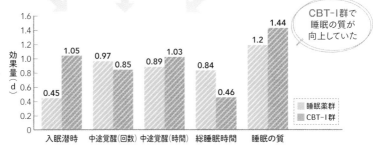

睡眠薬群との効果比較。効果量は>0.80で「大」、>0.60で「中」、>0.40で「小」。

(「Comparative meta-analysis of pharmacotherapy and behavior therapy for persistent insomnia.」Smith M.T.,et al., American Journal of Psychiatry vol.159(1): 5-11, 2002より引用)

CBT-I群で睡眠の質が向上していた

	入眠潜時	中途覚醒(回数)	中途覚醒(時間)	総睡眠時間	睡眠の質
睡眠薬群	0.45	0.97	0.89	0.84	1.2
CBT-I群	1.05	0.85	1.03	0.46	1.44

効果量(d)

関連要因

不安障害の人の25〜40%に不眠が見られるという報告も

アメリカの大規模調査「NCS-R」では、過去1年間に不安障害にかかった人のうち、25〜40%で不眠症状が報告されています。とくに多いのが全般性不安症で、併存率は60〜70%にも上ります。

うつ病やPTSDでも、不眠障害の併発が多く見られます。これらに共通するのは、不安や恐怖の感情。床に入るたびに、「また眠れないのではないか」という強い不安が起こり、眠れなくなります。「恐怖条件づけ」という学習反応です。さらに〝眠れないと大変なことになる〟という認知のゆがみも、不眠障害が慢性化する原因の1つです。

心理学的介入法

実践的な介入技法でセルフコントロールを高める

うつ病に併存する不眠の継続は、うつ病の継続リスクを約3倍に高め、自殺リスクにも影響することがわかっています。心理的障害に併存する不眠には、早期の介入が必要です。

併存疾患の有無にかかわらず、「不眠を対象とした認知行動療法(CBT-I)」の有効性が示されており、欧米では標準的治療となっています。

CBT-Iは、個人または集団形式で実施します。心理教育に加え、リラクゼーション法や睡眠スケジュール法などの実践的介入技法を組み合わせ、セルフコントロール力の向上をめざします。

おもな心理的障害

依存・嗜癖

アルコールなどの物質、賭博などの行動をやめられない

アルコールや薬物への依存症、ギャンブル、ゲームなどへの嗜癖には、
脳の神経回路が関与します。簡単にやめることはできず、長期的な介入を要します。

分類／症状

精神依存、身体依存が強まり、やめると離脱症状が出る

　依存・嗜癖は、アルコールや薬物などに依存する「物質関連障害」と、ギャンブルなどの行動に嗜癖する「行動嗜癖」に大別されます。

　物質関連障害の場合、物質を使用せずにいられない「精神依存」だけでなく、「身体依存」も生じます。使用をやめると身体的不快感が出る「離脱症状」をともなう状態です。これまでと同じ量では、同じ効果が得られなくなる「耐性」も認められます。

「物質関連障害」と「行動嗜癖」に分けられる

物質関連と行動関連がある。DSM-Ⅴ上の行動嗜癖は、現状ではギャンブル嗜癖のみ。

物質関連障害（物質依存）

アルコール
強い依存性があり、精神病症状を引き起こす。

違法薬物
大麻、覚醒剤など。最近はMDMAなどが増加。

医療用医薬品
痛み止めとして処方されるオピオイドが多い。

カフェイン
大量摂取で中毒症状や離脱症状を引き起こす。

タバコ
含有されているニコチンに高い依存性がある。

など

脳内の「報酬系」回路が活性化している

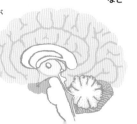

行動嗜癖

ギャンブル嗜癖
ギャンブルにのめり込み、生活が破綻する。

性嗜癖
物質関連障害同様、ドパミンが放出される。

買い物嗜癖
借金を重ねることも多く、人間関係にも影響。

インターネットゲーム障害
とり上げられると焦燥などの精神症状も出る。

など

【関連要因】

問題は脳の神経回路。
〝心の弱さ〟と見なさないで

　依存性物質を乱用していると、興奮や快感をもたらすドパミン（→P29）が過剰に放出されます。すると「報酬系」という脳内の神経回路が活性化し、摂取時の快感がますます強まります。

　物質依存には、社会的背景も関係します。日本ではアルコールが社交手段であり、〝たしなむ〟以上の過剰摂取が日常的光景となっています。

　依存は心の弱い人の問題と思われがちですが、そんなことはありません。生物学的、社会学的要因も大きいことを理解しておきましょう。

【心理学的介入法】

動機づけ面接などで、
面接を続ける意欲を高める

　入院して薬物治療を受ける、リハビリ施設に入所するなど、治療の選択肢はいくつかあります。セルフヘルプ・グループ（→P62）への参加も有効です。

　心理学的介入では、認知行動療法（→P126〜）が推奨されています。

　ただ、依存症は本人の病識が乏しく、介入開始時点で難渋しがち。**動機づけ面接（→P74）などで、面接に対する主体的姿勢を引き出してから、認知や行動の変容を促します。**ほかにはDBT（→P132）やACT（→P136）、精神力動的アプローチなども有効とされます。

医療職と連携し、段階に応じた介入を

物質関連障害の治療は長期にわたり、おもに以下の4段階に分けられる。

導入期
動機づけ面接などで治療を受ける体制をつくる
病気の認識を促し、面接への動機づけを高める。身体・精神症状や家庭内の問題、触法行為も把握。

解毒期
薬物治療で急性症状に対処する
断酒薬などを使いながら物質を断つ。幻覚なども含む強い離脱症状に苦しむため、入院治療で管理することが多い。

グループと
つながり続ける
ことも大事

リハビリテーション前期
**グループ療法などで、
依存への洞察を深める**
依存のメカニズムを自身で理解し、再摂取を防げるように、心理教育や心理療法で介入。家族療法やグループ療法、自助グループへの参加も役立つ。

リハビリテーション後期
**コーピングスキルなどを高め、
再摂取を防ぐ**
物質を人から勧められたときにどうするかなど、実践的なコーピング（対処法）スキルを身につける。生活の安定、家族関係の修復なども大事な目標。

どんなときに
飲みたくなるか
書いてみました

パーソナリティ障害

パーソナリティの偏りから 対人関係などが悪化

パーソナリティに著しい偏りがある障害です。「子どものころからいつも、対人関係の問題があった」という人が多く、慢性の心理的障害としてかかわっていきます。

パーソナリティ障害は、10のタイプに分けられる

下の10種類があり、複数のパーソナリティ障害が併存することもある。

共通の診断基準

その人の属する文化から期待されるものより著しく偏った、内的体験および行動の持続的様式が、以下の2つ以上で認められる

(1)認知　　(2)感情性　　(3)対人関係機能　　(4)衝動の制御

分類

A群（奇異群）

猜疑性 パーソナリティ障害

猜疑心が強く、周囲の人の言動を悪意あるものと受けとり、怒ったりうらんだりする。

スキゾイド パーソナリティ障害

親密な人間関係に関心をもつことがなく、いつも孤立している。感情表出も乏しい。

統合失調型 パーソナリティ障害

認知や知覚に問題があり、奇異な言動をとる。妄想や猜疑心、恐怖心なども強い。

B群（劇場群）

反社会性 パーソナリティ障害

社会規範を意にかけず、他人の権利を無視・侵害する。

境界性 パーソナリティ障害

対人関係、自己像、感情が不安定で高い衝動性が見られる。

演技性 パーソナリティ障害

過剰な情動表現や性的誘惑などで、人の気を引こうとする。

自己愛性 パーソナリティ障害

自分を重要人物と信じ、賛美を求める。共感性に乏しい。

C群（不安群）

回避性 パーソナリティ障害

他者からの批判、非難、拒絶を恐れるあまり、対人接触や社会的活動を避け続ける。

依存性 パーソナリティ障害

生活のすべてで、人の世話や支え、保証を求める。自分の意見をいうこともむずかしい。

強迫性 パーソナリティ障害

秩序や完璧さ、倫理などに固執し、柔軟性のない行動をとる。他者との協働作業が困難。

分類／症状

認知や感情反応、対人関係などに極端な偏りが見られる

「パーソナリティ障害」は、社会的に許容される範囲を超えた、パーソナリティの過度な偏り。「認知」「感情性」「対人関係機能」「衝動の抑制」の2つ以上の領域に極端な偏りが見られるものをいいます。自殺企図や自傷行為も見られ、とくに境界性パーソナリティ障害（BPD）で、その傾向がめだちます。

多くは青年期または成人早期に発症しますが、偏りが持続的に認められるかが重要です。成育史の聞きとりに加え、周囲からも情報を集めます。

関連要因

対人関係のトラブルなどでカウンセリングに来ることが多い

自覚しにくい疾患のため、パーソナリティ障害を主訴に来談する人はごく少数です。多くは対人関係のトラブル、それによる抑うつなどで来談します。

重要他者との関係を失うと、心の安定をなくして悪化する傾向があり、そこではじめて診断を受ける人もいます。

心理学的介入法

スキーマ療法など、第3世代のCBTが推奨されている

パーソナリティ障害のクライエントは、カウンセラーとの関係でもトラブルを起こしがちです。治療上の約束ごとを最初に交わし、自傷他害のおそれがあるときの対処も決めておきます。

とくに難渋しやすいのが、境界性パーソナリティ障害への介入です。スキーマ療法、DBT（弁証法的行動療法）などの第三世代の認知行動療法が有効とされます。最近では、メンタライゼーション、転移焦点化療法なども注目されています。

治療に難渋しやすく、いくつもの治療法が開発されてきた

境界性パーソナリティ障害を中心に、有効性が報告されている。

スキーマ療法
境界性のほか、自己愛性などにも効果的
幼少期からの生きづらさの正体をあきらかにする。自己愛性、回避性、依存性にも有用。

DBT
（弁証法的行動療法）
チーム全員で境界性の治療にあたる
チーム全体での、構造化された支援法。個人精神療法、スキルトレーニングなどがある。

メンタライゼーション
愛着障害のある人に、とくに向いている
自分の心の状態に気づくとともに、他者の気持ちや、言動の意味を理解する力を養う。

転移焦点化療法
境界性にとくに適した精神分析的療法
クライエントとカウンセラーの関係性に焦点をあて、対人関係の捉えかたのズレを修正。

知的能力と適応能力の両方に、障害が認められる

知的能力障害の子どもには、生活上の支援が必要。医療職、福祉職と連携して、
生活しやすくするための環境調整や、心理学的介入をおこないます。

分類／症状
IQ70以下で、生活上の適応にも問題が見られる

「知的能力障害」は、同年代の子よりも知能が低く、社会的適応がうまくできない障害。IQでは70以下が基準です。脳機能不全による生得的な障害で、身体的障害をともなう子もいます。

言葉の遅れなどで幼児期に気づかれることもあれば、就学前検診などで見つかることもあります。

軽症〜最重度の段階ごとにニーズが異なってくる

障害の重症度は、「軽度」「中等度」「重度」「最重度」の4段階に分けられます。それにより、家庭や学校、職場などで必要な支援も異なります。

軽度の場合は、環境調整や周囲の支援で、自立に近い生活を送れます。

重度以上の場合はコミュニケーションをとることがむずかしく、日常生活全般において継続した支援が必要です。

3つの基準を満たすと「知的能力障害」とされる

心理職による行動観察、知能検査をもとに医師が診断をおこなう。

A
知的機能の問題

同世代の標準的知能が基準。知能検査でIQが70以下の場合、知的機能が低いとされる。

B
適応機能の問題

対人関係に必要な社会的スキル、生活に必要な実用的スキルがあるかを、観察で評価。

C
発達期の問題

知的機能や適応機能の問題が、18歳までに認められた場合に、知的能力障害とされる。

応用行動分析（ABA）などで、生活を支援する

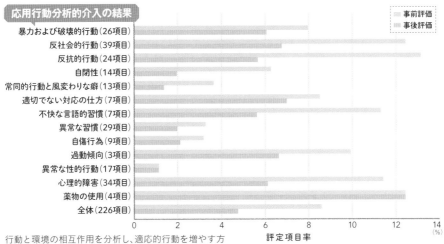

応用行動分析的介入の結果

事前評価
事後評価

暴力および破壊的行動（26項目）
反社会的行動（39項目）
反抗的行動（24項目）
自閉性（14項目）
常同的行動と風変わりな癖（13項目）
適切でない対応の仕方（7項目）
不快な言語的習慣（7項目）
異常な習慣（29項目）
自傷行為（9項目）
過動傾向（3項目）
異常な性的行動（17項目）
心理的障害（34項目）
薬物の使用（4項目）
全体（226項目）

評定項目率（%）

行動と環境の相互作用を分析し、適応的行動を増やす方法。施設での導入例では、行動が上図のように改善した。

関連要因

発症要因よりも 環境調整や支援に目を向ける

　知的能力障害の有病率は、約1%。男女比では、およそ1.5：1と報告されています。**発症には、多くの生物学的要因が関与します。**出生前要因としては、ダウン症などの染色体異常があり、周産期や出生後に脳の機能不全をきたすこともあります。

　子どもの障害がわかると、親は強い衝撃を受け、「何がよくなかったのか」と自分を責めることも多々あります。

　そのため子どもだけでなく、親への心理的支援も不可欠です。周囲の支援や環境によって、その人らしい人生が送れることを伝え、これからのよりよい人生に目を向けられるようにします。

心理学的介入法

適応的な行動を増やし 生活しやすくすることが大事

　支援は通常、家庭やケアホーム、施設などで、**多職種と協働でおこないます。**身体的障害をともなう場合は、医療職との連携も欠かせません。

　知的能力障害を抱える人は、特定の場面で問題行動をとることがよくあります。心理職は行動パターンをよく観察・分析し、本人にとって快適な環境を整えます。また、**本人の頑張りをすぐにねぎらうなど、適応的行動を増やすかかわりを心がけます。**

　家族には、家族療法や、ペアレント・トレーニング（PT→P197）が有効。障害に対するネガティブ感情をやわらげ、成長を支える姿勢を引き出します。

自閉スペクトラム症

状況にあったコミュニケーションや行動が、うまくとれない

自閉症とそれに近い発達障害を、一連の障害と捉え、自閉スペクトラム症とよびます。
コミュニケーションの困難、特定行動へのこだわりなどが見られます。

分類／症状

知的な障害がある子もいれば知的能力が高い子もいる

自閉スペクトラム症は、発達障害の一種。コミュニケーションがとりにくく、特定の行動をくり返すため、学校や社会に適応しにくくなります。

多くは知的能力障害を併存しますが、平均的な知能の子も、並外れた知的能力をもつ子もいます。重症度では、支援を要する「レベル1」、十分な支援を要する「レベル2」、非常に十分な支援を要する「レベル3」に分けられます。

関連要因

「感情調整機能不全」が行動の問題につながることも

自閉スペクトラム症には、遺伝的要因と環境要因が関与しています。

近年、注目されているのが、脳内の感情調整機能との関連。この機能不全により、ネガティブ感情が制御されず、かんしゃくや破壊行動、自傷などに至るのではないかと指摘されています。

ポジティブ感情の制御も同じく困難で、楽しみな行事の前に、興奮しすぎてパニックになるなどの行動が見られます。

対人面と行動面の両方で、困難をともなう

社会的コミュニケーションの問題

対人面、行動面の問題がある。ただし「問題」と捉えない視点も重要。

状況や相手に応じたかかわりが苦手
相手の気持ちや状況を想像して、コミュニケーションをとることが苦手。アイコンタクトや身振り、顔の表情、会話の抑揚も乏しい。

○○電鉄の
○○系の車両が

行動などのこだわりの問題

特定の行動などを頑なにくり返す
ジャンプなどの特定の行動をくり返したり、おもちゃを一列に並べるなど、規則性にこだわる。また、特定の対象や活動に、並外れて強い関心を抱く。

生活機能や親子関係をよくするプログラムをとり入れる

TEACCHプログラム

刺激を処理しやすくなる "しくみ"をつくる

感覚的特徴をふまえ、状況や適応的行動を理解しやすい環境調整を。

環境の調整と親のかかわりかたの改善で、ともに生活しやすくなる。

プログラム例
視覚的構造化
室内を区切り、空間ごとにすることを明確化。

スケジュールの構造化
文字や絵、写真で、その日の予定表をつくる。

ワークシステムの考案
活動の内容や量、時間、手順を視覚的に提示。

1 CDI アタッチメント形成
親の肯定的注目のなかで子どもを遊ばせる。

2 PDI 効果的な指示の習得
効果的な指示と、従わないときの対処を学ぶ。

PCIT（親子相互交流療法）

親子の交流パターンを再構築する
親子の交流をカウンセラーが別室で観察。マイクを通じて親に直接指示を出し、交流パターンを変えていく。

心理学的介入法
自立と共存のための「TEACCHプログラム」が普及

　支援法として世界的に普及しているのが、「TEACCHプログラム（自閉症とその関連する領域にあるコミュニケーション障害の子どもたちの治療と教育）」です。**自閉症児が生きる世界を理解し、特性にあわせた包括的支援をすることで、自立と共存をめざします。**

　特徴の1つが「視覚的構造化」。自閉症の人は視覚的情報の理解や記憶がよいことから、生活環境の区分けやスケジュール、課題の内容や量などの情報を視覚的な方法で提示します。

親への心理教育と共感的なかかわりも重要

　TEACCHプログラム以外の心理学的介入としては、メンタライゼーション（→P193）や動作法（→P158）などもあります。親のかかわりかたも重要で、多くのプログラムが開発されています。

　そのひとつが、ペアレント・トレーニング（PT）の一種とされる「PCIT（親子相互交流療法）」です。親子間のアタッチメントの形成と、親の適切な指示の出しかたを重視。知的能力障害がなく、かんしゃくや攻撃的行動、不服従など、行動上の問題が見られる子どもに有効とされています。

おもな神経発達障害

ADHD（注意欠如・多動症）

不注意や多動性が、学習、社会生活に影響

ADHDは、脳機能の問題により、不注意や多動、衝動的な行動などが
認められる障害です。ミスを減らすための行動などをともに考え、支援していきます。

分類／症状

「不注意」「多動性」「衝動性」で日常生活に不都合が生じる

「注意欠如・多動症（ADHD）」は、「不注意」「多動性」「衝動性」の3つの主症状が、持続的に現れる障害です。

とくに気になるのが、学校や家庭での問題行動や対人トラブル、学業成績の低下など。忘れものやケアレスミスが多かったり、じっとしていられず、そわそわと落ち着きがなかったり。突然、軽はずみな行動をとって周囲を驚かせることもあります。

成人でも、約2.5%にADHDが認められる

ADHDの有病率は、学童期で3〜5%ほど。多動性や衝動性が年齢とともに減弱し、問題行動が改善するケースも少なくありません。

ただし、成人でも2〜2.5%にADHDが認められ、大人の発達障害として注目されています。失敗を自覚できるぶん、不安や気分の落ち込みが強くなりがち。そのため、不安障害や抑うつ障害群、アルコール依存やネット依存などの二次障害の併存が増えてきます。

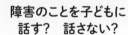

障害のことを子どもに話す？ 話さない？

障害を受け入れ、
"ともに生きていく"ための
告知は重要です

現在は、心理的障害をもつ人が、地域でいかに自分らしく暮らせるかが重視されています。そのためには障害告知も重要。中学生以上では人生への主体的姿勢をもつ子も多く、今後の見通しを立てる助けにもなります。

ただし、親が障害を受容し、本人に話したいと考えていることが前提です。今後への希望を親子で共有できるよう支援していきます。

幼児期

不注意よりも多動傾向がめだつ

不注意はあまりめだたないが、多動傾向が認められる。遊びの順番を待てず、他児を突き飛ばしたりすることも。

成長とともに、症状の出かたが変化していく

成長とともに、症状の現れかた、本人の捉えかたが変化していく。

小学生

不注意や逸脱でしかられることが増える

忘れものなど、不注意がめだってくる。授業中の離席、ルールの逸脱など、学校や家庭で叱られることが増える。

中学生＆高校生

症状への自覚から、回避行動をとることも

学業でのケアレスミス、友だちとのすれ違いなどがめだつ。症状を自覚し、我慢が必要な場面を避けることも。

今日の給食なんだっけ!!
プリンあるかなー

バン
バン

青年期以降

失敗への落ち込み、不安に悩む

軽はずみな言動で仕事や対人関係の問題を抱えやすい。それが自尊心の低下や抑うつ症状などにつながることも多い。

関連要因

行動コントロールにかかわる
右前頭前野の活性が低い

ADHDには、遺伝的要因が強く関与していると推定されています。ただし特定の遺伝子はまだ判明していません。

その他のリスク要因としては、低体重出生、環境中の化学物質、ネグレクトなどの関与が示されています。これらの影響で、脳のなかでも行動抑制機能に強く関与する「右前頭前野」の活性が低いと考えられています。

発症機序の解明はまだ不十分ですが、"性格でなく脳の問題とわかってよかった"と話す当事者、家族もいます。

心理学的介入法

ペアレント・トレーニングや
薬物治療、SSTなどをおこなう

ADHDの支援の目的は、主症状の改善と、学校や家庭、地域社会への適応です。ADHD特性を"自分らしさ"として、肯定的に捉える視点も大切です。

介入法としては、親を対象とした心理教育、ペアレント・トレーニング（PT）が欠かせません。失敗を責めずに、いい部分に注目し、伸ばすかかわりを身につけてもらいます。本人への介入では、SST（→P127）やプレイセラピー（→P121）、認知行動療法（→P126〜）、薬物治療などをおこないます。

SLD（限局性学習症）

言語理解や算数など 特定のスキルに障害がある

発達障害のなかで、とくに有病率が高いのが「SLD（限局性学習症）」です。
文字が読めない、書けないなどの問題が認められますが、その障害は限定的です。

分類／症状

知的能力は正常水準だが 読み書きなどの特定スキルが低い

「SLD（限局性学習症）」は、学習に必要なスキルの障害です。文字を読んで理解する「読字」、文字を正確に書く「書字表出」、数字や計算の理解などの「算数」のいずれかで、年齢相応のスキルが認められません。

知的能力障害（→P194）、視聴覚障害などがないのに、授業についていけないといった問題が生じます。就学前から、言語や注意、手指の細かい動きなどに遅れが見られることもあります。

3つの能力いずれかに、困難がある

? 読字の困難

書字表出の困難

算数の理解の困難

〝なぜ自分だけ理解できないのか〟と悩む子どもが多い。

関連要因

遺伝的要因が強く、 子どもでは有病率5〜15％

SLDは脳神経系の機能障害で、遺伝的要因の関与が強く示唆されています。その他のリスク要因としては、極低体重出生、周産期の喫煙などがあります。

有病率は、学童期の子どもの5〜15％と非常に高率です。

心理学的介入法

得意なことをいかして 学習を進められるようにする

通常学級で学ぶことも、特別支援学級などで学ぶこともできますが、いずれの場合も教師や学習支援員へのコンサルテーション、研修、親への心理教育などで学習しやすい環境を整えます。

子どもには、できること、得意なことをいかして学習を進められるよう支援します。手の届くことから1歩ずつ進める「スモールステップ」など、行動療法の技法も役立ちます。

Part 5

臨床心理学を
社会に役立てる

臨床心理学を学んだうえでめざすのは、社会で活躍するカウンセラー。
多くのクライエントと接しながら、生涯をかけて学び、成長し続ける仕事です。
働く領域では「医療・保健」「教育」「福祉」「産業・労働」「司法・法務・警察」が
代表的で、どの領域にも心理的障害を抱え、支援を必要とする人たちがいます。

社会の幅広い領域で 心理職へのニーズが高まっている

心理職へのニーズの高まりから、国家資格化も実現し、今後はますます
活躍の幅が広がります。まずは現状で多い働きかたと、選択肢を見てみましょう。

おもな活動の場は5領域。 もっとも多いのは医療機関

　心理職の魅力の1つは、その多様な働きかたです。おもな活動の場は、「医療・保健」「福祉」「教育」「産業・労働」「司法・法務・警察」の5領域です。

　日本臨床心理士会の調査によると、もっとも多くの人が働いているのは、医療・保健領域です。病院の精神科、精神科クリニックに勤務し、外来やデイケア、病棟で、うつ病をはじめとする心理的障害の治療にあたっています。

　次に多いのが教育領域です。多くは自治体からの派遣で、スクールカウンセラーとして活躍しています。教育委員会などで働く選択肢もあります。

多くの心理職が
複数の領域で
働いています

幅広い領域や
対象をもつことで、
カウンセラーとしての
腕も磨かれます

個人を対象とした面接、 アセスメントをすることが多い

　医療と教育など、複数の領域で働く人も多くいます。2機関以上に勤務している人は、全体の44%。領域によって心理的障害も異なるため、多様なクライエントに出会い、支援できるのが大きな魅力といえます。

　業務内容としては、個人臨床心理面接や臨床心理アセスメントが最多です。

カウンセリングルームの開業、 大学での研究も大きな選択肢

　カウンセリングルームの開業という働きかたもあります。自分が最良と思うスタイルで、1人1人とていねいにかかわれるのが魅力。日本では欧米ほど普及していませんが、今後は市民の心理的健康のためにも必要です。

　また、大学などでの研究、指導も重要な選択肢。科学者−実践家モデルの実現のために、大学勤務と民間での臨床を兼務する人も少なくありません。

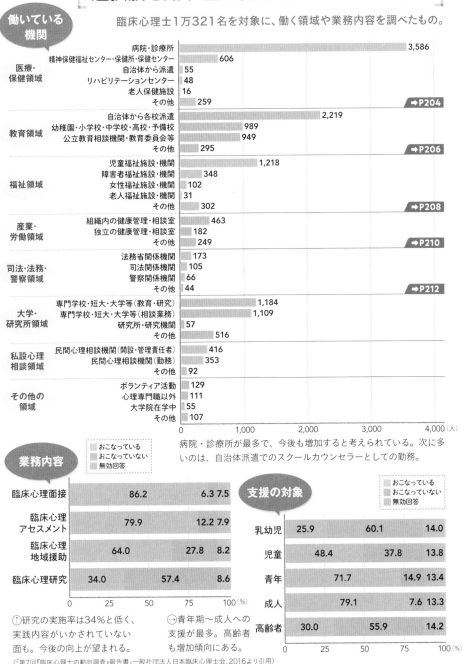

選択肢を知り、望む働きかたをイメージする

臨床心理士1万321名を対象に、働く領域や業務内容を調べたもの。

働いている機関

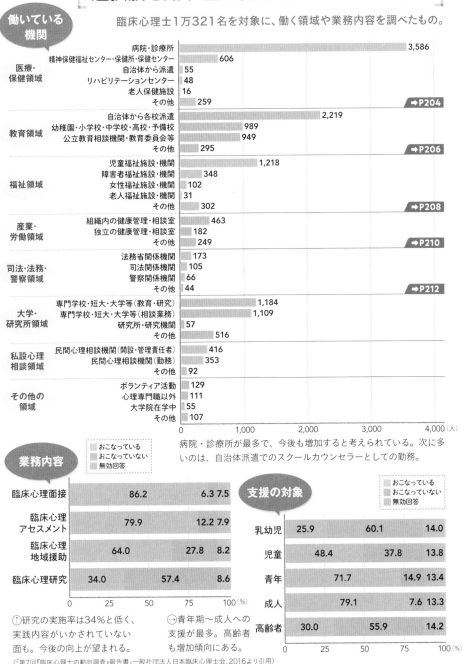

領域	機関	人数
医療・保健領域	病院・診療所	3,586
	精神保健福祉センター・保健所・保健センター	606
	自治体から派遣	55
	リハビリテーションセンター	48
	老人保健施設	16
	その他	259 →P204
教育領域	自治体から各校派遣	2,219
	幼稚園・小学校・中学校・高校・予備校	989
	公立教育相談機関・教育委員会等	949
	その他	295 →P206
福祉領域	児童福祉施設・機関	1,218
	障害者福祉施設・機関	348
	女性福祉施設・機関	102
	老人福祉施設・機関	31
	その他	302 →P208
産業・労働領域	組織内の健康管理・相談室	463
	独立の健康管理・相談室	182
	その他	249 →P210
司法・法務・警察領域	法務省関係機関	173
	司法関係機関	105
	警察関係機関	66
	その他	44 →P212
大学・研究所領域	専門学校・短大・大学等(教育・研究)	1,184
	専門学校・短大・大学等(相談業務)	1,109
	研究所・研究機関	57
	その他	516
私設心理相談領域	民間心理相談機関(開設・管理責任者)	416
	民間心理相談機関(勤務)	353
	その他	92
その他の領域	ボランティア活動	129
	心理専門職以外	111
	大学院在学中	55
	その他	107

(単位:人、0〜4,000)

病院・診療所が最多で、今後も増加すると考えられている。次に多いのは、自治体派遣でのスクールカウンセラーとしての勤務。

業務内容

凡例: おこなっている / おこなっていない / 無効回答

	おこなっている	おこなっていない	無効回答
臨床心理面接	86.2	6.3	7.5
臨床心理アセスメント	79.9	12.2	7.9
臨床心理地域援助	64.0	27.8	8.2
臨床心理研究	34.0	57.4	8.6

（単位:%、0〜100）

①研究の実施率は34%と低く、実践内容がいかされていない面も。今後の向上が望まれる。

支援の対象

凡例: おこなっている / おこなっていない / 無効回答

	おこなっている	おこなっていない	無効回答
乳幼児	25.9	60.1	14.0
児童	48.4	37.8	13.8
青年	71.7	14.9	13.4
成人	79.1	7.6	13.3
高齢者	30.0	55.9	14.2

（単位:%、0〜100）

➡青年期〜成人への支援が最多。高齢者も増加傾向にある。

（「第7回『臨床心理士の動向調査』報告書」一般社団法人日本臨床心理士会、2016より引用）

各領域での活動

医療・保健領域

精神科や精神腫瘍科などで
医療チームとして働く

公認心理師の資格をもつ人が、さらに増えると予測される領域です。
チーム医療の一員として、他職種の専門性の尊重、情報の共有などが求められます。

活動内容と魅力

うつ病や統合失調症などの
治療と生活支援にあたる

　医療・保健領域では、精神科病院や精神科・心療内科のクリニック、総合病院の精神科で働く人が大半です。

　中心となるのは、うつ病や統合失調症などへの介入です。**まずは医師の依**頼で心理アセスメントを実施。診断後に心理療法が必要となれば、個人心理療法、家族療法、心理教育などに移ります。なかにはアセスメント専属の人もいます。重い心理的障害をもつ人が、生活スキルなどを身につける「デイケア」や、職場復帰を支援する「リワークプログラム」に携わることもあります。

アセスメントや心理療法のほか、心理教育活動も重要

医療・保健領域で求められる業務内容は、おもに以下の5つ。

I 心理アセスメント

**「面接」「行動観察」「心理検査」の
3つの方法でアセスメント**

3つの方法で総合的にアセスメントし、心理的障害の有無や重症度、問題の構造を把握。

II 心理療法

**状態にあわせて技法を選択。
グループ療法も必要となる**

心理的障害と、患者のタイプに応じた技法で実施。家族面接やグループ療法も多い。

III 地域援助活動

**デイケアや精神保健福祉
センターなどで支援する**

デイケアや精神保健福祉センターでの当事者・家族支援、アウトリーチ活動など。

IV 研究活動

**効果研究の蓄積から
よりよいアプローチにつなげる**

臨床活動を実施するだけでは発展がない。心理療法の効果などを研究し、論文化する。

V 教育活動

**患者と家族だけでなく
他職種への心理的教育も実施**

患者や家族への心理教育に加え、他職種に心理学的介入の方法、意義などを伝える。

精神科以外にも、心理学的介入への多様なニーズがある

このほかに、医療職への心理的援助なども必要とされる。

精神科領域

うつ病　統合失調症　PTSD　双極性障害　不安障害　など

うつ病や双極性障害、統合失調症など、心理的障害を抱える人のアセスメントと治療にあたる。心理療法だけでなく、心理教育、SST（→P127）など、生活に役立つ支援もおこなう。

精神科以外の領域

小児医療（発達障害など）　老年期医療（認知症など）　がん治療や緩和医療　リハビリテーション（脳血管障害など）　外科的治療（周術期ケア）　先進医療（移植、不妊治療など）　など

小児期や老年期における心理的障害や、身体疾患にともなう不安や抑うつのケア、治療に関する意思決定支援などをおこなう。
患者を支える家族のケアも重要。

身体疾患や身体障害をもつ人の心のケアも求められている

活躍の場は精神科以外にもあります。**最近では各診療科でチーム医療が重視され、心理職もその一翼を担います。**

たとえば小児医療では、発達障害や難治性疾患をもつ子どもと親の心をケアします。**がん患者の心のケアは、おもに精神腫瘍科の心理職の仕事**。再発や転移の不安のほか、治療によるボディイメージの変化など、喪失感に苦しむ人に寄り添います。老年期医療では認知症やうつ病への介入が必要ですし、リハビリチームや糖尿病医療チーム、周術期チームなどにも加わります。

必要な知識とスキル
医学的知識と用語を共通言語として身につける

ひと通りの心理検査を理解していないと、医療領域で必要なアセスメントができません。とくによく使うのは、MMPI（→P92）や投影法（→P94）、知能・発達・認知機能検査（→P96〜）など。保険適用となる認知行動療法（→P126〜）の知識とスキルも必要です。

疾患の治療を目的とする場ですから、医学的知識、医療保険制度などの知識は不可欠です。そのうえで、他職種と積極的にコミュニケーションをとり、協働する姿勢が必要です。

教育領域

スクールカウンセリング、
教育センターで子どもとかかわる

教育領域では、スクールカウンセラーとして働く人が最多。児童生徒との面接、
親との面接、教職員へのコンサルテーションなどをおこないます。

活動内容と魅力

学校での児童や教師への介入、相談機関での面接が中心

　教育領域でもっとも多い心理職が、スクールカウンセラー。**学校内で児童生徒や親との面接をおこないます。**教職員に対するコンサルテーションも重要な仕事。多くは1つの学校につき週1回・4〜8時間程度の勤務というかぎられた枠内で、有効な支援を考えていきます。

　各自治体の教育相談室や教育センターに勤務し、学校生活にまつわる相談、子育て相談にのったり、発達障害児の支援をおこなう働きかたもあります。

いじめ、不登校、家族環境など幅広い問題に介入

児童生徒からの相談内容として、とくに多いのは以下の6つ。

I いじめへの対応

被害児童を守るだけでなく、児童全員への介入が必要

被害者の安心・安全を第一に考える。周囲の生徒の態度がいじめの維持要因となったり、逆に心の傷を受けていることもあり、学級全体への介入が必要。

担任など、関係者全員を巻き込んでいく

II 不登校への対応

いじめだけでなく、家庭の問題、心理的障害が背景にあることも

原因として、不安、無気力などの感情面の問題が最多。友人間のトラブル、受験での燃え尽きなどもある。背景に心理的障害がないかも含め、広く見ていく。

III 暴力行為への対応

教育者として罰するのではなくサポーターとしてかかわる

問題となる暴力行為の背景に何があるのか、包括的なアセスメントをして、教職員と対策を共有。生徒には共感的・受容的にかかわり、居場所をつくる。

まずは信頼関係をつくることから

子どもの成長・発達に
かかわれるのが、最大の魅力

　面接は児童生徒本人や親が望むこともあれば、担任教師や養護教諭などから相談を受けて始まることもあります。

　行動観察、関係者からの聞きとり、心理検査などのアセスメント結果をもとに、教職員や親に、児童への接しかたなどのアドバイスをおこないます。心理療法の実施機会は多くありませんが、心理教育的かかわりで、感情調整力や対人スキルなどを育む支援はできます。

　こうした介入によって「生徒がいきいきしてきた」など、子どもの変化や成長を感じられるのが大きな魅力でしょう。

　また近年は子どもだけでなく、教職員の心理的なケアも重視されています。

必要な知識とスキル

システム全体を見渡し、
調整する力が求められる

　スクールカウンセラーは、学校というシステムに入っていき、システムの調整までおこなう仕事です。

　まず大切なのは、学校の風土や管理職の価値観、教職員と生徒の関係など、システム全体を見渡して、問題の構造をつかむこと。そのうえで教職員や親と連携をとり、介入していきます。

　問題の背景に、発達障害や心理的障害を抱えている生徒もいます。なかには虐待や貧困に苦しむ生徒も。**そのような場合は、児童相談所やソーシャルワーカー、医療機関など、外部機関との調整能力も求められます。**

貧困も、心のつらさを
引き起こす

家庭の問題の相談

**児童相談所など、
福祉領域との連携も必要**
家庭内不和、貧困、虐待、親の心理的障害など。児童相談所やソーシャルワーカー、医療機関など、外部とも連携を。必要に応じて家庭訪問もおこなう。

友人関係の相談

**いじめがないかに注意しつつ
個人相談でかかわっていく**
友人や異性との関係、部活内での人間関係などの相談に対応。いじめのほか、パーソナリティや発達の問題がないかも考えながら、ていねいに話を聞く。

学業・進路の相談

**学業以外の本当の悩みが
隠されていることも**
成績や進路のことを相談してくる生徒もいる。ただし、発達段階における性や体の悩み、アイデンティティの悩み、親子関係の問題などが隠されていることも。

福祉領域

被虐待児のケアや 障がい者自立支援などをおこなう

被虐待児や障がい者、高齢者など、支援対象はさまざま。心理検査・心理療法だけでなく、環境全体を調整するソーシャルワーク的な視点も必要です。

活動内容と魅力

障がい者のための施設や 児童相談所などで働く

福祉領域でもっとも多いのが、児童福祉分野での活動です。**児童相談所や児童養護施設をはじめ、自治体で子育て支援担当として働く人や、学童保育**や児童館にかかわる人もいます。

次いで多いのは障がい者福祉分野です。身体・知的障がい施設、療育施設などで、障がいをもつ人を支援します。

さらに、養護老人ホームなどの高齢者福祉分野、DV相談支援センターなどの女性福祉分野もあります。

乳幼児から高齢者まで、幅広い対象とかかわる

通所や入所、短期や長期など、施設の形態はさまざま。

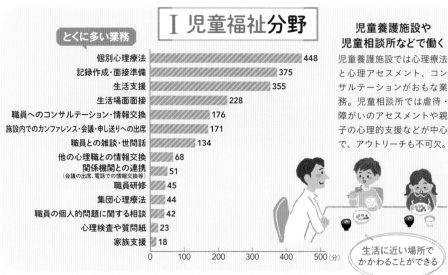

Ⅰ 児童福祉分野

とくに多い業務

業務	分(分)
個別心理療法	448
記録作成・面接準備	375
生活支援	355
生活場面面接	228
職員へのコンサルテーション・情報交換	176
施設内でのカンファレンス・会議・申し送りへの出席	171
職員との雑談・世間話	134
他の心理職との情報交換	68
関係機関との連携 (会議の出席、電話での情報交換等)	51
職員研修	45
集団心理療法	44
職員の個人的問題に関する相談	42
心理検査や質問紙	23
家族支援	18

児童養護施設や 児童相談所などで働く

児童養護施設では心理療法と心理アセスメント、コンサルテーションがおもな業務。児童相談所では虐待・障がいのアセスメントや親子の心理的支援などが中心で、アウトリーチも不可欠。

生活に近い場所でかかわることができる

（「平成22年度研究報告書 児童養護施設における心理職のあり方に関する研究」増沢 高ほか、社会福祉法人横浜博萌会 子どもの虹情報研修センター〈日本虐待・思春期問題情報研修センター〉、2011より引用）

生活全体にかかわり、長期の継続的支援ができる

　福祉領域には、通所施設と入所施設があります。たとえば被虐待児などを養育する児童養護施設では、生活の場に心理職が入っていきます。子どもどうしの関係や職員との関係、集団のなかでのふるまいなどを直接観察できます。

子どもや障がいをもつ人に近くでかかわり、成長発達や変化を長期的に見守っていけるのが魅力のひとつです。

　個別の心理療法は、生活と離れた場所で治療構造を確保するため、別棟の面接室などでおこないます。**一般的なプレイセラピーのほか、自分が施設にいる理由などを知り、アイデンティティ確立と自立につなげる「ライフストーリーワーク」も注目されています。**

必要な知識とスキル

ソーシャルワークや身体疾患・障がいについても理解する

　福祉領域では、個人のQOL（生活の質）を高めていくために、さまざまな機関や制度、サービスなどにつなげる"橋渡し"の仕事が重要です。

　システム全体を見ながら、他機関の専門職と連絡・調整をおこない、介入する力が求められます。障害者総合支援法などの法律、介護保険制度も理解しておかなくてはなりません。ソーシャルワークや精神保健福祉士の仕事と重なる部分も大きいでしょう。

　身体障がいや神経難病をもつ人の支援では、医学的知識も必要です。

　施設内でも、多職種連携は不可欠。たがいの専門性を尊重して協働します。

Ⅱ 障がい者福祉分野

ライフサイクルに応じて就労支援などもおこなう

通所で利用する発達障害支援センターや、重度の身体・知的障がい者の入所施設などがある。障がいのアセスメント、養育・学習支援、就労支援など、ライフステージに応じて支援する。

おもな業務

- 心理療法
- 他職種へのコンサルテーション
- 心理アセスメント
- 障がい受容の支援
- 就労支援
- 生活訓練への心理的援助
- 家族相談

など

成長後も継続的にかかわっていく

Ⅲ 高齢者福祉分野

現状では福祉系施設よりも病院での勤務が多い

「高齢者領域における臨床心理士の活動実態に関するWEB調査報告書（2018）」（一般社団法人日本臨床心理士会）によると、病院で働く人が多いが、介護施設で働く人も増加。認知症などへの介入が多い。

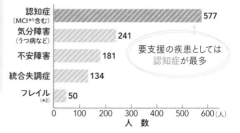

疾患	人数
認知症（MCI*1含む）	577
気分障害（うつ病など）	241
不安障害	181
統合失調症	134
フレイル（*2）	50

要支援の疾患としては認知症が最多

*1 MCI…軽度認知障害。軽度の記憶障害はあるが、日常生活動作に問題はなく、認知症の診断基準を満たさない。認知症の一歩手前の状態と考えられている。 *2 フレイル…フレイルティ（虚弱、老衰）。加齢により心身の活力が低下し、体重減少、筋力低下、易疲労感などで、生活に支障をきたした状態。

各領域での活動

産業カウンセラーとして
うつなどの予防・改善にとり組む

長時間労働やハラスメントによる心理的障害は後をたたず、自殺という
最悪の結果に追い込まれる人も。企業でのメンタルヘルス活動は非常に重要です。

活動内容と魅力

**外部EAPで、カウンセラーとして
働く人が増えている**

産業領域の心理職の働きかたは、大きく2つあります。**1つは企業内のカウンセラーとして働く方法です**。企業内の健康管理部門や健康管理組合、キャリア相談室などで勤務します。

もう1つは、外部EAP機関での活動です。EAP（従業員支援プログラム）は、組織の生産性向上を目的として、雇用者が従業員に心理学的援助を提供するしくみ。カウンセラーはEAP機関と契約した、さまざまな企業のメンタルヘルス対策に携わります。

**組織と経済にかかわり
よりよいしくみづくりをめざす**

具体的な業務は、うつ症状などに苦しむ従業員への心理学的介入、環境調整、リワーク（復職）支援など。また、メンタルヘルスに関する社員研修や管理職研修なども担当します。心理アセスメントや個人心理療法を社内でじっくりおこなうことは少なく、必要な場合は外部機関などに紹介します。

1日の大半を過ごす職場環境は、メンタルヘルスに大きく影響するもの。**企業という大きなシステムに介入し、よりよい労働環境と経済活動、市民の心理的健康に役立てるのが魅力です**。

必要な知識とスキル

**社会人マナーは必須。
企業風土も十分に理解して**

活動にあたっては、社会人としての常識やマナーは必須。労働法規、ハラスメントやコンプライアンスにかかわる指針も欠かせない知識です。固有の企業風土も理解し、産業医や人事担当者、管理職などと連携して進めます。

人事担当者などとかかわるとき、重要なのが守秘義務です。**面接で得た個人情報は伝えられないこと、心理的障害を業績評価に結びつけてはいけないことなどを明確にしておきます**。

企業や外部機関で、産業カウンセラーとして介入する

従業員のストレスチェックなど、第1次予防（→P61）もおこなう。

事業所への介入

企業

部署

心理職の人数は1〜5名と、企業の規模などによって異なる。

産業保健スタッフ
- 産業医
- 産業カウンセラー
- 産業看護師

管理監督者（上司）
従業員

管理部門
- 人事部
- 総務部
- 衛生管理者

連携　　支援　　コンサルテーション　　コンサルテーション

外部EAP（従業員支援プログラム）機関

おもな役割

心理学的介入とともに組織のシステムにも介入。リワーク支援も重要な役割。

問題の把握
面接や検査で問題の構造をつかむ。

危機介入
自殺念慮があるときの入院措置など。

問題解決対応
問題ごとの介入法を先に決めておく。

トレーニング
管理職への、EAPのリーダー教育。

モニタリング
介入後の状態を観察、フォローする。

コンサルテーション
組織の管理職、上司への指導、助言。

プログラムの構築・推進
心理的健康のための活動の普及など。

紹介

関係機関

医療機関

公的機関

精神科医、心療内科医のほか、産業保健総合支援センターなど公的機関とも連携。

リワーク支援

厚生労働省が示す職場復帰支援の流れ。病欠後、スムーズに職場に戻れるよう、計画や環境調整をおこなう。

Step 1 病気休業開始および休業中のケア
Step 2 主治医による職場復帰可能の判断
Step 3 職場復帰の可否の判断および職場復帰支援プランの作成
Step 4 最終的な職場復帰の決定、職場復帰
Step 5 職場復帰後のフォローアップ

本人だけでなく、上司や同僚へのアドバイスが有効

障害者雇用支援

統合失調症などの障害をもつ人の雇用をサポート。本人の相談にのるほか、管理職や同僚への助言、研修も重要。

非行少年へのアセスメント、心理教育などをおこなう

司法・法務・警察領域での仕事は、非行少年の将来を左右するもの。成育環境の問題、心理的障害などが背景にあることが多く、それを理解してかかわります。

活動内容と魅力

家庭裁判所の調査官や法務技官として働く

働きかたは、国家公務員の「家庭裁判所調査官」「法務技官」、地方公務員の「警察のカウンセラー」の3つです。

家庭裁判所調査官の業務は、家庭裁判所の命令にもとづく調査。虐待や親権者の指定に関する事実調査と、罪を犯した少年への心理検査が主です。

法務技官はおもに少年鑑別所に勤務し、家庭裁判所から送致された少年のアセスメントをします。少年院や刑務所で働く場合は、行動改善のための指導やカウンセリングをおこないます。

警察のカウンセラーは、警察で少年相談と犯罪被害者支援にあたります。

成育歴にも目を向けて相手を全人的に理解する

家庭裁判所調査官や法務技官の仕事でもっとも重要なのは、非行少年を包括的にアセスメントすること。家庭環境に問題があったり、何らかの障害を抱える子も少なくありません。**成育歴をはじめ、本人との面接、心理検査、他機関への記録照会などから、問題行動の背景を見ていきます。**

これらの報告書や審判をもとに、非行少年の処遇が決まります。人生を左右する重大な決定にかかわる仕事です。

必要な知識とスキル

包括的なアセスメントスキルを磨いておく

犯罪や法律の知識も必要ですが、それ以上に重視されるのが、アセスメントスキルです。投影法も含めた心理検査を組み合わせて実施し、統合的に理解する力が求められます。

非行少年への支援の目的は、懲罰ではなく、周囲の支援による更生と人生の再構築です。面接の動機づけが低く非協力的なこともありますが、どんな相手にも受容的にかかわり、信頼関係を築いていく姿勢が大事です。

処遇の流れのなかで、3つの関わりかたがある

逮捕後の処遇は以下のとおり。このような法的しくみも理解しておきたい。

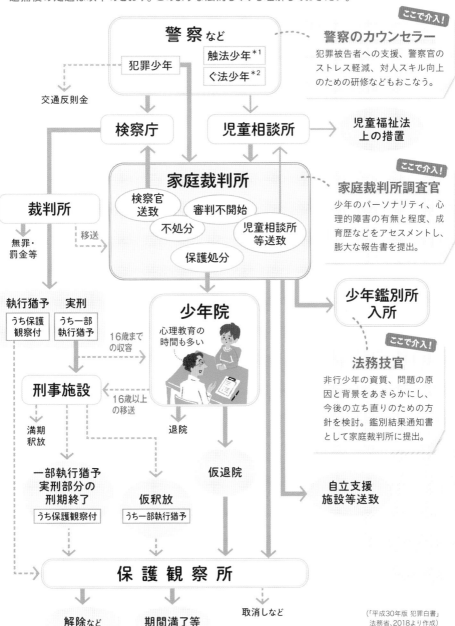

警察のカウンセラー
犯罪被害者への支援、警察官のストレス軽減、対人スキル向上のための研修などもおこなう。

家庭裁判所調査官
少年のパーソナリティ、心理的障害の有無と程度、成育歴などをアセスメントし、膨大な報告書を提出。

法務技官
非行少年の資質、問題の原因と背景をあきらかにし、今後の立ち直りのための方針を検討。鑑別結果通知書として家庭裁判所に提出。

（「平成30年版 犯罪白書」法務省、2018より作成）

*1 触法少年…14歳未満で何らかの罪を犯した少年。14歳以上の「犯罪少年」とは区別してこのようによばれる。
*2 ぐ法少年…本人のパーソナリティや家庭環境を鑑みて、罪を犯すおそれがあると認められる少年。

「共感性」「客観性」「自律性」 などの資質が求められる

カウンセラーには、共感性、客観性、自律性などの個人的資質が求められます。 自身の個人的資質はどうか、つねにふり返る内省的な姿勢も大切です。

共感性などの個人的資質が 心理療法の効果に影響

心理療法は、1人の人間としてクライエントと向き合い、内面に影響を与えるプロセスです。知識や技法を覚えるだけでは、効果的な介入はできません。**カウンセラーの個人的資質が、心理療法の効果を大きく左右します。**

そこで一貫して示されたのは、C.R.ロジャースが提唱した3つの中核条件。「共感」「受容」「自己一致」です（→P138）。**それを実現するにはカウンセラーの感情的ウェルビーイング（主観的幸福感）も重要で、心理療法の効果に影響することがわかっています。**

自分自身を顧みながら 臨床家として成長していく

カウンセラーを指導する立場の臨床家に、望ましい個人的資質について尋ねた研究もあります。**そこでは、「問題を適切に捉える力」「自律性」「共感性」「自己への気づき」などがあげられています**（右表参照）。面接場面だけでなく、日常的な人間関係のなかで、これらを発揮できることも重要です。

よりよい臨床家になるには、スーパービジョン（→P220）などの継続的訓練も欠かせません。個人的に心理療法を受けることも、職業的な気づきと学びにつながります。

あなたがカウンセラーになりたい理由は?

自身が苦悩を経験したからこそ、「人を癒やしたい」と考える人は多いもの。C.G.ユング（→P43）はこれを"傷ついた癒やし手"とよび、心理療法によい影響を与えると指摘しました。こうした動機も含め、自身をあらためて振り返ってみましょう。日常的な他者への援助、自己像なども検証し、よい資質、不足している面を考えてみてください。

必要な資質とスキルを理解し、専門性の向上をめざす

自分自身をふり返りながら、カウンセラーとして成長を続ける。

求められる資質

カウンセラーの資質の研究		
カウンセラーとしての資質 （マズローの自己実現の人間） （C.H.パターソン, 1985）	マスターセラピスト （L.ジェニングス&T.M.スコウフォルト, 1999）	臨床家の良好な機能 （J.S.コスター&M.シュウェーベル, 1997）
描写されるカウンセラー像		
自己実現した人物 （カウンセラー以外も含む）	セラピストに推薦される「すぐれた」臨床家 "マスターセラピスト"	セラピストに推薦される「すぐれた」臨床家像
特　徴		
❶ 現実を正確に読みとり、現実に対してよい関係をもっている ❷ 自己、他者、自然を受容できる ❸ 自発的であり、慣習にとらわれないが、それを侮らない ❹ 問題中心的である（"人からどう見られるか"でなく、"何をすべきか"という視点で考えられる） ❺ 超然とした姿勢（プライバシーへの欲求、1人でいることを享受できる） ❻ 自律的であり、文化と環境に依存的でない ❼ くり返される日常に対しても、新鮮さを感じてそれを味わう ❽ 神聖体験、大洋感覚（自然など自分より大きな存在との一体感）をもつことができる ❾ 共感的である ❿ 深い対人関係をつくり、維持できる ⓫ 手段と目的を区別できる ⓬ 皮肉ではないユーモアを使うことができる ⓭ 創造性をもつ	[認知領域] ❶ 飽くことを知らない熱心な勉強家である ❷ 蓄積した経験をリソースとして活用する ❸ 人間の条件の複雑さとあいまいさを大切にする [感情領域] ❹ "自己に対する気づきが高い""内省的""非防衛的""フィードバックに対して開放的"という特徴に示されるように、感情的受容力をもつ ❺ 精神的に健康で成熟し、自分自身の感情的ウェルビーイングに注意を向けている ❻ 自分自身の感情的ウェルビーイングが、仕事の質にどのように影響しているかに気づいている [対人関係] ❼ 高い対人スキルをもつ ❽ 治療的変化の基礎は、強い治療同盟であると確信している ❾ カウンセリングにおいて、自身の並外れた対人スキルを使う	[対人サポート] ❶ 同僚、大学院時代の友人などの仲間のサポートを受ける ❷ 配偶者、家族、友人などとの安定した人間関係を大切にする ❸ 仕事と私生活のバランスのとれた生活をめざす [継続的訓練] ❹ スーパービジョンを受ける ❺ 大学院や大学と継続的に関係をもつ ❻ 継続的教育を受ける [自己のケア] ❼ 価値観の源泉として自分の育った家族について考える ❽ 個人療法を受ける ❾ 機能不全であることの損失の大きさを認識する ❿ リラクゼーション ⓫ エクササイズ ⓬ 友だちと出かけるなど、さまざまな対処法をとる

望ましいカウンセラー像に関する代表的な研究結果。表面的なテクニックではなく、人間的資質が重要とわかる。

（『カウンセリング・心理療法の基礎——カウンセラー・セラピストを目指す人のために』金沢吉展編、有斐閣、2007より引用、一部改変）

第1段階 **初心者段階**	規則に忠実に課題をこなそうとするが、文脈が把握できていない。	**専門性の向上**
第2段階 **上級初心者段階**	文脈に気づくものの、判断や行動にいかすことはできない。	
第3段階 **上級者段階**	文脈を捉え、経験と理論的知識をすりあわせて判断できる。	
第4段階 **精通段階**	経験にもとづいて、状況を即時的に、かつ効率的に判断できる。	
第5段階 **熟達段階**	状況を直感的に把握し、広い見通しがもてる。理論と経験が統合。	

自分の実践をつねにふり返る姿勢が大事

哲学者のH.L.ドレイファスによる、各領域に共通する職業的成長モデル。年齢と経験だけでは熟達に至らず、つねに学ぶ姿勢が必要。

これからの心理職には、多職種連携が欠かせない

多くの領域で心理職が必要とされる一方で、"心理の人って何しているかわからない"という指摘も。チームで協働するための基本姿勢を学びましょう。

どの現場でも、チームアプローチでの支援が主流

　心理的問題は、生物－心理－社会モデルで包括的に介入しなくてはなりません。それには多職種でのチームアプローチが不可欠です。

　たとえば医療では「チーム医療」が重視され、医学的診断と治療、ケアには、医師や看護師があたります。理学療法士（PT）、言語聴覚士（ST）、作業療法士（OT）などのリハビリ職もいます。福祉面では精神保健福祉士（PSW）、メディカルソーシャルワーカー（MSW）らが生活を支えます。

　教育や福祉、司法、産業でも、このような基本構造は同じ。彼らとともに1つのチームとして働き、最善の介入をめざしましょう。

チームで力をあわせ、生物－心理－社会モデルで支援する

心理職、医療職、福祉職のそれぞれが生物－心理－社会モデルの視点をもち、連携しながら介入することで、問題の軽減・解決をめざす。

（「生物・心理・社会モデルと心理職のスキルアップ」高橋美保、臨床心理学 vol.15（6）：746-750、2015より作成）

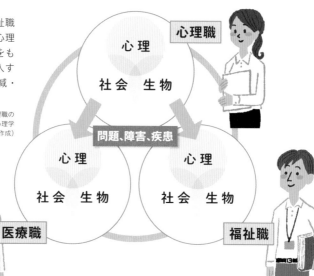

心理職

問題、障害、疾患

医療職

福祉職

他職種から見て、協働しやすい心理職をめざす

協働における心理職の課題は、おもに以下の3つ。どうすれば改善できるか考えよう。

現状での課題

非専門性にかかわる課題
例「社会性や、他職種への敬意に欠けているのでは？」

社会人としての常識や社交性の欠如、他職種への無関心、コミュニケーション不足など。

（「医療領域での多職種協働における臨床心理職の課題―臨床心理職に対するアンケート調査から―」樫原 潤ほか、東京大学大学院教育学研究科紀要 vol.55：291-301,2015より作成）

専門性にかかわる課題
例「情報を1人で抱え、他職種への説明が不十分」

1人仕事になりがちだったり、守秘義務優先で情報共有が不十分。医療や福祉の知識が不足。

社会的背景にかかわる課題
例「社会や組織のなかでの立ち位置があいまい」

専門性や業務内容のわかりにくさ、非常勤中心の勤務形態などで、組織での立ち位置が不明瞭。

求められる姿勢

チームアプローチの意義を知る
専門性と役割分担を明確にし、共通の目標のもとで介入。

アクセスしやすい立ち位置に
日常的なコミュニケーションで、声をかけやすい存在に。

チーム全体をアセスメント
チームの各メンバーと全体のバランスを見て調整していく。

クライエントもチーム員と考える
本人・家族もチーム員と考え、ともに問題解決にあたる。

他の専門職への敬意をもつ
他職種の職務内容と重要性を知り、敬意をもって学び合う。

自分の役割と限界を知る
できることとできないことを明確にし、他職種にも伝える。

同業種間でも連携をする
先輩・同僚はもちろん、他機関の心理職にも助言をもらう。

医療以外の領域でも必要な姿勢です

（「心理的支援における連携・協働の心得：チーム医療における連携・協働」花村温子，臨床心理学 vol.15(6)：727-731,2015より作成）

わかりやすく伝える姿勢、教わる姿勢の両方が必要

　心理職は医療職などに比べ、協働に不慣れという指摘もあります。チームアプローチは個人心理療法と異なり、守秘義務にもとづいたうえでの情報共有が重要。クライエントから得た情報を、適切なやりかたで他職種に伝えます。

　「心理職には何ができるのか」を自分から積極的に伝え、理解してもらうことも大切です。専門的な内容も、わかりやすい言葉で伝えるよう心がけます。

　相手の専門性を理解・尊重し、"教えてもらう"姿勢も必要でしょう。自分の専門外のことは積極的に聞き、たがいの理解を深めます。雑談も含め、日ごろから積極的にコミュニケーションをとり、話しやすい関係を築きます。

職業倫理の7大原則を守って活動する

カウンセラーの仕事は、密室のなかで誰にもいえない悩みを聞くという特殊なもの。
その意味でも、秘密保持などの職業倫理を遵守しなくてはいけません。

**職業倫理を守ることは
専門家としての必須要件**

英語の「profession（専門家、専門職）」は、古くは、「修道会に入る者によってたてられる誓い、宣言」という意味でした。**つまり専門家とは、たんに特定の分野の知識・技能に精通してい**るだけでなく、社会的責任を負い、周囲から承認された人といえます。

専門家として活動していくには、職業倫理を遵守し、社会に貢献する人と認められなくてはなりません。カウンセラーの職業倫理としては、下の7大原則が掲げられています。

7大原則を遵守して、社会的責任を果たす

心理職全体への社会的信頼は1人1人の
行動にかかっている。

贈りものを
受けとるのも避ける

原則1

**相手を傷つけない、
傷つけるようなおそれの
あることをしない**

相手を見捨てない。同僚が非倫理的に行動した場合に、その同僚の行動を改めさせる、など。

原則2

**十分な教育・訓練によって
身につけた専門的な
行動の範囲内で、相手の
健康と福祉に寄与する**

自分の能力の範囲内で行動する。適切な対応が困難な場合は、ほかの専門家にリファーするといった処置をとる、など。

原則3

**相手を利己的に
利用しない**

友人、恋人など治療関係以外の関係をもたない。治療規定上の料金以外のものを受け取らない。身体的接触、性的関係を避ける、など。

よかったら
どうぞ！

原則4

**ひとりひとりを
人間として尊重する**

患者や研究対象として見下ろすような接しかたは絶対に避ける。1人の人間として尊重し、親しみを込めて対等に接する。

不用意な身体接触はNG。
多重関係に陥らないように

　とくに重要なのが、クライエントを利用しないこと。**治療関係以外に友人、恋人などの関係をもつ「多重関係」は厳禁です。**治療効果まで損なわれます。

　治療効果が認められた後も、個人的関係は控えるのが原則です。その際は、相手を傷つけないよう十分な配慮を。「あなたに助けが必要になったとき、この治療の場がつねに存在するようにしておきたい」と、ていねいに説明しましょう。**不用意な身体接触も、性的関係につながるおそれがあり、避けるべきです。**州によっても異なりますが、アメリカでは治療終結後5年間は、クライエントと性的関係をもつことを禁じています。

同僚との雑談であっても
秘密保持の原則は徹底する

　秘密保持も重要な原則です。クライエントはカウンセラーへの信頼のもと、人に話せない苦悩を打ち明けています。**自殺などへの危機介入時や、チームでの情報共有が必要な場合以外は、クライエントの秘密を必ず守ります。**同業者どうしの雑談で話すのもいけません。

　ただし倫理的境界線は、時代の変化とともに変わる可能性もあります。たとえばメールなどでの心理療法には、秘密漏洩（ろうえい）のリスクがつきまといます。しかし引きこもりなどで外出できない人には必要な支援でしょう。絶対に踏み外してはいけない境界線がある一方で、変わりうる境界線もあるのです。

原則 5
秘密を守る

強い信頼にもとづく秘密保持。本人の承諾なしに秘密をもらすのは、自殺、殺人、虐待など、自傷他害の危険があるときにかぎる。そのような例外的対処も最初に伝えておく。

原則 7
すべての人々を公平に扱い、
社会的な正義と公正と
平等の精神を具現する

クライエントを差別しない、基本的人権を尊重するなど、社会的正義・構成・平等の精神を自ら示す。問題の背景にある社会的格差、差別にも異議を唱える。

原則 6
インフォームド・
コンセントを得て、相手の
自己決定権を尊重する

援助内容・方法、治療構造などを十分に説明したうえで、相手が合意したことのみをおこなう。治療上効果的なことでも、同意のないことをしてはいけない。

誰にも知られたくない内面を聞く仕事だからこそ、高い倫理が求められます

スーパービジョンを通じて よりよい援助をめざす

職業的成長には、すぐれた臨床家から学ぶのがいちばん。それが
「スーパービジョン」です。経験を積んだ後も、定期的に受け続けるのが理想的です。

臨床家になった後も 学びのプロセスは続く

理論や技法を勉強しても、いざ実践となると、誰もが不安に思うもの。

そのため通常は、大学院までにロールプレイや実習を経験したうえで、附属の相談センターなどでケースを担当します。内容はケースカンファレンスで発表し、指導教員や仲間から意見をもらい、よりよい面接をめざします。

もうひとつ重要なのが、スーパービジョンです。卒業後も、経験豊富な臨床家（スーパーバイザー）に定期的に指導を受けます。治療効果の向上が見込まれ、クライエントにとっても意義のあるシステムといえます。

カウンセリングと同様のスタイルで、指導を受ける

スーパーバイジーが学ぶこと
1 カウンセリングスキル
2 認知スキル
3 自己への気づき・内省力
4 専門家としての行動

自己開示
感情体験
探索・理解
受容・共感
理解・解釈
モニター・評価

スーパーバイザー

3回目の面接で、落胆した表情で「いえ、別に……」といって……

そこから、心理的接触を避けている印象はありました

スーパーバイジー

スーパーバイジー自身の内面も扱うが、それは面接に与える影響を知り、よりよい面接をめざすため。個人的な悩みの解決の場ではない。

経験が浅いうちは、1ステップずつ学びを深める

スーパービジョンによる学びは、以下の4ステップに大別される。

Step 1 基本の技法と役割を学ぶ

マイクロカウンセリング（→P71）などの基本技法と、カウンセラーとしての基本的な接しかたを学ぶ。これにより、面接への不安や恐怖を軽減できる。

Step 2 未習得の技法を学ぶ

問題に適した介入法を発展させながら、未習得の技法を身につける。クライエントの特徴や問題を把握したうえで、方法を柔軟に選べるようになる。

自分がいつも陥るパターンは？

Step 3 相互作用のパターンに気づく

治療関係における相互作用のパターンを理解。クライエントの現実の問題がどう反映されているか理解し、より積極的な介入法も身につけられる。

Step 4 臨床的判断力を養う

面接中に感じたこと、考えたことを介入にいかす方法を学び、臨床的判断力を養う。さらに、役割としてのカウンセラーが本来の自己に統合される。

（「Stages in psychotherapy supervision：From therapy skills to skilled therapist.」Grater H.A., Professional Psychology vol.16（5）：605-610, 1985より作成）

自分が理想とする臨床家にスーパービジョンを依頼する

スーパービジョンは、自分が理想とする臨床家に依頼して受けます。面接後に作成した記録、あるいは面接の録音・録画を持参するといいでしょう。その臨床家が治療の際に受け取っているのとおおよそ同じ金額を支払い、心理面接と同じ枠組みで受けます。

1対1の形式以外に、1人のスーパーバイザーに複数の訓練生（スーパーバイジー）がつく「グループ・スーパービジョン」もあります。仲間と意見交換し、技術を高め合う「ピアグループ・スーパービジョン」も有効です。

自己への内省力が高まりよりよい治療同盟が築ける

スーパービジョンには、自己への内省力を高める意味合いもあります。

スーパーバイザーとの話し合いのなかで、スーパーバイジーの価値観、好み、感情、思考などが面接中にどう現れているかが見えてきます。さらに自身の内的体験と、面接でのクライエントの変化を照らし合わせ、自身の感情や思考がどのように影響したかも理解できます。その結果、偏見をもたずに相手と向き合う姿勢、相手の強い感情をおそれず共感的に受け入れる力、治療同盟を築く力などが養われます。

職業倫理と職業的成長

個人としての成長も職業的成長につながる

個人としての人生を豊かにし、家族や友人らとよい関係をもつことは、職業的成長につながります。問題があるときは、心理療法を受けることも考えます。

職業的停滞が続くと、クライエントの不利益に

カウンセラーの職業的成長に関する大規模な共同研究があります。35か国、1万人以上のデータを解析したものです。

この調査では、成長感をもち、発展と進歩を実感している臨床家が全体の52.9%を占めました（下図参照）。

一方で、成長感が感じられない臨床家も、33%存在しました。職業的な停滞や減退は、クライエントの不利益につながります。どうすれば成長し続けられるのかを考え、実行することは、職業倫理の観点からも重要です。

成長し続けるには、つねに学び続けるしかない

成長群の臨床家は、仕事への満足度や成長への動機づけも高かった。

職業的成長の実際

半数以上を占める成長群は女性に多く、また他のアプローチのよい点を積極的に学ぼうとする「統合的アプローチ」をとる人が多かった。

＼ 3つの指標 ／

成長感
技術の向上、理解の深まり、熱意などを実感。

消耗感
業務のルーチン化や幻滅、共感の低下など。

停滞感
成長感も消耗感も感じず、ただ停滞した状態。

減退群
成長感がなく消耗感のみが強い
11%

停滞感
成長感も消耗感もない
22%

成長群
成長感をもち、発展と進歩を実感できている。消耗感は少ない
52.9%

アンビバレント群
成長感と消耗感の両方をもち、浮き沈みがある
14.1%

新たなアプローチをもっと学びたい

人間としても成長していきたい

（『How Psychotherapists Develop：A Study of Therapeutic Work and Professional Growth.』Orlinsky D.E.&Ronnestad M.H., American psychological Association, 2005より作成）

個人的問題、とくに
パートナー関係の悪化などが妨げに

　職業的成長にもっとも役立つのは、個人としての経験です。 パートナーとの情緒的絆や協働、子どもの成長を見守るなかで得た気づき、親からかけられた言葉などが成長の糧になります。

　ただ、その重要性がわかっていても、実行困難なこともあるでしょう。**とくにむずかしいのがパートナー関係で、カウンセラーの個人的悩みのトップです。** ジェンダー観や社会構造ともかかわっていますが、日本では若いうちからセックスレスの夫婦も多く、情緒的絆を失う一因でもあります。自身で解決困難なときは、カップルセラピーを受けるのも選択肢のひとつです。

クライエントやほかの臨床家から
学ぶ姿勢も忘れない

　どのような職業でも、20年くらいで職業的停滞感が生じ、意欲を失うといわれます。成長を続けるには、毎日の同じような業務のなかでも新しい価値を見出す姿勢、新しいことにチャレンジする姿勢が大切だといえます。

　クライエントから学んだり、スーパービジョンを受けたりするほか、自分が心理療法を受けることも、新たな気づきにつながるでしょう。 個人的問題の解決だけでなく、カウンセリングを受ける側になってはじめて気づくこともあるはず。

　また、研修会やピアグループ・スーパービジョン（→P221）への参加など、活動の幅を広げることも大事です。

成長を続ける方法

I
クライエントから学ぶ

クライエントが面接過程で見せる変容、成長から学べることは多い。人が本来もっている、困難を乗り越える力、勇気、生の喜びなどにあらためて気づき、自身の対人関係を見直す機会にもなる。

II
自分の人生を豊かにする

臨床のストレスが蓄積し、個人の対人関係に悪影響を及ぼすこともある。仕事だけに没頭せず、個人の人生を大切に。心身の状態を整える瞑想やマインドフルネスなどを習慣にするのもいい。

III
個人療法を受ける

受けてみてはじめてわかることもある

海外の臨床家の約80%は個人療法を受けた経験があり、その半数以上は職業的に大いに役立ったと答えている。日本の臨床家を対象とした調査ではわずか13%だった。

IV
限界学習で技術を高める

限界学習(Deliberate Practice)とは、自分が課題とする特定のスキルに焦点をあて、集中的に練習すること。これを自主的に続けていく。臨床心理学以外の領域でも注目されている方法。

ドロップアウト例、失敗例からも学びを得る

早期の面接中断（ドロップアウト）や面接での失敗は、誰もが経験します。
大切なのは、自分の非に気づいたら真摯に謝ること。そして失敗から学ぶ姿勢です。

初期段階で、面接をやめるクライエントは少なくない

治療早期の段階で、クライエントが面接をやめてしまうことを「ドロップアウト」といいます。無断で来なくなるクライエントもいれば、「もう大丈夫ですから」と電話してくる人もいます。

理由がわからないままだと、カウンセラーは傷つき、困惑します。**心理療法のドロップアウト率は46.8%という調査報告もあり、見過ごせない問題です。**

いい治療同盟がつくれず、失敗に終わることもある

心理療法が失敗に終わった場合も、カウンセラーは悩み、傷つきます。

失敗にも種類や程度があり、〝言い換えを間違えた″などの小さなミスから、〝重要な場面で、相手の感情体験を阻害してしまった″などの大きな失敗も。

こうした失敗があまりに続くと、治療同盟に支障をきたし、介入そのものが失敗に終わるおそれもあります。

クライエントの10人に1人が悪化したという報告もある

アメリカの公立病院の精神科患者2405名を対象とした研究。6割以上に改善が見られた一方で、「心理療法で悪化した」とする回答が8%に及んだ。

悪化例に見られる問題 - - - - -
- 冷淡で柔軟性のない治療関係
- 感情的誘惑と拒絶
- 性的関係などの多重関係
- 人間的なミスマッチ など

「心理的問題が
悪化した」
8%

「変化が
見られなかった」
26%

「心理的問題が
改善した」
66%

（『Handbook of Psychotherapy and Behavior Change. 4th ed.』Bergin A.E.& Garfield S.L.(Eds.), Wiley, 1994より作成）

面接プロセスをふり返り、治療関係の問題に気づく

治療関係の問題に早期に気づくことも大事。不満の表現は、カウンセラーと心理的距離を置く「退却型」、不満を直接ぶつける「対決型」に分けられる。

Ⅰ 退却

感情的かかわりの減少　対人接触の変化

間接的な不満の表出　語りの変化とトピックの回避

Ⅱ 対決（直面化）

セラピストに対する不満　心理療法のやりかたや枠組みへの不満

治療的体験と成果への疑問

カウンセラー

クライエント

失敗のないカウンセラーはいない。いかに次にいかすかが大事

　面接でかわす言葉も、感情の動きも、一度かぎりの創造的なもの。マニュアルどおりにはいかず、ときには失敗もします。**大切なのは、失敗を認めて次にいかすこと**。体面や恥にとらわれず、非を認めて謝り、面接を立て直します。素直に謝罪する姿は、クライエントにとっての行動モデルともなるでしょう。

　さらに面接の最後には、「今日の面接はいかがでしたか」などと確認します。

　ドロップアウトについても、相手の好みや相性もあり、100％の予防はできません。ただし治療構造を最初に明示することで、その割合を減らせます。

コンサルテーションにより、行き詰まりが解消することも

　ときには治療関係に亀裂が入り、行き詰まることも。**このような場合の打開策として、コンサルテーションがあります**。別のカウンセラーに同席してもらったり、クライエントと個別に話してもらったりします。解決の道を探るとともに、傷つき、怒りなどを十分に表出してもらい、受け入れます。

　スーパーバイザーに相談し、客観的視点で助言をもらうのもいいでしょう。

　カウンセラーへの不満があまりに強ければ、リファーを検討。〝見捨てられた〟と感じさせないよう、相手のための選択肢として提示し、話し合います。

カウンセラー自身の メンタルヘルス対策をおこなう

人を助ける仕事だからこそ、情緒面での負担が大きいものです。うつ病などを
発症するカウンセラーも多くいます。自身のメンタルヘルスにつねに気を配りましょう。

対人援助職に特有の ストレスや消耗を感じることも

「感情労働」という言葉を聞いたことがあるでしょうか。看護師をはじめ、自身の感情を軸にして、人をケアする対人援助職に多い問題を表しています。

カウンセラーも、自身の心を用いて人を助ける仕事です。クライエントが変容する過程を見て、大きな喜びを感じる一方、情緒的負担も大きいのです。

クライエントが十分によくならないときも、自身のスキルや能力を疑問に感じ、自己評価が低下します。〝あのひと言が相手を傷つけたのでは〟などと、帰宅後に悩むこともしばしば。こうしたストレスをため込んでいると、バーンアウト（燃え尽き症候群）に陥り、職業的役割を果たせなくなってしまいます。

個人としてのストレスだけでなく、組織の問題も影響

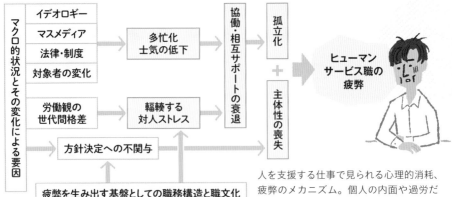

人を支援する仕事で見られる心理的消耗、疲弊のメカニズム。個人の内面や過労だけの問題でなく、社会の価値観、労働環境、管理者の無理解などが関係している。

（『カウンセリングテクニック入門　プロカウンセラーの技法30』岩壁 茂
編著、金剛出版、2018より引用）

自身にバーンアウト傾向がないかをチェックする

「1.まったくあてはまらない」から「5.非常にあてはまる」の5段階で回答。
「E」「D」「PA」の3つの下位尺度別に合計得点を求める。

**日本版
バーンアウト
尺度**

1	こんな仕事、もうやめたいと思うことがある	E
2	われを忘れるほど仕事に熱中することがある	PA
3	こまごまと気配りすることが面倒に感じることがある	D
4	この仕事は私の性分に合っていると思うことがある	PA
5	同僚や患者の顔を見るのも嫌になることがある	D
6	自分の仕事がつまらなく思えてしかたのないことがある	D
7	1日の仕事が終わると「やっと終わった」と感じることがある	E
8	出勤前、職場に出るのが嫌になって、家にいたいと思うことがある	E
9	仕事を終えて、今日は気持ちのよい日だったと思うことがある	PA
10	同僚や患者と、何も話したくなくなることがある	D
11	仕事の結果はどうでもよいと思うことがある	D
12	仕事のために心にゆとりがなくなったと感じることがある	E
13	今の仕事に、心から喜びを感じることがある	PA
14	今の仕事は、私にとってあまり意味がないと思うことがある	D
15	仕事が楽しくて、知らないうちに時間がすぎることがある	PA
16	体も気持ちも疲れはてたと思うことがある	E
17	われながら、仕事をうまくやり終えたと思うことがある	PA

(『バーンアウトの心理学——燃え尽き症候群とは』久保真人、サイエンス社、2004より引用)

E 情緒的消耗感
情緒的に力を出しきり、消耗した状態。高得点ほど消耗感が高い。

D 脱人格化
情緒的消耗で、温かく人間的な支援が困難に。高得点ほど顕著。

PA 個人的達成感
仕事で得られる有能感や達成感。逆転項目で、低得点ほど高い。

感情的な巻き込まれや、のめり込みすぎには注意

　クライエントの心理的問題自体が負担となることもあります。たとえば境界性パーソナリティ障害（→P192）のケースでは、相手の気を引こうとする傾向が顕著。「ここを出たら電車に飛び込もうと思う」などと発言し、こちらをハラハラさせます。受け入れ数の制限や、チームで支援するなどの対策が必要です。

　また、クライエントとの情緒的絆や親密さにのめり込みすぎてバランスを失い、自身の対人関係を損なう人もいます。

ワークライフバランスを考え、心身のコンディションを保つ

　特定のクライエントにばかり気をとられていると、ほかのクライエントの不利益になります。なぜ特定のクライエントが気になるのか、自身の心に何が起きているかに、つねに目を向けましょう。

　問題に気づいたら、個人心理療法を受けたり、スーパービジョンなどで助言を求めます。予防的には、自分自身の時間を確保し、リフレッシュを図ること。ヨガや瞑想などの習慣で、心身のコンディションを整えるのも役立ちます。

227

公認心理師

心理職初の国家資格。医療機関などでの勤務に役立つ

2018年から運用されている新たな資格で、心理職待望の国家資格です。
医療・保健領域をはじめ、幅広い分野での活躍が期待されています。

1950年代からの検討を経て、2018年に第1回試験がスタート

アメリカなどの諸外国では、臨床心理職は国家資格として認められ、社会的地位も高い仕事です。しかし日本では、1950年代には国家資格化が検討されるも、話題に上っては消えることのくり返しでした。そのため日本の心理職は、高い専門性を十分に認知されず、雇用環境も不安定な状態が続きます。

しかし2015年にようやく、「公認心理師法」が国会を通過します。2018年から試験が始まり、今後は有資格者が飛躍的に伸びると予想されます。

チーム医療の一員として医療機関で働く人が多い

公認心理師は、「医療・保健」「福祉」「教育」「司法・犯罪」「産業・労働」の5領域に主眼を置いた汎用資格です。

ただ、チーム医療の重要性が指摘されるいま、とくにニーズが高く、希望者も多いのは医療・保健領域かもしれません。これからは、医師の補助役ではない独立した専門家として、チーム医療に参加しやすくなります。雇用形態や収入の安定も見込まれます。

今後はさらに領域を広げ、スクールカウンセラーとしての活躍なども期待されています。

心理系の学部卒業後、実務経験を経て受験できる

公認心理師の受験資格は、「心理系の大学院を出ている人」「心理系の学部で学び、実務経験をもつ人」などです。

必要な履修科目と試験内容は、「多職種連携・地域連携」「基礎心理学」「心理学的介入法」「医学関連の知識」など広範に及びます。すでに臨床心理士などの資格で、現場で働いている人は、「現任者講習会」受講で履修科目修了と見なされます。実際に、臨床心理士の資格をもつ人が多く受験しています。今後は、公認心理師の資格のみで活動する人も増えると予想されています。

8つの受験資格いずれかが前提。試験内容は幅広い

新しい制度のため、経験者のための経過措置も設けられている。

受験資格

区分A
心理系の学部で25科目、大学院で10科目の必修科目を修了。

区分B
学部で25科目修了後、医療現場などで2年以上の実務経験をもつ。

区分C
区分A、Bと同等以上の専門的知識、技能をもつと認められる。

区分D1
公認心理師法施行日以前に、大学院で10科目の必修科目を修了。

区分D2
公認心理師法施行日以前に大学院に入学。その後で必修科目を修了。

区分E
施行日以前に学部で専門的に学び、その後大学院必修科目を修了。

区分F
施行日以前に学部で専門的に学んだ後、2年以上の実務経験をもつ。

区分G
特例措置。5年以上の実務経験をもち、既定の講習を受講する。

公認心理師試験

ブループリント（試験設計表）

25科目のうち、心理実習以外の24科目の理解度を、マークシート式の筆記試験で測る。

1 公認心理師としての職責の自覚
2 問題解決能力と生涯学習
3 多職種連携・地域連携
4 心理学・臨床心理学の全体像
5 心理学における研究
6 心理学に関する実験
7 知覚及び認知
8 学習及び言語
9 感情及び人格
10 脳・神経の働き
11 社会及び集団に関する心理学
12 発達
13 障害者(児)の心理学
14 心理状態の観察及び結果の分析
15 心理に関する支援(相談,助言,指導その他の援助)
16 健康・医療に関する心理学
17 福祉に関する心理学
18 教育に関する心理学
19 司法・犯罪に関する心理学
20 産業・組織に関する心理学
21 人体の構造と機能及び疾病
22 精神疾患とその治療
23 公認心理師に関係する制度
24 その他(心の健康教育に関する事項等)

取得後の活動

右の5領域で、心理アセスメント、心理面接、他職種との連携、心理教育などをおこなう。

医療・保健
福祉
教育
司法・犯罪
産業・労働

活動領域はおもに5領域

公認心理師法の定める業務範囲

1 心理に関する支援を要する者の心理状態を観察し、その結果を分析すること
2 心理に関する支援を要する者に対し、その心理に関する相談に応じ、助言、指導その他の援助をおこなうこと
3 心理に関する支援を要する者の関係者に対し、その相談に応じ、助言、指導その他の援助をおこなうこと
4 心の健康に関する知識の普及を図るための教育及び情報の提供をおこなうこと

心理職の資格取得

臨床心理士

学会認定での最大の資格。臨床のための高度な知識を保証

教育領域、医療領域、福祉領域などの各領域で、高い専門性の証となる資格です。指定大学院で臨床心理学を学んだ人などが受験できます。

1988年に誕生。全国で約3万5000名が資格をもつ

臨床心理士は、日本臨床心理士資格認定協会の民間資格です。誕生したのは、いじめなどが社会問題化していた1988年。以降、心理系の学部・大学院で専門的に学んだ人が資格を取得。**現在では約3万5000名の臨床心理士が全国で活躍しています**（2020年現在）。

期待される活動領域は、「医療・保健」「福祉」「教育」「司法・法務・警察」「産業・労働」「大学・研究所」「私設心理相談」の7領域です。**教育にはとくに強く、自治体派遣のスクールカウンセラーの資格要件となっています。**

心理アセスメントや心理療法のエキスパートとして活躍

臨床心理士の業務は、「臨床心理アセスメント」「臨床心理面接」臨床心理的地域援助」「調査・研究」の4つです。

資格の利点はまず、心理アセスメントや心理療法における専門性の高さが保証されること。大学院で実際のケースを持ち、実習先でもクライエントや患者に接し、心理検査や心理療法の研鑽を積んできているためです。

とくに1人1人のクライエントとの作業と、個別の事例を通じた学びを大切にします。

大学院の卒業後、筆記・面接試験を受験する

おもな受験資格は、学部・大学院で臨床心理学を専門的に学んでいること。大学院には「第1種指定大学院」が160校、「第2種指定大学院」が8校、「専門職大学院」が6校あります。前者2つは大学院修了と同時に受験、後者は1年間の実務経験後に受験できます。

試験は筆記と面接で、面接では、大学院で専門的に研究した内容、理論アプローチなどを話します。**資格取得後も学会や研修会、論文執筆などでスキルを磨き、実績を積むことが、資格の更新要件となっています。**

臨床家としての高い専門性、生涯学習が求められる

心理系の学部・大学院を卒業後に受験できる。取得後の研鑽も重要。

受験資格

要件 1
第1種指定校で大学院を修了し、修士論文などの該当要件を満たす。

要件 2
第1種の大学院修了後、臨床を1年以上経験。該当要件も満たす。

要件 3
第2種の大学院修了後、臨床を1年以上経験。該当要件も満たす。

要件 4
第2種の大学院修了後、臨床を2年以上経験。該当要件も満たす。

要件 5
専門職大学院で、臨床心理学かそれに準ずる専門課程を修了。

要件 6
外国で1、3と同等以上の教育を受け、日本で2年以上臨床を経験。

要件 7
医師免許をもち、医師免許取得後に心理臨床の実務を2年以上経験。

臨床心理士資格試験

一次試験（筆記）
マークシート式の問題100題と、臨床心理学関連の特定のテーマでの論文で選考される。

二次試験（口述面接）
専門知識や技術だけでなく、基本姿勢や現実場面での対人スキルなども基準となる。

あなたの理論アプローチについて聞かせてください

取得後の活動

右の7領域での活動が期待されている。心理アセスメントや面接のほか、コミュニティ心理学（→P60）にもとづく地域支援なども求められる。

福祉
医療・保健
教育

活動領域は
おもに7領域

司法・法務・警察
産業・労働

大学・研究所
私設心理相談

\ 援助の方法 /

1 心理アセスメント

2 心理面接

3 臨床心理的地域援助

4 研究活動

資格の更新

\ 更新の要件 /

1 日本臨床心理士会の研修会等への参加

2 日本臨床心理士会か地域の臨床心理士会主催の研修会等への参加

3 日本臨床心理士会関連学会での諸活動（論文発表、学会口頭発表など）

4 日本臨床心理士会認定の研修会への参加

5 日本臨床心理士会が認めるスーパーヴァイジー経験

6 日本臨床心理士会が認める臨床心理士会関連の著書の出版

資格発行日から5年以内に更新。左の要件ごとにポイントが設定されており、15ポイント以上で更新資格を満たす。

医療・福祉・産業など、領域ごとに適した資格もある

公認心理師と臨床心理士以外にも、専門性の高さを示す資格がいくつもあります。
代表的なものを知り、自分が進みたい専門にあうものを取得しましょう。

精神科医療と社会復帰支援には精神保健福祉士が役立つ

医療・保健領域、福祉領域で働くときには、精神保健福祉士の資格が役立ちます。精神保健福祉領域におけるソーシャルワーカーの資格です。

目的は、統合失調症などの心理的障害をもつ人を長期入院させず、最善の治療を受けたうえで、地域で暮らせるよう支援することです。

勤務先で代表的なのは、医療機関の精神科やデイケア。社会復帰のための生活スキル向上などをサポートします。

障害者支援施設や老人福祉施設、児童福祉施設なども選択肢。精神障害と生活困難を理由に保護された人の施設もあります。これら施設と医療機関、行政の橋渡しをするのも重要な役割です。

子どもの専門的支援をめざすなら臨床発達心理士を取得

教育や福祉への関心が高い人には、臨床発達心理士の資格が有用です。乳幼児期から老年期までの暮らしを、生涯発達の視点で支えます。

発達障害を専門とするクリニックや発達支援センターだけでなく、心身の障害をもつ人のための療育支援センター、さらに保育所・幼稚園、学校、福祉施設など、活躍の場所は多くあります。

発達障害などが広く知られるようになったいま、専門的知識で発達支援ができる人が、各地で必要とされています。

企業などで働くなかでいかせる資格もある

産業・労働領域では、産業カウンセラーの資格が知られています。日本産業カウンセラー協会が発行するもので、有資格者は全国で約6万人以上（2020年現在）。ほとんどは企業勤務で、人事部・総務部で働く人も多くいます。

さらに、「キャリアコンサルタント」という国家資格もあります。こちらは職業選択、能力開発のための相談にのったり、助言をしたりします。

望むスキルとキャリアに応じて、資格を選ぶ

公認心理師、臨床心理士以外では、下記のような資格が知られている。

精神保健福祉士（PSW）

受験資格

福祉系の学部や大学院で、社会福祉原論、社会保障論、精神医学、心理学などを履修。

試験

「精神疾患とその治療」をはじめとする16科目が試験範囲。マークシート形式の筆記試験。

取得後の活動

医療機関や福祉施設で、重い心理的障害をもつ人の治療と社会復帰を支援。障害をもつ人が貧困に陥ることも多く、その役割は大きい。

臨床発達心理士

受験資格

発達心理学を大学院で修了。または臨床経験3年以上の人、公認心理師資格保持者など。

試験

受験資格により異なる。書類審査、筆記試験、臨床実習内容報告書審査、事例報告書審査など。

取得後の活動

発達障害などの早期発見と、診断後の生活・学習・就労などを生涯にわたって支援。心理アセスメントやカウンセリングのスキルも必要で、臨床心理士と兼任する人も。

産業カウンセラー

受験資格

大学院で心理学関連の所定科目を修了、または協会の養成講座の受講を修了している人。

試験

60問前後のマークシート試験と、ロールプレイおよび口述の実技試験がある。

取得後の活動

企業内でのメンタルヘルス支援活動、人事・総務部の仕事に役立つ。部下指導にあたる管理職の人なども、仕事に役立てられる。

認定心理士

受験資格

学部の授業で、「心理学概論」をはじめ、心理学の基礎的な科目を履修した人。

試験

筆記試験や面接はなく、履修を証明する書類などを、日本心理学会に提出。

取得後の活動

心理学の普及、および心理学にまつわる基礎学力の保証を目的とした資格のため、一般企業などで働き、心理学を学び続ける人が多い。

和文 INDEX

欧文 INDEX

参考文献

「ICD-11とDSM-5の対比と社会的背景・疾病化」須田史朗, 日本社会精神医学会雑誌 vol.28(2): 129-138, 2019

『ACT(アクセプタンス&コミットメントセラピー)をはじめる』ヘイズS.C.ほか, 武藤 崇ほか訳、2010(星和書店)

『アスク セレクション② 恥(シェイム)…生きづらさの根っこにあるもの』岩壁 茂監修、2019(アスク・ヒューマン・ケア)

「アダルト・チルドレン概念の有効性をめぐって」斎藤 学, 日本アルコール関連問題学会雑誌 vol.3: 63-67, 2001

「アダルト・チルドレンとDV」信田さよ子, 新しい診断と治療のABC vol.83(別冊): 202-208, 2014

「アルコール依存症」柴田敬祐・北林百合之介・福居顯二, 臨床精神医学 vol.35(増刊): 54-58, 2006

「Effectiveness of psychotherapy for severe somatoform disorder : meta-analysis.」Koelen J.A. et al., The British Journal of Psychiatry vol.204
(1): 12-19, 2014

「医療現場における心理士の業務と役割—精神科クリニックの勤務から—」松田史帆, 心身医学 vol.59(2): 125-129, 2019

「医療保健領域における臨床心理士の業務」一般社団法人日本臨床心理士会, 2011

「医療領域での多職種協働における臨床心理職の課題」瘞原 潤ほか, 東京大学大学院教育学研究科紀要 vol.55: 291-301, 2015

「うつと不安に対する診断横断的な認知行動療法の最前線」伊藤正哉ほか, 分子精神医学 vol.19(1): 23-27, 2019

「うつのためのマインドフルネス実践—慢性的な不幸感からの解放—」ウィリアムズ M.ほか, 越川房子ほか訳、2012(星和書店)

「うつ病に対する行動活性化療法——歴史的展望とメタ分析—」岡島 義ほか, 心理学評論 vol.54(4): 473-488, 2011

「うつ病を合併したパニック障害に対するアクセプタンス&コミットメントセラピーの効果」田中恒彦, 科学研究費助成研究 研究成果報告書, 2017

「ADHDのライフサイクルに沿った治療・支援のあり方」田中康雄, 小児科診療 vol.77(12): 1783-1788, 2014

『エモーション・フォーカスト・セラピー入門』グリーンバーグ L.S., 岩壁 茂ほか監訳、2013(金剛出版)

『カウンセリング・心理療法の基礎——カウンセラー・セラピストを目指す人のために』金沢吉展編、2007(有斐閣)

『カウンセリングテクニック入門 プロカウンセラーの技法30』岩壁 茂編著、2018(金剛出版)

「格差社会と子どもの生活習慣・教育機会・健康—社会の絆で格差の連鎖から子どもを守る—」関根道和, 学術の動向 vol.15(4): 82-87, 2010

「学校における教育相談に関する資料」文部科学省初等中等教育局児童生徒課, 2015

「感情障害への認知行動療法の統一プロトコルの有効性とその治療機序・神経基盤」伊藤正哉, 科学研究費助成事業 研究成果報告書, 2018

「感情に働きかける面接技法—心理療法の統合的アプローチ」グリーンバーグ L.S.ほか, 岩壁 茂訳、2006(誠信書房)

「境界性パーソナリティ障害への弁証法的行動療法(DBT)—個人サイコセラピーにおける日本の症例に適したアレンジの試み—」森 美加, 精神科臨床 vol.3(3): 150-
154, 2017

「強迫性障害の認知行動療法(曝露反応妨害法)」堀越 勝ほか, 臨床精神医学 vol.44(11): 1513-1520, 2015

「強迫性障害(強迫症)の認知行動療法マニュアル(治療者用)」中谷江利子ほか, 平成27年度厚生労働省障害者対策総合事業 認知行動療法等の精神療法の科
学的エビデンスに基づいた標準治療の開発と普及に関する研究, 2018

「ゲシュタルト療法——その理論と実際」Perls F.S.著, 倉戸ヨシヤ監訳、1990(ナカニシヤ出版)

「グルタミン酸と精神疾患：モノアミンを超えて グルタミン酸トランスポーターと精神疾患」田中光一, 日本薬理学雑誌 vol.142(6): 1-6, 2013

「KABC—II心理・教育アセスメントバッテリー」藤田和弘ほか, 小児内科 vol.50(9): 1385-1388, 2018

「現代精神分析基礎講座 第4巻 精神分析学派の紹介2 自我心理学、自己心理学、関係学派、応用精神分析」古賀靖彦ほか編、2019(金剛出版)

「現代のがん医療におけるサイコオンコロジーの役割—がんと共に生きる時代を背景に」明智龍男, Depression Strategy vol.5(3): 1-4, 2015

「高機能自閉スペクトラム症幼児における情動調整の障害と発達」別府 哲, 心理科学 vol.39(2): 58-73, 2018

「公認心理師と今後の課題」松野俊夫, 心身医学 vol.57(9): 939-943, 2017

『公認心理師標準テキスト 心理学的支援法』杉原保史ほか編著、2019(北大路書房)

『公認心理師分野別テキスト① 保健医療分野 理論と支援の展開』野島一彦監修、津川律子ほか編、2019(創元社)

『公認心理師分野別テキスト② 福祉分野 理論と支援の展開』野島一彦監修、片岡玲子ほか編、2019(創元社)

『公認心理師分野別テキスト③ 教育分野 理論と支援の展開』野島一彦監修、増田健太郎編、2019(創元社)

『公認心理師分野別テキスト④ 司法・犯罪分野 理論と支援の展開』野島一彦監修、生島 浩編、2019(創元社)

『公認心理師分野別テキスト⑤ 産業・労働分野 理論と支援の展開』野島一彦監修、平木典子ほか編、2019(創元社)

「高齢者」福永竜二ほか, 臨床と研究 vol.88(3): 302-307, 2011

「高齢者のうつについて」厚生労働省, 2009

「高齢者領域における臨床心理士の活動実態に関するWEB調査報告書(2018)」一般社団法人日本臨床心理士会第3期後期高齢者福祉委員会, 2019

「子どもの貧困と健康」藤原武男, 治療 vol.99(1): 62-66, 2017

「Comparing the effectiveness of process-experiential with cognitive-behavioral psychotherapy in the treatment of depression」Watson J.C. et
al., Journal of Consulting and Clinical Psychology vol.71(4): 773-781, 2003

『The Basics of Psychotherapy : An Introduction to Theory and Practice』Wampold B.E., 2010(American Psychological Association)

「産業領域のメンタルヘルスケアにおける他職種との連携に向けて(1)—メンタルヘルスケアの現状と援助者の活動領域の概観—」川崎舞子ほか, 東京大学大学院教育
学研究科臨床心理コース紀要 vol.35: 88-95, 2012

『[三訂]臨床心理アセスメントハンドブック』村上宣寛ほか、2019(北大路書房)

「The Efficacy of Psychodynamic Psychotherapy」Shedler J., American Psychologist vol.65(2): 98-109, 2010

「児童相談所児童心理司の業務に関する研究 調査報告書(第1報 —単純集計・ヒアリング調査—)」日本社会事業大学社会事業研究所, 平成26年度厚生労働省児
童福祉問題調査研究事業課題3, 2019

「自閉症スペクトラムと反応性愛着障害が疑われる男児への動作法による愛着行動と共同注意行動の形成」今野義孝, 自閉症スペクトラム研究 vol.13(1): 21-28,
2015

「自閉症療育—TEACCHモデルの世界的潮流—」佐々木正美, 脳と発達 vol.39(2): 99-103, 2007

「社交不安障害(社交不安症)の認知行動療法マニュアル(治療者用)第3版」吉永尚紀執筆・編集、清水栄司監修, 平成27年度厚生労働省障害者対策総合事業
認知行動療法等の精神療法の科学的エビデンスに基づいた標準治療の開発と普及に関する研究, 2016

「社交不安症に対する認知行動療法：標準化と抗う薬抵抗性患者への適応、そして普及と促進に向けて」吉永尚紀, 千葉医学 vol.93(6): 251-256, 2017

「就学前の"気になる"子どもの理解とアセスメント」合原晶子ほか, 子ども・子育て支援研究センター年報 vol.7: 13-21, 2017

「情動を生み出す脳・心・身体』のダイナミクス：脳画像研究と神経心理学研究からの統合的理解」田川 聡, 高次脳機能研究 vol.36(2): 265-270, 2016

「心身疾患における不眠症の特徴と対応—併存不眠症に対する個人認知行動療法の試み—」山寺 亘, 心身医学 vol.58(7): 606-611, 2018

「心身症と実存分析—ビクトール・フランクルの偉大なる生涯とその業績—」ハラルド 聡, 永田勝太郎訳, Comprehensive Medicine vol.9(1): 2-8, 2008

「心療内科におけるSolution-Focused Approachの実践—その現状と課題—」小関郁朗ほか, 心身医学 vol.40(2): 105-110, 2000

『心理療法・失敗例の臨床研究 その予防と治療関係の立て直し方』岩壁 茂、2007(金剛出版)

『心理療法の構造—アメリカ心理学会による120理論の解説』ヴァンデンボス G.R.ほか編, 岩壁 茂訳、2003(誠信書房)

『心理臨床への多元的アプローチ—効果的なセラピーの目標・課題・方法—』クーパー M.ほか, 末武康弘ほか監訳、2015(岩崎学術出版社)

『新世紀うつ病治療・支援論 うつに対する統合的アプローチ』平木典子ほか、2011(金剛出版)

『新世代の認知行動療法』熊野宏昭、2012(日本評論社)

「身体症状症」吉原一文ほか, 日本内科学会雑誌 vol.107(8): 1558-1565, 2018

「身体症状症および関連症群の認知行動療法」村松公美子, 心身医学 vol.59(6): 544-553, 2019

「身体症状症の対人関係療法における心理教育」近藤真前, 心身医学 vol.56(12): 1187-1191, 2016

「診断横断的プロチとしてのマインドフルネス&コミットメント・セラピー：並立習慣パラダイムの可能性」武藤 崇ほか, 心身医学 vol.51(12): 1105-1110, 2011

「心理療法の交差点2 短期力動療法・ユング派心理療法・スキーマ療法・ブリーフセラピー」岡 昌之ほか編著、2016(新曜社)

「睡眠減量に対するCBT-Iの貢献と課題—日本における多施設共同ランダム化比較試験によるCBT-Iの有効性—」綾部直子ほか, 心身医学 vol.58(7): 622-627, 2018

『スキーマ療法実践ガイド スキーマモード・アプローチ入門』アーンツ A.ほか, 伊藤絵美監訳、吉村由未ほか訳、2015(金剛出版)

『SCID-5-PD—DSM-5 パーソナリティ障害のための構造化面接』ファースト M.B.ほか, 髙橋三郎監訳、大曽根 彰訳、2017(医学書院)

「スクールカウンセラーによる反社会的問題行動生徒への関わり—実践からの課題—」武田明典ほか, 国立青少年教育振興機構紀要 vol.8: 103-114, 2008

「Structured Clinical Interview for DSM-IV (SCID)」松岡奈緒ほか, 分子精神医学 vol.5(1): 47-50, 2005

「Structured Clinical Interview for DSM-IV(SCID)について」山岸由紀子ほか、臨床精神医学 vol.44(増刊)：12-15, 2015

「精神健康の社会階層間格差」本庄かおり、ストレス科学 vol.28(4)：239-245, 2014

「精神疾患の有病率等に関する大規模疫学調査研究：世界精神保健日本調査セカンド　総合研究報告書」川上憲人ほか、厚生労働省厚生労働科学研究費補助金障害者対策総合研究事業, 2016

『「精神障害者」の地域支援と臨床心理』精神医療 vol.45(3)：57-68, 2008

「精神科領域におけるICD改訂の意義」松本ちひろ、保健医療科学 vol.67(5)：455-458, 2018

「精神分析と対象関係論」北山 修、日本心療内科学会誌 vol.6(2)：73-76, 2002

「精神分析的の原則」松尾信一郎、臨床精神医学 vol.35(6)：701-707, 2006

「精神分析的心理療法　実践家のための手引き」マックウィリアムズ N.、狩野力八郎監訳、妙木浩之訳者代表、2009(金剛出版)

「精神力動的サイコセラピー入門――日常臨床に活かすテクニック――」アッシャー S.F.、岡野憲一郎監訳、2018(岩崎学術出版社)

「摂食障害における認知面の理解とアプローチ」岡本百合ほか、精神神経学雑誌 vol.112(8)：741-749

「摂食障害の精神療法」中里道子、脳21 vol.18(2)：181-188, 2015

「[全訂]ロジャーズ――クライエント中心療法の現在」村瀬孝雄ほか編著、2015(日本評論社)

「双極性障害に対する心理教育―我々が知るべきこと、伝えるべきこと―」尾崎紀夫、精神神経学雑誌 vol.115(10)：1079-1086, 2013

「双極性障害の疾患教育と対人関係・社会リズム療法」水島広子、精神神経学雑誌 vol.113(9)：880-885, 2011

「ソリューション・フォーカスト・ブリーフセラピーの質問の用い方のポイント――熟練したセラピストへの面接調査による質的検討――」伊藤 拓、教育心理学研究 vol.65(1)：37-51, 2017

「Dialectical Behavior Therapy(DBT：弁証法的行動療法)によるBorderline Personality Disorder(境界性人格障害)の治療―The DBT Skill Training Workshopを受講して―」森 美加ほか、こころの健康 vol.19(2)：72-76, 2004

「対象関係論の展開」ガントリップ H.著、小此木啓吾ほか訳、1981(誠信書房)

「対人援助と心のケアに活かす心理学」鈴木伸一編著、伊藤大輔ほか、2017(有斐閣)

「多職種協働における臨床心理職の役割1―協働に関する論文レビューから―」川崎 隆ほか、東京大学大学院教育学研究科臨床心理学コース紀要 vol.36：51-58, 2013

「田中ビネー知能検査開発の歴史」中村淳子ほか、立命館人間科学研究 vol.6：93-111, 2003

「田中ビネー知能検査Vの開発1―1歳級～13歳級の検査問題を中心として―」大川一郎ほか、立命館人間科学研究 vol.6：25-42, 2003

「W.A.ホワイト研究所と対人関係精神分析について―ワンウィークセミナーに参加して―」塩山二郎、心理相談センター年報 vol.4：3-8, 2008

「多文化間カウンセリングにおける留意点」加藤友美、東京福祉大学・大学院紀要 vol.1(1)：63-73, 2010

「多文化間カウンセリングの物語」S・マーフィ重松、2004(東京大学出版会)

「多文化間メンタルヘルスの動向と実践」阿部 裕、順天堂大学スポーツ健康科学研究 vol.5：1-7, 2001

「短期力動療法入門」ソロモン M.ほか、妙木浩之ほか監訳、2014(金剛出版)

「単身高齢者の精神的健康――ジェンダーの視点による検討――」末盛 慶、社会保障研究 vol.2(1)：32-44, 2017

「知的障害者入所施設における応用行動分析の広範な使用：組織行動マネジメントについての臨床的研究」内田一成、Japanese Journal of Behavior Analysis vol.19(2)：124-136, 2005

「知的障害児のプランニングと抑制機能の支援に関する基礎的・実践的研究」國分 充、発達支援講座・特別支援科学講座平成25年度広域科学教科教育学研究経費研究報告書, 2014

「知的能力障害(知的発達症／知的発達障害)」長田洋和ほか、臨床精神医学 vol.44(増刊)：550-559, 2015

「注意欠如・多動症(ADHD)特性の理解」村上律津美、臨床精神医学 vol.57(1)：27-38, 2017

「DVにより薬物依存症を呈した女性への個人精神療法―自己決定のための回復プロセスに寄り添う―」森田 薫、日本アルコール関連問題学会誌 vol.11, 2009

「DSM-5 精神疾患の診断・統計マニュアル」日本精神神経学会日本語版用語監修、高橋三郎・ほか監訳、染矢俊幸ほか訳、2014(医学書院)

「テキスト臨床心理学1　理論と方法」デビソン G.C.ほか、下山晴彦編訳、2007(誠信書房)

「転移の感知と理解、それから解釈へ～対象関係論の視点から～」松木邦裕、心理相談センター年報 vol.7：3-17, 2011

「統合失調症スペクトラム障害および他の精神病性障害群」針間博彦、精神医学 vol.43(増刊)：61-69, 2014

「統合失調症の認知行動療法(CBTp)――CBTpの概略と欧米における現状――」石垣琢麿、精神神経学雑誌 vol.115(4)：372-378, 2013

「統合的方法としての認知療法―実践と研究の展望」東 斉彰編著、2012(岩崎学術出版社)

「ナラティブ・セラピー　社会構成主義の実践」マクナミー S.ほか編、野口裕二ほか訳、2014(遠見書房)

「日本版Vineland-II 適応行動尺度の概要」萩原 拓、児童青年精神医学とその近接領域 vol.57(1)：26-29, 2016

「日本版WISC-IVの理解と活用」松田 修、教育心理学年報 vol.52：238-243, 2013

『人間とは何か　実存的精神療法』フランクル V.E.著、山田邦男監訳、岡本哲雄ほか訳、2011(春秋社)

「パーソナリティ障害(全般)」市川玲子、臨床精神医学 vol.44(増刊)：505-511, 2015

「バーンアウト(燃え尽き症候群)――ヒューマンサービス職の病理」久保真人、日本労働研究雑誌 vol.49(1)：54-64, 2007

『はじめて学ぶ臨床心理学の質的研究』岩壁 茂、2010(岩崎学術出版社)

「発達障害児の特別支援教育の最先へ――教育・心理・医療の統合的見解――」山本淳一ほか、教育心理学年報 vol.58：236-247, 2019

「パニック障害(パニック症)の認知行動療法マニュアル(治療者用)」第2版」関 陽一執筆・編集、清水栄司監修、平成27年度厚生労働省障害者対策総合研究事業 認知行動療法等の精神療法の科学的エビデンスに基づいた標準治療の開発と普及に関する研究, 2016

「PCIT(Parent-Child Interaction Therapy)の概要」大塚峰子、児童青年精神医学とその近接領域 vol.56(4)：644-651, 2015

「不安障害の不眠治療はいかにあるべきか」眞田 陸ほか、精神神経学雑誌 vol.120(7)：577-583, 2018

『不安とうつの統一プロトコル　診断を越えた認知行動療法　セラピストガイド』Barlow D.H.ほか、伊藤正哉ほか訳、2012(診断と治療社)

「フェミニストカウンセリング パートII」河野貴代美、2004(新水社)

「フォーカシング指向療法」日笠摩子、臨床精神医学vol.41(増刊)：147-155, 2012

『プロメテウス解剖学アトラス 頭部／神経解剖』Schünke M.ほか、坂井建雄ほか監訳、2009(医学書院)

「平成22年度研究報告書　児童養護施設における心理職のあり方に関する研究」子どもの虹情報研修センター・増沢 高ほか、2011(社会福祉法人 横浜博萌会　子どもの虹情報研修センター〈日本虐待・思春期問題情報研修センター〉)

「併存不眠症に対する認知行動療法」岡島 義、心身医学 vol.54(3)：258-265, 2014

「ポジティブ認知行動療法――問題志向から解決志向へ」バニック F.、津川秀夫ほか監訳、2015(北大路書房)

「本邦においてアルコール・薬物依存症者に認知行動療法を導入する上での有効性と問題点―DARCにおけるプログラム施行経験からの考察―」森田展彰、日本アルコール関連問題学会雑誌 vol.7：35-40, 2005

「マインドフルネスとエビデンス」林 紀行、人間福祉学研究 vol.7(1)：63-79, 2014

「マインドフルネス認知療法―構造、エビデンス、そして効果機序」佐渡充洋、分子精神医学 vol.19(1)：28-33, 2019

「Maintenance of Gains Following Experiential Therapies for Depression」Ellison, J. et al., Journal of Consulting and Clinical Psychology vol.77(1)：103-112, 2009

「臨床心理学研究法　第2巻　プロセス研究の方法」岩壁 茂、下山晴彦シリーズ編、2008(新曜社)

『臨床心理学　New Liberal Arts Selection』丹野義彦ほか、2015(有斐閣)

「臨床心理学」vol.9(2)/9(3)/13(3)/15(6)/16(3)/17(4)/19(1), 2009-2019(金剛出版)

「臨床心理学入門――多様なアプローチを越境する」岩壁 茂ほか、2013(有斐閣)

『臨床心理学をまなぶ1　これからの臨床心理学』下山晴彦、2010(東京大学出版会)

「連続講義 精神分析家の生涯と臨床」大阪精神分析セミナー運営委員会ほか、2018(岩崎学術出版社)

「わが国の健康の社会格差の現状理解とその改善に向けて」日本学術会議基礎医学委員会・健康・生活科学委員会合同パブリックヘルス科学分科会, 2011

「わが国の若手心理臨床家が抱える面接場面における困難の現状：質的研究論文の文献検討」木村友馨ほか、お茶の水女子大学心理臨床相談センター紀要 vol.19：71-80, 2017

『我と汝・対話』ブーバー M.著、植田重雄訳、1979(岩波書店)

監修

岩壁 茂（いわかべ・しげる）

立命館大学総合心理学部教授。臨床心理士、心理学博士

1968年、神奈川県生まれ。1991年早稲田大学政治経済学部卒業後、2001年カナダ McGill大学大学院カウンセリング心理学専攻博士課程修了（心理学博士）。同大学大学院非常勤講師、同大学心理教育クリニックカウンセラー、モントリオール総合病院精神科心理部門インターン、札幌学院大学人文学部講師、お茶の水女子大学基幹研究院教授などを経て、2022年より現職。The Society for the Exploration of Psychotherapy Integration理事長［2020］、The Society for Psychotherapy Research副理事長も務める。専門は心理療法のプロセス研究。心理療法における感情の変化、心理療法統合、臨床家の職業的成長と訓練の研究にも力を注ぐ。
『心理療法・失敗例の臨床研究　その予防と治療関係の立て直し方』（金剛出版）、『臨床心理学入門――多様なアプローチを越境する』（有斐閣）など、編著書、監訳・翻訳書多数。

本文デザイン　八月朔日英子
本文イラスト　鈴木みゆき
校正　渡邉郁夫
編集協力　寺本 彩、オフィス201（川西雅子）
編集担当　田丸智子（ナツメ出版企画）

ナツメ社 Webサイト
https://www.natsume.co.jp
書籍の最新情報（正誤情報を含む）はナツメ社Webサイトをご覧ください。

本書に関するお問い合わせは、書名・発行日・該当ページを明記の上、下記のいずれかの方法にてお送りください。電話でのお問い合わせはお受けしておりません。
・ナツメ社webサイトの問い合わせフォーム
　https://www.natsume.co.jp/contact
・FAX（03-3291-1305）
・郵送（下記、ナツメ出版企画株式会社宛て）
なお、回答までに日にちをいただく場合があります。正誤のお問い合わせ以外の書籍内容に関する解説・個別の相談は行っておりません。あらかじめご了承ください。

完全カラー図解　よくわかる臨床心理学

2020年7月2日　初版発行
2024年6月20日　第4刷発行

監修者　岩壁 茂　Iwakabe Shigeru,2020

発行者　田村正隆

発行所　株式会社ナツメ社
東京都千代田区神田神保町1-52　ナツメ社ビル1F（〒101-0051）
電話 03(3291)1257（代表）　FAX　03(3291)5761
振替 00130-1-58661

制　作　ナツメ出版企画株式会社
東京都千代田区神田神保町1-52　ナツメ社ビル3F（〒101-0051）
電話 03(3295)3921（代表）

印刷所　ラン印刷社

ISBN978-4-8163-6854-7　Printed in Japan

〈定価はカバーに表示してあります〉　〈乱丁・落丁本はお取り替えします〉

本書の一部または全部を著作権法で定められている範囲を超え、ナツメ出版企画株式会社に無断で複写、複製、転載、データファイル化することを禁じます。